21 世纪高等继续教育精品教材·国际贸易系列

跨国公司经营与管理（第三版）

杨国亮　编著

中国人民大学出版社
·北京·

总　序

21 世纪，科学技术发展日新月异，发明创造层出不穷，知识更新日趋频繁，全民学习、终身学习已经成为适应经济与社会发展的基本途径。近年来，我国高等教育取得了跨越式的发展，毛入学率由 1998 年的 8%迅速增长到 2008 年的 23.3%，已经进入到大众化的发展阶段，这其中高等继续教育发挥了重要的作用。同时，高等继续教育作为“传统学校教育向终身教育发展的一种新型教育制度”，对实现“形成全民学习、终身学习的学习型社会”“构建终身教育体系”的宏伟目标，发挥着其他教育形式不可替代的作用。

目前，我国高等继续教育的发展规模已占全国高等教育的一半左右，随着我国产业结构的调整、传统产业部门的改造以及新兴产业部门的建立，各种岗位上数以千万计的劳动者，需要通过边工作边学习来调整自己的知识结构、提高自己的知识水平，以适应现代经济与社会发展的要求。可见，我国高等继续教育的发展，既肩负着重大的历史使命又面临着难得的发展机遇。

我国的高等继续教育要抓住机遇发展，完成自己的历史使命，从根本上说就是要全面提高教育教学质量，这涉及多方面的工作，但抓好教材建设是提高教学质量的基础和中心环节。众所周知，高等继续教育的培养对象主要是已经走上各种生产或工作岗位的从业人员，这就决定了高等继续教育的目标是培养能适应新世纪社会发展要求的动手能力强、具有创新能力的应用型人才。因此，高等继续教育教材的编写“要本着学用结合的原则，重视从业人员的知识更新，提高广大从业人员的思想文化素质和职业技能”，体现出高等继续教育的针对性、实用性和职业性特色。

为适应我国高等继续教育发展的新形势、培养应用型人才、满足广大学员的学习需要，中国人民大学出版社邀请了国内知名专家学者对我国高等继续教育的教学改革与教材建设进行专题研讨，成立了教材编审委员会，联合中国人民大学、中国政法大学、东北财经大学、武汉大学、山西财经大学、东北师范大学、华中科技大学、黑龙江大学等 30 多所高校，共同编撰了“21 世纪高等继续教育精品教材”，计划在两三年内陆续推出百种高等继续教育精品系列教材。教材编审委员会对该系列教材的作者进行了严格的遴选，编写教材的专家、教授都有着丰富的继续教育教学经验和较高的专业学术水平。教材的编写严格依据教育部颁布的“全国成人高等教育公共课和经济学、法学、工学主要课程的教学基本要求”；教材内容的选择克服了追求“大而全”的现象，做到了少而精，有针对性，突出了能力的训练和培养；教材体例的安排突出了学习使用的弹性和灵活性，体现“以学为主”的教育理念；教材充分利用现代化的教育手段，形成文字教材和多媒体教材相结合的立体化教材，加强了教师对学生学习过程的指导和帮助，形象生动、灵活方便，易于保存，可反复学习，更能适应学员在职、业余自学，或配合教师讲授时使用，会起到很好的教学效果。

这套“21世纪高等继续教育精品教材”在策划、编写和出版过程中，得到教育部高教司、中国成人教育协会、北京高校成人高教研究会的大力支持和帮助，谨表深切谢意。我们相信，随着我国高等继续教育的发展和教学改革的不断深入，特别是随着教育部“高等学校教学质量和教学改革工程”的实施，这套高等继续教育精品教材必将为促进我国高校教学质量的提高做出贡献。

杨干忠

前　言

20 世纪 80 年代末 90 年代初以来，伴随着新科技革命的发展和经济全球化进程的加速，世界经济进入了全球垄断资本主义时代。这一时代的主要特征有：第一，国际直接投资成为国际资本流动的主要形式。正如德鲁克所言，如今，“贸易逐渐开始服从投资”[①]，国际直接投资成为世界经济的发动机。第二，跨国公司成为国际直接投资的主要承担者。跨国公司依靠其雄厚的经济实力，将触角伸向各个领域，对全世界的投资、生产、贸易、金融等都起着越来越大的作用。第三，越来越多的跨国公司开始实施全球战略。跨国公司从全球视角出发，吸纳、整合全球资源参与全球竞争，以期实现长期和整体利益的最大化。[②] 跨国公司内部分工在全球范围的发展，逐渐形成全球一体化生产经营体系。

改革开放初期，我国刚刚从封闭走向开放，工业化从初期阶段开始进入中期阶段，在对外开放中选择了一条符合当时国情的道路，即在国际贸易中，重点发展出口贸易；在国际投资中，重点吸引外商直接投资。经过 30 多年的改革与发展，我国经济逐渐融入世界经济之中。过去那种主要是单向的、片面的对外开放政策的弊端逐渐暴露。突出表现在：对外贸易顺差不断扩大，贸易争端接连不断并逐渐升级；外商直接投资大幅增加而对外直接投资发展滞缓。一个在世界经济中越来越有影响的大国，却没有几个有全球影响的跨国公司和世界知名的民族品牌。因此，必须从跨国公司实施全球战略和建立全球一体化生产经营体系的高度重新审视我国的对外开放政策。

在新形势下，为了提高对外开放水平，我国的对外开放政策开始进行调整。在国际贸易方面，将过去那种片面强调出口的政策调整为进出口相对平衡的政策；在国际投资方面，将过去那种片面强调吸引外商直接投资的政策调整为“引进来”与“走出去”并重的政策。其中，“走出去”战略的实施意味着鼓励越来越多的中国企业对外直接投资，建立中国的跨国公司，开展跨国经营与管理。这一变化为这一领域的教学与研究提出一系列新的重大课题，例如，中国企业如何“走出去”，如何进行跨国经营与管理，如何建立中国企业主导的全球生产经营体系等。本书正是适应这一需要的一个尝试。全书共分十二章，第一章和第二章分别为跨国公司概述和跨国公司基本理论，第三章至第六章主要讨论跨国公司经营问题，第七章至第十章主要讨论跨国公司管理问题，第十一章主要讨论跨国公司经营规范问题，第十二章主要讨论建立与发展中国的跨国公司问题。

本书参考了许多有关跨国公司经营与管理的著作和论文，并试图在此基础上有所发

---

① ［美］德鲁克：《全球经济与民族国家》，载《国外社会科学文摘》，1998（7）。

② 参见杨国亮：《论资本扩张的历史演变及其在当代的发展》，载《当代经济研究》，2006（11）。

展。在这些文献中，大多对“经营”与“管理”未加区分，有些更注重“管理”。实际上，在当今这个跨国经营环境大变革的时代，经营比管理更重要，经营关系着企业的生存，管理关系着企业的发展。由于历史的原因，我国企业一般管理水平并不低，但经营水平却不高。[①] 随着越来越多的中国企业走出国门，开展跨国经营，这一问题日益凸显出来。因此，本书在内容安排上区分了经营与管理，用较大篇幅首先讨论了跨国公司经营的几个主要问题，特别是单设一章（第三章）讨论了跨国公司经营战略问题，并在最后一章（第十二章）讨论了中国企业跨国经营战略问题。

在对外经济贸易大学讲授“跨国公司”课程，使我深刻认识到这门课程的重要性。本书的编著和修订是我在这一领域探索与研究的重要一步，相信随着中国企业跨国经营实践的不断发展，以及我在这一领域教学与研究的不断深化，本书将在不断修订中内容更加丰富，资料更加翔实，并将包含越来越多的“中国元素”。本书自出版以来受到广泛好评，已多次印刷，并将出版第三版，这令我备受鼓舞。此次修订主要对个别文字和部分内容做了修改与调整。

本书的修订和出版得到了对外经济贸易大学国际经济贸易学院领导和同事的支持，同时也得到了中国人民大学出版社和中国人民大学继续教育学院领导和有关人员的支持，在此一并表示真诚的谢意！由于水平有限，加之时间仓促，书中一定存在不少纰漏和谬误，恳请读者批评指正。

杨国亮

2016 年 8 月

① 参见陈春花：《中国管理 10 大解析》，20～21 页，北京，中国人民大学出版社，2006。

目　录

第一章
跨国公司概述

本章要点提示

◎ 跨国公司可以定义为，在两个或两个以上国家或地区设立经营实体，并在一个决策体系的指挥下，从事跨国经营活动的企业。

◎ 与其他企业相比，跨国公司有其独有的特征：统一的中央决策、对外直接投资是最主要的活动形式、灵活多样的经营策略、强大的技术创新能力和具有较大的经营风险。

◎ 跨国公司在不同国家设立的子公司、分公司等实体，遵从跨国公司的全球化战略，在母公司的集中控制与管理下形成一个利益共同体。

◎ 按照不同的分析角度和划分标准，对跨国公司可以有不同的分类。

◎ 跨国公司是生产集中、资本集中和经济全球化的产物，也是科学技术和社会生产力发展的结果。它的发展经历了起源、早期发展、滞缓和迅速发展时期，现正处于全球化发展时期。

导入案例

杜邦公司的发展

1802 年，法国移民杜邦（Du Pond）在美国特拉华州的威尔明顿建立了一家生产黑色火药的工厂。杜邦公司 200 多年的历史由此开始。成立之初的杜邦公司总值只有36 000美元。200 多年后的今天，杜邦公司已从一家制造作坊发展成为世界上历史最悠久、业务最多元化的跨国科技企业之一。产品涉及食品与营养、健康与保健、农业、服装、家居与建筑、电子和运输等领域。它在财富 500 家美国最大的工业/服务公司排行榜上名列第 70 位。

杜邦的历史证明，如果一个公司想要在几个世纪里持续发展，就必须不断地蜕变。早期的杜邦公司主要制造黑色火药；19 世纪晚期，杜邦开始转型为炸药制造商；1925 年前后，杜邦再次转型为化学品制造商；20 世纪 90 年代开始，杜邦又开始新的转型，以公司在生物科技方面的优势为驱动力，努力使公司在 21 世纪成为一家以综合科学为特征的公司。

杜邦历史上的每一次转型都是以科学和技术方面的成就为基础的。科学和技术是杜邦在历史上创造价值的主要方式。今天，杜邦的新口号是“科学创造奇迹”，这进一步表明了杜邦坚持科技领先的决心。

第一节　跨国公司的定义和特征

一、跨国公司的定义概述

（一）跨国公司名称的由来

跨国公司名称很多，最初，在西方报刊中，把跨越国界从事经营活动的公司或企业叫做多国公司或多国企业（Multinational Corporations or Multinational Enterprises，MNC 或 MNE）、国际公司或国际企业（International Corporations or International Enterprises，INC 或 INE）、跨国公司或跨国企业（Transnational Corporations or Transnational Enterprises，TNC 或 TNE）以及全球公司或宇宙公司（Global Corporations or Cosmo Corporations）等。1974 年 8 月联合国经社理事会决定将各种名称统一为“跨国公司”（Transnational Corporations），并设立政府间的跨国公司委员会和跨国公司中心，作为经社理事会的辅助机构。[①] 自此，联合国正式文件和出版物中均使用“跨国公司”名称，这一名称也逐渐为国际社会所普遍接受。

（二）跨国公司的定义

对跨国公司的概念进行科学规范的界定一直是西方学者有关跨国公司研究的重要内容。1978 年，联合国秘书处在一份研究报告中，给跨国公司下了一个权威性的简单定义：凡是在两个或两个以上国家里控制有工厂、矿山、销售机构等类似财产的所有企业。[②] 1986 年，联合国秘书处又给跨国公司下了一个复杂的定义：跨国公司一词系指在两国或更多国家之间组成的公营、私营或混合所有制的企业实体，不论此等实体的法律形式和活动领域如何；该企业在一个决策体系下进行运营，通过一个或一个以上的决策中心使企业内部协调一致的政策和共同的战略得以实现；该企业中各个实体通过所有权或其他方式结合在一起，从而其中的一个或多个实体得以对其他实体的活动施以有效的影响，特别是与别的实体分享知识、资源和责任。

经过多年的争论，学术界对跨国公司定义的三个基本要素取得了一致的意见。它们是：

（1）包括设在两个或两个以上国家的实体，不管这些实体的法律形式和经营方式如何；

（2）在一个决策体系内经营，能通过一个或几个决策中心采取一致对策和共同战略；

（3）各个实体通过股权或其他方式联系起来，其中一个或多个实体有可能对别的实体

---

① 1994 年 7 月，经社理事会同意该委员会转为联合国贸发会议（UNCTAD）贸易和发展理事会的辅助机构，并改名为联合国国际投资和跨国公司委员会。

② 经社理事会的有关文件对跨国公司是这样定义的：跨国公司是指那些在两个或更多的国家进行直接投资，拥有和控制工厂、矿山、销售机构及其他资产的公司制企业。

施加重大影响，特别是同其他实体分享知识、资源和分担责任。

可见，跨国公司可以定义为，在两个或两个以上国家或地区设立经营实体，并在一个决策体系的指挥下，从事跨国经营活动的企业。

（三）衡量跨国公司的标准

长期以来，学术界对跨国公司的理解之所以存在分歧，主要是由于对跨国公司定义的标准不同。20 世纪 80 年代后，学术界对于衡量跨国公司的三大标准基本形成了共识。

1. 结构标准

结构标准（Structural Criterion），是指以企业从事生产经营活动跨越的地理区域和企业的资产所有权作为衡量跨国公司经营的标准与尺度。有学者指出，跨国公司一般应有相当广泛的地理分布，对于那些只在本国基地以外的一个或两个国家拥有子公司的企业，一般不能称之为跨国公司。从企业所有权来看，一般认为，一个企业只有拥有国外企业一定比例的股份所有权才能构成跨国公司。目前普遍使用的权威性标准是国际货币基金组织提出的，这一标准规定跨国公司控制境外企业所有权的合理比例应不低于 25%。

2. 经营业绩标准

经营业绩标准（Performance Characteristics Criterion），是指跨国公司在海外的资产、利润、销售额、产值和雇员人数等应在整个企业业务中达到一定的比例。与所有权标准相同，西方学者普遍认为跨国公司国外业务份额应达到全部业务的 25%以上。对于其中常用的销售额指标，一种观点认为应超过 1 亿美元，代表人物是美国学者雷蒙德·弗农（Raymond Vernon）。另一种观点认为应超过 10 亿美元，如联合国贸发会议在 1993 年的一份文件中认为，跨国公司年销售额应在 10 亿美元以上，即所谓“10 亿美元俱乐部”（Billion Dollar Club）。

3. 行为特征标准

行为特征标准（Behavioral Characteristics Criterion），是指跨国公司应实施全球化经营战略，公司最高决策应从公司整体利益出发，以全球范围内利润最大化为目标，而不是局限于某地区市场的盈亏得失。美国学者巴尔马特（H. V. Perlmutter）认为，企业是否能从国内公司成长为具有严格现代意义的跨国公司，必须以其战略决策的取向作为重要标准，只有那些战略决策具有全球取向的企业才称得上是真正的跨国公司。

二、跨国公司的特征

与其他企业相比，跨国公司有其独有的特征，具体如下所述。

（一）统一的中央决策

跨国公司在母公司控制下从事跨国经营活动，应该有一个统一的中央决策系统，实施共同的全球战略，着眼于全球利益的最大化，逐步形成研发、生产、销售等一体化的国际网络。

（二）对外直接投资是最主要的活动形式

为实现全球战略目标，跨国公司以对外直接投资的方式，实行全球一体化经营，对全球范围内各子公司与分支机构的生产安排、投资活动、资金调遣以及人事管理等重大活动拥有绝对的控制权，按照全球利益最大化的原则进行统一安排。

（三）灵活多样的经营策略

跨国公司根据国际政治经济形势、自身的实力和在竞争中的地位、东道国的具体情况及其对跨国公司制定的政策法规，采取灵活多样的经营策略安排，以更好地适应东道国的实际情况，获得更好的经营效益。

（四）强大的技术创新能力

在科学技术迅猛发展的今天，技术进步已成为垄断资本获取高额利润、争夺市场、增强自身在国内及国际市场竞争力的重要途径。大型跨国公司的实力主要体现在它们拥有雄厚的技术优势和强大的研发能力。

（五）具有较大的经营风险

跨国公司与国内企业最大的区别在于面临着更为错综复杂的国际经营环境，复杂的经营环境在给跨国公司创造更多的发展机会和空间的同时，也使它具有较大的经营风险。除了正常的商业风险外，跨国公司还面临着跨国经营所特有的政治风险等。

第二节　跨国公司的构成和类型

一、跨国公司的构成

绝大多数跨国公司都包括三种基本单位，即母公司、子公司和分公司。它们构成跨国公司的不同法律组织形式。跨国公司在不同国家设立的子公司、分公司等实体，遵从跨国公司的全球化战略，在母公司的集中控制与管理下形成一个利益共同体。

（一）母公司、分公司和子公司

1. 母公司

母公司（Parent Company）是指通过拥有其他公司的股份或通过协议方式能够实际上控制其他公司经营管理决策权的公司。母公司的法律特征主要是：母公司以参股或非股权安排行使对子公司的控制，即通过参股和控股掌握其他公司一定数量的股权，以获得股东会多数表决权，从而掌握对公司重大事务的决策权；或者通过各种特殊的协议安排，实际上控制公司经营管理的决策权。母公司以其出资额为限对子公司承担有限责任，对子公司的债务不承担连带责任。因此，母公司与子公司的关系实质上是股东与公司的关系。

2. 分公司

分公司（Branch）是母公司的直属分支机构。分公司不是独立的法人，在经济上和法律上没有独立地位，它是母公司（或总公司）的组成部分，母公司通过业务直接领导的方式对其加以控制。分公司的法律特征主要是：分公司由母公司授权开展业务，自己没有独立的公司名称和章程。分公司不具有法人资格，不能独立承担法律责任，其一切行为后果及责任由母公司承担。分公司没有独立的财产，其所有资产属于母公司，并作为母公司的资产列入母公司的资产负债表中，母公司对分公司的债务承担无限责任。分公司与母公司同为一个法律实体，设立在东道国的分公司被视为"外国公司"，不受当地法律的保护，而受母国的外交保护。

3. 子公司

子公司（Subsidiary）是指受控于母公司但它本身是独立法人的公司。母公司与子公司之间既存在所有权关系，又存在控制和被控制的关系，但子公司在业务上可以独立经营，有较大的自主权。子公司的法律特征主要是：子公司在经济上和业务上受母公司实际控制。母公司对子公司的实际控制或是基于股权参与，或是基于支配性协议等非股权安排。子公司在法律上是独立的法人。子公司在东道国注册登记被视为当地公司，须受东道国法律管辖，不受母国政府的外交保护。子公司在东道国除缴纳所得税外，其利润作为红利和利息汇出时，还须缴纳预扣税（Withholding Tax）。①

（二）分公司与子公司的异同

由于分公司与子公司的法律地位不同，其作为民事活动主体参加民事活动的法律意义也大相径庭。具体主要有以下几个方面。

1. 设立方式不同

子公司一般由两个以上股东发起设立，是独立法人，独立承担民事责任，在其自身经营范围内独立开展各种业务活动；分公司由设立公司在其住所地之外向当地工商部门依法设立，设立时不要求注册资金，属于总公司的分支机构，虽然也可以独立开展业务活动，但应在总公司授权范围内进行。② 分公司的经营范围不能超过总公司的经营范围。

2. 诉讼中的法律效果不同

子公司由于是独立法人，只能就其自身资产追究民事责任，除出资人（即子公司的各股东）出资不实或出资后抽逃资金的情况之外，不能清偿的债务部分不向出资人追偿；而分公司不是独立法人，业务开展过程中出现不能履行债务的情形时，债权人可以要求总公司承担清偿义务。在诉讼中，可以直接把总公司列为共同被告要求承担责任。

3. 承担债务的方式不同

子公司股东仅以出资额为限对公司债务承担有限责任，分公司则先以自有资产承担责

① 所谓预扣税，是指东道国政府对支付给外国投资者的红利和利息所征收的一种税收，一般必须在缴纳此税后才可将利润汇往国外。

② 子公司和分公司工商登记方式不同：子公司在工商部门领取企业法人营业执照；分公司则领取营业执照。企业的名称也有很大不同：子公司的名称最后都是××有限责任公司或××股份有限公司；分公司的名称最后都是××公司或××分公司。

任，不足部分由母公司承担连带责任。

二、跨国公司的类型

按照不同的分析角度和划分标准，对跨国公司可以有不同的分类。

（一）按经营项目分类

按照跨国公司经营项目的性质，可以将跨国公司分为以下三种类型。

1. 资源开发型公司

资源开发型公司以获得母国所短缺的各种资源和原材料为目的，对外直接投资主要涉及种植业、采矿业、石油开采业和铁路等领域。这类公司是跨国公司早期发展经常采用的形式，如资本原始积累时期，英、法、荷等老牌殖民国家的特许公司（Chartered Company）向当时经济落后而资源丰富的国家如美国、加拿大、澳大利亚和新西兰等进行的直接投资，主要集中在种植业、采矿业和铁路建筑业。目前，这类公司仍主要集中于采矿业和石油开采业，如埃克森—美孚公司（Exxon-Mobil）、英荷壳牌公司（Royal Dutch Shell）等。

2. 加工制造型公司

加工制造型公司主要从事机器设备制造和零配件中间产品的加工业务，以巩固和扩大市场份额为主要目的。这类公司有的以加工装配为主，有的对原材料进行加工后再出口，或者进口大量投入品、生产各种消费品以满足东道国或附近市场需要。目前，这类公司主要生产和经营诸如金属制品、钢材、机械、汽车、电器设备、电机等产品。随着当地工业化程度的提高，此类公司的经营逐步转向资本货物部门和中间产品部门。加工制造型公司是当代发展最为迅速且为大多数东道国欢迎的跨国公司类型。美国通用汽车公司（General Motors）作为世界上最大的汽车制造公司，是加工制造型跨国公司的典型代表。

3. 服务提供型公司

服务提供型公司主要是指向国际市场提供技术、管理、信息咨询、法律服务以及营销技能等无形产品的公司。这类公司包括跨国银行、保险公司、咨询公司、律师事务所以及注册会计师事务所等。20 世纪 50 年代初服务业投资占世界对外直接投资的比重不到 20%，在 70 年代初也只有 25%，而到了 80 年代中期，在世界对外投资约 7 000 亿美元总存量中，服务业投资已达到 3 000 亿美元，占 40%左右。服务业已逐渐成为当今最大的产业部门，服务提供型公司也成为跨国公司的一种重要形式。

（二）按经营结构分类

按照跨国公司的产品种类和经营结构，可以将跨国公司分为以下三种类型。

1. 横向型公司

横向型公司是指母公司和各分支机构从事同一种产品的生产和经营活动的公司。在公司内部，母公司和各分支机构之间在生产经营上专业化分工程度很低，生产制造工艺、过程和产品基本相同。这类跨国公司的特点是母子公司之间在公司内部相互转移生产技术、营销诀窍和商标专利等无形资产，有利于增强各自的竞争优势和公司的整体优势、减少交易成本，从而形成强大的规模经济优势。横向型跨国公司的特点是地理分布区域广泛，通过在不同的国家和地区设立子公司与分支机构进行就地生产与销售，以克服东道国的贸易壁垒，巩固和拓展市场。第二次世界大战初期，这类公司约占全部跨国公司的一半，以后略有减少，至今仍占有相当比重。

2. 垂直型公司

垂直型公司是指母公司和各分支机构之间实行纵向一体化分工的公司。纵向一体化分工又有两种具体形式：一是指母子公司生产和经营不同行业的相互关联的产品，如专业化分工程度较高的汽车行业与电子行业的关联产品；二是指母子公司生产和经营同一行业不同加工程序和工艺阶段的产品，如自然资源的勘探、开发、提炼、加工制造与市场营销等。垂直型跨国公司把具有前后衔接关系的生产经营活动国际化，母子公司之间的生产经营活动具有显著的投入产出关系。这类公司的特点是全球生产的专业化分工和协作程度高，各个生产经营环节紧密相扣，便于公司按照全球战略发挥各子公司的优势；而且由于专业化分工，每个子公司只负责生产一种或少数几种零部件，有利于实现标准化和大规模生产，获得规模经济效益。这类公司兴起于 20 世纪 20 年代，并于 60 年代得到迅速发展，是目前跨国公司的一种重要类型。

3. 混合型公司

混合型公司是指母公司和各分支机构生产和经营互不关联的产品的公司。混合型跨国公司是企业在世界范围内实行多元化经营的结果，它将没有联系的各种产品及其相关行业组合起来，加强了生产与资本的集中，规模经济效果明显；同时，跨行业非相关产品的多元化经营能有效地分散经营风险。近 20 年来，随着企业并购风的扩散，这类公司发展很快。但是由于经营多种业务，业务的复杂性会给企业管理带来不利影响，因此具有竞争优势的跨国公司并不是向不同行业盲目扩展业务，而是倾向于围绕加强核心业务或产品的竞争优势开展跨国经营活动。

（三）按决策行为分类

20 世纪 60 年代末，美国学者巴尔马特从跨国公司的决策行为出发，将跨国公司分为以下三种类型。①

1. 民族中心型公司

民族中心型公司的决策哲学是以本民族为中心，其决策行为主要体现母国与母公司利益。公司的管理决策高度集中于母公司，对海外子公司采取集权式管理体制。这种管理体制强调公司整体目标的一致性，优点是能充分发挥母公司的中心调节功能，更优化地使用资源，但缺点是不利于发挥子公司的自主性与积极性，且东道国往往不太欢迎此模式。跨国公司发展初期，一般采用这种传统的管理体制。

---

① See H. V. Perlmutter, "The Tortuous Evolution of the Multinational Corporation," *Columbia Journal of World Business*, 1969, pp. 9-18.

2. 多元中心型公司

在跨国公司迅速发展的过程中，东道国在接受外来投资的同时逐渐培养起民族意识，对民族中心型公司加以限制，为此，大多数跨国公司的管理体制逐渐从民族中心型转变为多元中心型。多元中心型公司的决策哲学是多元与多中心，其决策行为倾向于体现众多东道国与海外子公司的利益，母公司允许子公司根据自己所在国的具体情况独立地确定经营目标与长期发展战略。公司的管理权力较为分散，母公司对子公司采取分权式管理体制。这种管理体制强调的是管理的灵活性与适应性，有利于充分发挥各子公司的积极性和责任感，且受到东道国的欢迎。但这种管理体制的不足在于母公司难以统一调配资源，而且各子公司除了自谋发展外，完全失去了利用公司内部网络发展的机会，局限性很大。

3. 全球中心型公司

全球中心型公司既不以母国和母公司为中心，也不以东道国和海外子分公司为中心，其决策哲学是使公司的全球利益最大化。相应的，公司采取集权与分权相结合的管理体制，这种管理体制吸取了集权与分权两种管理体制的优点，事关全局的重大决策权和管理权集中在母公司的管理机构，但海外子公司可以在母公司的总体经营战略范围内自行制订具体的实施计划，调配和使用资源，有较大的经营自主权。这种管理体制的优点是在实现公司全球经营目标的前提下，各子公司在限定范围内有一定的自主权，有利于调动子公司的经营主动性和积极性。

第三节 跨国公司的形成和发展

一、跨国公司的形成

跨国公司是科学技术和社会生产力发展的结果，也是生产集中、资本集中和经济全球化的产物。它的发展经历了起源、早期发展、滞缓和迅速发展时期，现正处于全球化发展时期。

（一）跨国公司的起源和早期发展

1. 跨国公司的起源（16 世纪末 17 世纪初）

跨国公司的起源和企业跨国经营的萌芽最早可以追溯到 16 世纪末 17 世纪初英国的特权贸易公司，或称特许公司。特权贸易公司是由英国皇室赋予某种特权的公司，对海外殖民地贸易享有垄断权。其中最有影响的特权贸易公司是英国东印度公司（British East India Company）。东印度公司成立于 1600 年，几乎垄断了英国与印度及中国的所有贸易，并由一个商业强权发展成为一个军事的和拥有领土的强权。

除英国东印度公司外，当时其他著名的特权贸易公司还有英国皇家非洲公司（British Royal African Company）、英国哈德逊湾公司（British Hudson's Bay Company）、荷兰东印度公司（Dutch East India Company）等，这些公司都以经营贸易和航运业为主，逐步扩大到银行和金融业，如 1864 年成立的汇丰银行（Hong Kong and Shanghai Banking

Corporation，HSBC）。这些特权贸易公司从事掠夺性经营，不利于各国民族经济的发展，因而遭到了各国强烈的反对。19 世纪后半叶，东印度公司等特权贸易公司相继被撤销。

2. 跨国公司的早期发展（19 世纪 60 年代中期）

现代意义的跨国公司于 19 世纪在欧美主要经济发达国家出现。这些跨国公司的形成与这些国家在 19 世纪以前的海外殖民扩张、资本和商品输出有着直接的关系。具有代表性的是三家制造业企业，通常把这三家公司看做是对外直接投资的先驱，也是早期跨国公司的代表。它们是德国的弗里德里克·拜耳创建的拜耳化学公司（Bayer），瑞典的阿佛列·诺贝尔创建的诺贝尔公司（Nobel）以及美国的胜家缝纫机公司（Singer）。

这一时期对外投资的特点是资本输出，主要是英、法、德、美等早期工业化国家的间接投资，即通过购买外国政府发行的债券和公司发行的股票而进行的证券投资。而直接投资数额和比重都很小，远居于间接投资之下，并且主要是投资到落后国家的铁路修建和矿产开采等行业。当时，制造业投资尚不占重要地位，投资对象集中于经济比较发达的国家和地区。从投资主体看，制造业以美国为主，其他领域则以英国为主。

3. 跨国公司的迅速发展（19 世纪末到 20 世纪初）

从 19 世纪末到 20 世纪初，跨国公司迅速发展。美国半数以上的大公司都开始向海外投资，在国外设立工厂或分公司。如国际收割机公司（International Harvester）、联合利华公司（Unilever）、贝尔电话公司（Bell Operating Company）、爱迪生电器公司（Addison Electronics）等。到 1914 年，美国已有 40 多家公司在海外开设工厂，行业以机械制造和食品加工为多，地区主要集中在加拿大和欧洲；在总量上，私人对外直接投资的账面价值占当时美国国内生产总值的 7%。

与此同时，其他国家的跨国公司生产经营也相继增多，如瑞士的雀巢公司（Nestle）、英国的帝国化学公司（ICI）等也先后到国外投资设厂，开展跨国经营。当今活跃在世界经济舞台上的知名企业和巨型跨国公司，很多在当时就已经形成为跨国公司，如美国的杜邦公司、埃克森—美孚石油公司、福特汽车公司（Ford）、通用电气公司（GE）等，以及欧洲的西门子公司（Siemens）、巴斯夫公司（BASF）、飞利浦公司（Philip）和英荷皇家壳牌公司（Shell）等。

（二）早期跨国公司形成的原因和特点

1. 早期跨国公司形成的原因

早期跨国公司形成的原因主要有以下几个方面：

（1）大机器工业和生产社会化程度的空前提高，以及宗主国与殖民地的国际分工体系的形成，使得国际经济活动中的生产性经营活动明显增多，建立了机器大工业的英国、法国、荷兰、德国、美国等少数几个国家，垄断了先进的工业部门，并把原料产业部门转移到国外，从而产生了在海外开垦天然种植园、建立矿产企业、修筑铁路和发展航运的投资要求。

（2）少数资本主义强国资本积累的增加，造成资本输出快速增长，为早期跨国公司的形成提供了经济基础。正是由于资本积累的增加，才导致对外直接投资的增长，才形成了真正意义上的跨国公司。

（3）拥有发明专利权和技术优势的公司，为了防止其他企业的仿造而到销售市场开设分支机构。如跨国公司的先驱之一美国胜家缝纫机公司于1851年取得缝纫机发明专利权，生产出全世界第一台实用的缝纫机。经过一个在国内扩大生产的阶段后，胜家公司开始到英国和欧洲大陆建立分厂，成为首家以追求全球市场为目标的跨国公司。

（4）保护性贸易限制，刺激了跨国公司到海外建厂，就地供应。例如，法国铁路公司当时规定所有空气刹车装置必须由当地厂商供应，刺激了美国威斯汀豪斯刹车公司到法国建厂。

2. 早期跨国公司形成的特点

早期跨国公司的形成有以下几个特点：

（1）母公司主要集中在英、法、德、美等少数几个资本主义强国，比利时、瑞士和荷兰也有一些。

（2）规模、地理分布相对较小，经营目标单一，主要是为了避免贸易保护限制和发挥技术优势，在巩固和扩大产品销售过程中，一般达不到全球战略的程度。早期跨国公司业务活动的中心比较集中，一般在有出口市场或原料供应市场的国家。

（3）跨国经营活动主要是对外贸易，对外投资以间接投资为主、直接投资为辅，并主要是为进出口贸易服务。

（4）对外投资的流向主要是经济落后的国家和地区。例如，在1914年跨国公司对外直接投资总额中，投向发展中国家的资金占62.8%，而投向发达国家的占37.2%。其中，英国和欧洲其他国家的对外投资主要投向各自的殖民地和附属国。

（5）跨国公司对外直接投资的行业分布主要集中在铁路和公共事业、矿业、石油业及农业，这一时期制造业所占比重仍然偏低。例如，在1914年美国的对外直接投资中，制造业仅占18%，而前述其他行业所占比例却高达71%。

二、跨国公司的发展

（一）两次世界大战期间跨国公司发展的滞缓

第一次世界大战的爆发使许多企业跨国经营的进程处于停滞状态，大公司因战争几乎停止了海外投资。第一次世界大战后至第二次世界大战爆发期间，由于各国医治战争创伤及第一次世界大战后三次世界性的经济危机（1920—1921年、1929—1933年以及1937—1938年）等因素的影响，使企业跨国经营进入了低谷期。

1. 两次世界大战期间跨国公司的发展特征

（1）从全球看，跨国公司对外投资总额增幅不大，但结构发生了变化。过去在对外直接投资中占较大比重的间接投资停滞不前，而直接投资绝对额却几乎增长了两倍，在跨国公司对外投资中所占比重有较大提高。1914年，全世界跨国公司对外直接投资额为143亿美元，到1938年增加到263.5亿美元。

（2）西欧国家的跨国公司跨国经营活动增长缓慢，而美国的跨国公司有了长足发展。两次世界大战导致欧洲参战国卖掉部分海外投资企业，对外直接投资减少，尤其对苏联的投资大幅度减少。例如，英国对外直接投资由1914年的65亿美元增至1938年的105亿美元，资本输出仍居世界首位，但其优势已大大减弱，占跨国公司全世界对外直接投资的比重已经由原来的45.5%下降到39.6%。而美国的对外直接投资由26.5亿美元增至73亿美元，比重由18.5%增至27.7%，投资额比战前增加了2.4倍，从原来的第四位升至第二位，并且由债务国一跃而成为主要债权国。

(3) 尽管跨国公司对外直接投资有一半仍在殖民地和经济落后国家，但随着直接投资制造业的比重增加，跨国公司对经济发达和比较发达国家的直接投资也有所增加。跨国公司大部分海外投资分布于技术发达的新兴工业化国家。

(4) 科技的迅速发展拓宽了生产领域，使跨国公司跨国投资范围进一步扩大，投资部门数量增加，经营方式更加多样化。跨国公司对外直接投资的行业范围扩大，表现在对制造业投资比重有较大的提高，美国的变化更为明显。美国187家制造业大公司在海外的分支机构由1913年的116家增至1919年的180家，1929年为467家，1939年则达到715家。美国1914年对外直接投资以矿业居首位，1940年即以制造业为首位。

(5) 跨国并购的增长要快于新建投资的增长。这类跨国并购活动在很大程度上是主要资本输出国的国内寡头垄断企业为加强市场地位采取的一种战略，由此产生的一个结果是一些实力接近的部门如铝制品、电器设备、化学和重型机械等，纷纷建立国际卡特尔以维护相互的利益。

2. 两次世界大战期间跨国公司发展滞缓的原因

(1) 战争造成投资的损失（尤其以德国和法国最为严重）。第一次世界大战使许多参战国的生产力被破坏，而且还要承担巨大的债务和重建费用，因此，对外投资的增长幅度不大。但美国却因为战火没有直接燃烧到其本土，生产设施基本没有破坏，而且经济因为战争的巨大需求而增长迅速。

(2) 两次世界大战期间的三次世界性经济危机，使西方在这一时期的平均工业增长率仅为2%，影响了对外投资。1929—1933年的经济大萧条（Economic Depression）使西方各国均实行贸易保护政策，鼓励自给自足，对外资采取差别待遇甚至排斥态度。

(3) 国际货币制度混乱，金本位陷入崩溃。在这一时期，各国货币普遍贬值，各种货币及外汇管制法令层出不穷，使跨国公司对外投资的风险增大。同时，各国纷纷实行外汇管制，以防止资本外流。这就限制了国际资本流动，甚至招致相当大的投资从海外流回。另外，为了稳定国内经济或准备新的战争，部分国家还限制企业的对外投资。

(4) 两次世界大战期间，卡特尔制度盛行，分割世界市场，限定产量及销售价格，其影响范围已从控制流通领域发展到分割世界原料产地和投资场所等方面，阻碍了跨国公司对外直接投资的发展。

(二) 第二次世界大战后跨国公司的迅速发展

第二次世界大战期间，西方国家的跨国投资基本上处于停滞不前或倒退状态。但第二次世界大战后，跨国投资迅猛发展，跨国公司进入了空前发展的新时期，并在世界经济中发挥着越来越重要的作用。

1. 跨国公司恢复时期（第二次世界大战后初期至20世纪60年代末）

这一阶段的显著特征，就是跨国公司的跨国经营和对外直接投资在战后初期逐渐恢复，而后得到迅速发展，美国公司在世界跨国公司舞台上居于领先地位。

第二次世界大战使西欧国家的经济发展受到重创，加之战后需要医治战争创伤，恢复经济，因此对外直接投资锐减。而美国在经历了第二次世界大战之后，利用对手和伙伴被战争削弱的机会，凭借在战争期间大大膨胀起来的政治、经济和军事实力而居于世界经济霸主的地位。1948 年美国国会通过了援助欧洲复兴的“马歇尔计划”[①]。1945 年，主要资本主义国家对外直接投资总额为 200 亿美元，其中美国占 2%；到了 1967 年，对外直接投资总额达1 050亿美元，其中美国占 50.5%。

造成美国在跨国公司发展上居于支配地位的另外一个因素是 1944 年布雷顿森林协议（Bretton Woods Agreement）的通过，它使美元成为唯一与黄金联系的国际货币，确立了美元的世界货币地位，从而使美国的跨国公司能够以绝对优势并购欧洲企业。另外，由于美国长期保持大量的贸易逆差，美国与欧洲、日本之间贸易收支的不平衡导致了资本存量的不平衡，也最终导致了美国私人公司对外直接投资的迅速发展。

2. 跨国公司扩张时期（20 世纪 70 年代初至 80 年代末）

这一阶段的特征是，国际直接投资规模继续扩大，西欧和日本的经济实力增强，跨国公司迅速崛起，而美国跨国公司的地位由盛至衰，在国际企业中的地位相对下降。其他发达国家和发展中国家跨国公司的发展使国际直接投资格局逐渐向多极化方向发展。

一方面，战后西欧和日本经济得到迅速恢复与发展。20 世纪 70 年代，西欧和日本的跨国公司积极对外扩张，对外直接投资年均增长率约为 20%，远远高于同期美国 11.1%的年均增长率。西欧跨国公司同美国公司相比，不仅数量增加，而且规模扩大，经济实力和竞争能力迅速增强，在资本、技术、管理和研发方面的差距逐渐缩小，尤其是原联邦德国的跨国公司迅速崛起，日本跨国公司的力量也在不断加强。因此，尽管美国公司在 20 世纪 70 年代对外直接投资增长较前期迅速，仍处于领先地位，但其相对优势已大大下降。

另一方面，从 20 世纪 70 年代开始，发展中国家打破了由西方发达国家垄断的对外直接投资领域。长期以来，发展中国家基本上是国际投资的输入地，资本输出较少。随着石油两次大幅度的涨价，石油输出国经常出现巨额收支顺差，在石油美元（Petrol-dollar）成为国际资本输出的新生力量和某些原材料价格上涨的作用下，发展中国家经济实力大大加强。发展中国家的跨国公司在 20 世纪 70 年代初有了一定程度的发展，20 世纪 70 年代末发展速度明显加快。[②] 这些国家和地区包括拉美的巴西、阿根廷、墨西哥等新兴工业化国家，东南亚的新加坡、中国香港地区及韩国，以及印度和菲律宾。但是发展中国家和地区跨国公司整体呈现出投资规模较小，所占比重较低的特点，而且大部分投资还是区域性的。例如，东南亚国家的跨国公司在国外的分支机构，一半以上设在东南亚；拉丁美洲的跨国公司的海外分公司或子公司，有 75%在拉丁美洲。

3. 跨国公司加速扩张时期（20 世纪 90 年代初以来）

自 20 世纪 90 年代以来，主要国家的经济发展进入从工业经济向知识经济转型时期。

---

① 马歇尔计划实际上是美国以参与国际经济重建和援助欧洲复兴为名，企图控制西欧的计划。

② 根据国际货币基金组织统计，在 1970—1972 年间，发展中国家和地区平均每年的对外投资额为4 300万美元；到 1978—1980 年，已增加到 6.28 亿美元，10 年增长了 15 倍。

这一时期，对外直接投资在全球范围内迅速增长。1991—1995年，国际直接投资年均增长率为20%，90年代中期以来增长势头迅猛增加，1996—2000年平均增幅超过40%。跨国公司数目空前增加，据联合国贸发会议统计，1990年世界跨国公司总数超过3.5万家，在海外设立分支机构15万多家，全球销售额达5.5万亿美元，有史以来第一次超过世界贸易总额。到2004年，跨国公司数量已增加到约70万家，并至少有69万家国外子公司。[①] 跨国并购、战略外包（Strategic Outsourcing）等日益成为跨国经营领域关注的焦点。

跨国公司对外直接投资在这一阶段呈现出以下特点：

（1）对外直接投资的分布很不平衡。发达国家既是对外直接投资的主要输出方，也是对外直接投资的主要输入方。世界排名前30位的东道国占世界外国直接投资总流入流量的95%和存量的90%，排名前30位的母国占世界外国直接投资总流出流量和存量的99%，其中主要是工业化国家和地区。发达国家的对外直接投资输出在发展中国家各有其势力范围。拉丁美洲主要是美国对外直接投资的东道国，日本则将其超过1/4的对外直接投资输往东亚。西欧则在拉丁美洲和非洲有其势力范围。对外直接投资在发展中国家的分布也极不均匀。世界排名前10位的东道国的对外直接投资输入占整个发展中国家的73%，主要是在东亚及拉丁美洲。

（2）发展中国家的对外直接投资不断增加。发展中国家的对外直接投资占全球输出存量的份额在过去20多年增加了3倍，从1980年的4%增加到2001年的12%。亚洲发展中国家的跨国公司不断崛起，并逐渐成为区域内投资的主要力量，发展中国家和地区的对外直接投资输出以中国香港为龙头，独占近一半（48%）。其次为东亚的另外三小龙（新加坡、中国台湾和韩国）以及中国内地和马来西亚。

（3）北美、欧盟、亚太三大经济圈内部投资加强。这一时期地区经济一体化程度最高的当数北美、欧盟、亚太三大经济圈，体现在对外直接投资上，就是一体化区域内部国家之间的相互投资占了主导地位。在北美自由贸易区内，美国和加拿大成为最大的投资伙伴，加拿大对外投资的2/3流向了美国，而美国对外投资的1/5投向了加拿大。在欧盟内部，为了充分利用统一大市场的有利条件，各国之间也纷纷互相投资。1988年，欧盟国家之间的内部投资额占总投资额的49%，区域内直接投资的增长速度超过了区域内贸易的增长速度。亚太地区（含日本）区域内的相互投资自1996年以来每年以20%以上的速度递增，特别是日本、中国和亚洲“四小龙”之间的相互投资占这些国家和地区投资总量的50%。

（4）跨国公司对外直接投资向第三产业转移，经营范围越来越广泛。许多发展中国家开始调整吸引外资的政策，进一步扩大利用外资的领域，允许外资进入商业、基础产业、金融、保险、房地产等行业，同时鼓励外资对国内资本和技术密集性项目进行投资。这在一定程度上减少了发达国家在发展中国家制造业中的投资比重，同时促进了对外直接投资逐步向资本和技术密集型行业及第三产业转移。据联合国统计，到1998年，流入发达国家的对外直接投资的分布是：第一产业为86亿美元，第二产业为350亿美元，第三产业为340亿美元；流入发展中国家的对外直接投资的产业分布是第一产业为18亿美元，第

① See UNCTAD, *World Investment Report 2005*, United Nations, New York and Geneva, 2005, pp. 13 - 14.

二产业为178亿美元，第三产业为665亿美元。伴随着跨国公司投资产业的变化，出现了越来越多的跨领域和跨行业经营的跨国公司。例如，美国通用汽车公司在汽车行业继续保持垄断地位的同时，还控制了美国铁路基本生产总量的85%，柴油机引擎生产总量的75%，电冰箱生产总量的30%。

（三）战后跨国公司迅速发展的原因

1. 生产和资本的集中导致资本“过剩”是推动跨国公司对外扩张的根本原因

第二次世界大战后发达国家生产和资本不断集中，垄断程度加深，拥有大量资本和先进技术的垄断企业，迫切要求到国外寻找有利的投资场所和销售市场。同时，第二次世界大战后，主要资本主义国家多次出现大规模的企业兼并高潮，使其生产和资本的集中达到新的高度，大型垄断性企业迅速增加。以美国为例，美国1948年拥有10亿美元以上资产的公司仅12家，到1980年达244家，1984年上升到287家。因此，跨国公司的发展是生产和资本集中的必然结果。

2. 科学技术革命和世界生产力的发展为跨国公司向外扩张提供了有利条件

20世纪50年代开始的以原子能科学、电子计算机、空间技术、生物、工程等高新技术发展为特征的第三次科技革命，无论是广度和深度都超过了前两次。大量科技成就广泛应用于生产，出现了一系列新产品、新技术和新兴工业部门，大大促进了生产力的发展。生产力的发展，要求更多的原料和销售市场，要求生产和销售的更加国际化。此外，科学技术的发展，为交通运输和通信信息的改进提供了技术条件，从而大大缩短了国与国之间的空间距离，使跨国公司更方便地把各地的子公司紧密联系起来，形成整体，实现其全球战略目标和战略部署。

3. 国际分工的深化和生产资本的国际化

随着科学技术革命的发展和生产资本的国际化，各国之间的国际分工已经不仅仅局限于部门之间的分工，国际经济联系也不仅局限于商品流通领域，而是进入了生产领域。国际分工向部门间分工、产业间分工和产品不同工序间分工发展，大大促进了生产资本的国际化。因此，跨国公司的发展是第二次世界大战后生产资本国际化的客观要求。

4. 主要发达国家对国际市场的激烈争夺，推动了跨国公司的迅速发展

第二次世界大战后初期，美国在经济上占绝对优势，后来西欧经济逐渐恢复，双方对西欧市场的争夺十分激烈。20世纪70年代以来，美国经济相对削弱，西欧、日本经济崛起，并加快了对外投资步伐，在国际范围内同美国的跨国公司争夺市场。这些主要发达国家为了扩大市场份额，一方面竭力扩大海外销售，另一方面又设置各种关税和非关税壁垒限制其他国家商品的进入。在这种条件下，发达国家的跨国公司以直接投资的方式，进入出口受阻的国家和地区，就地生产，就地销售，绕开了对方的贸易壁垒，实现了对市场的占领。

5. 各国的自由化政策支持和鼓励了跨国公司的对外直接投资

第二次世界大战后，各国相继实行了对外资开放政策，以改善国内投资环境，为跨国公司迅速发展提供了便利。如有些国家通过与其他国家签订避免双重课税协定、投资安全

保证协定来减轻跨国公司的纳税负担，保证跨国公司海外投资的安全。有些国家通过与其他国家政府缔结贸易条约，使本国企业在缔约国尽可能享受国民待遇。有些国家设立专门银行向跨国公司提供各种优惠贷款和参股贷款，为公司海外扩张提供资金。还有些国家为跨国公司提供财政和税收优惠，资助其研究与开发活动，以提高其产品的竞争力。另一方面，有些国家还动用自身的力量为本国跨国公司的海外投资创造条件，其中最为突出的是第二次世界大战后美国实行的马歇尔计划。

6. 发展中国家发展民族经济的要求

第二次世界大战后，由于殖民体系瓦解，发展中国家在政治独立后，也要求发展民族经济。但由于缺少资金、技术和管理经验，发展中国家希望引进发达国家跨国公司的资本和技术。发达国家也企图将跨国公司作为工具，以保住它们在发展中国家原有的经济利益。因此，发展中国家发展民族经济也给跨国公司的发展提供了机会。

关键概念

跨国公司　母公司　分公司　子公司
横向型公司　垂直型公司　混合型公司　民族中心型公司
多元中心型公司　全球中心型公司

复习题

1. 对跨国公司定义的三个基本要素是什么？
2. 与其他企业相比，跨国公司有哪些特征？
3. 跨国公司的类型有哪些？
4. 早期跨国公司形成的原因和特点有哪些？
5. 简述两次世界大战期间跨国公司的发展及对外直接投资的特征。
6. 两次世界大战期间跨国公司发展滞缓的原因有哪些？
7. 第二次世界大战后跨国公司迅速发展的原因有哪些？
8. 跨国公司加速扩张时期对外直接投资呈现的特点有哪些？

第二章

跨国公司基本理论

本章要点提示

◎ 跨国公司理论的发展大致可以分为两个阶段，即 20 世纪 60 年代以前的早期国际资本流动理论和 20 世纪 60 年代以来的现代跨国公司理论。

◎ 早期国际资本流动理论沿袭了早期国际贸易理论研究的传统，着重从国家的视角考察企业的跨国经营活动，主要研究国家之间的差异及其对国际资本流动的影响。

◎ 第二次世界大战以后，一批学者着重从企业的视角展开对国际直接投资动因和条件的分析，形成了垄断优势理论、产品生命周期理论、内部化理论和国际生产折中理论等。

◎ 20 世纪 90 年代以来，跨国公司理论进一步向广度和深度发展，主要是对原有国际直接投资理论的修正、检验和发展，并产生了一些新理论。

导入案例

上海通用的竞争优势

通用汽车公司的首席执行官瓦格纳曾经表示，为了保持在全球汽车行业的领先地位，通用汽车公司必须成为亚洲汽车行业的领先者，而要成为亚洲的领先者，中国市场是战略重点。目前，通用汽车公司在中国的投资已近 20 亿美元，有 3 家合资企业和 2 家独资企业，上海通用汽车公司正在成为亚洲的生产基地。通用汽车公司正在以国际先进水平创建上海通用汽车公司。

上海通用采用“以顾客为中心”这种目前世界上最先进的理念为企业导向。作为一个永恒的主题，“以顾客为中心”这一理念已成为上海通用全体员工的第一行为标准。他们在产品开发设计、买车提车、维修咨询和售后服务的每一个环节中，都努力实践“以顾客为中心”的理念。

上海通用采用“柔性化生产”这种目前世界上最先进的生产系统。“柔性化生产”是“以顾客为中心”的理念在生产上的延伸，它使企业能够根据顾客需要和市场变化，灵活安排生产计划，在同一条生产线上同时生产不同类型的产品。

上海通用采用“单层拉动式营销网络”这种目前世界上最先进的营销模式。顾客可以到通用公司的“品牌专卖店”直接向厂家订货，选择自己所喜欢的轿车类型及它的配置、颜色和内饰等，由厂家生产出来后再来提货。

第一节 跨国公司理论的演变

跨国公司理论是随着跨国公司实践发展而发展起来的。跨国公司理论的发展大致可以分为两个阶段，即 20 世纪 60 年代以前的早期国际资本流动理论和 20 世纪 60 年代以来的现代跨国公司理论及其发展。

一、早期国际资本流动理论

（一）古典资本流动理论及其发展

早在 16 世纪，晚期重商主义的代表人物、东印度公司董事托马斯·孟（Thomas Mun）就有过关于国际资本流动的见解。他认为，导致一国贵金属货币流入流出的，除了贸易收支外，还包括“海关人员未予留意而进入账内的因素”，即转移支付和非贸易收支。此后，古典经济学派的代表人物亚当·斯密（Adam Smith）和大卫·李嘉图（David Ricardo）也有过有关国际资本流动的论述。斯密认为，国际资本转移涉及资本家的垄断行为，资本家通过在国外生产相同的产品控制当地市场，打击产品进口。李嘉图认为，如果允许资本像商品一样自由流动，将不仅有利于资本所有者，而且也有利于世界消费者，人类社会将因此获得最大的福利。因此，应取消对资本的过度课税，引导资本家跨国投资。重商主义的理论以及以国际分工理论为基础的古典国际贸易理论为早期国际资本流动理论的形成和发展奠定了基础。

早期国际资本流动理论主要是在国际贸易的“要素禀赋理论”的基础上发展起来的。瑞典经济学家俄林（Bertil Ohlin）在其博士论文中描述了两种类型的内生资本流动。在要素流量模型中他提出，更高的收益率引导资本流动，这个更高的收益率源自国际信贷市场上的利率差异和外国直接投资的大量利润。后来，俄林又进一步从国际收支的角度来解释国际资本流动，认为“购买力”的变化通过贸易平衡来改变国内货币的供给函数和需求函数，国内货币供求的变化最终导致资本的国际流动。在 20 世纪 60 年代以前，人们主要沿用要素禀赋理论来解释资本的国际流动，普遍认为各国利率的差异导致资本的国际流动，使资本由资本充裕国流向资本稀缺国，实现资本资源在国际范围内的优化配置。

不少学者认为，早期国际资本流动理论说明的只是借贷资本或证券资本的国际流动，这类资本流动的动机只是为了获得来自利差的好处。这种观点远远不能解释跨国公司对外直接投资的许多实际情况。因此，早期国际资本流动理论不是真正的跨国公司理论。

（二）马克思主义的资本输出理论

19 世纪中叶，主要资本主义国家已经出现资本输出。马克思指出，由于资本主义积累规律的存在及其作用，必然会产生“过剩资本”。“所谓的资本过剩，实质上总是指那种利润率的下降不会由利润量的增加得到补偿的资本——新形成的资本嫩芽总是这样——的过剩，或者是指那种自己不能独立行动而以信用形式交给大产业部门的指挥人去支配的资本的过剩。”[①] 只要条件允许，“过剩资本”就必然会突破地域和民族国家的界限，在世界范围寻求更有利的投资场所。“如果资本输往国外，那么，这种情况之所以发生，并不是因为它在国内已经绝对不能使用。这种情况之所以发生，是因为它在国外能够按更高的利润率来使用。”[②]

19 世纪末 20 世纪初，资本主义进入了垄断资本主义阶段。列宁指出，在垄断资本主义阶段，垄断资本家有可能在较长时期内获得高额垄断利润，从而加速了“过剩资本”的形成，为大规模的资本输出奠定了物质基础。在先进的国家里出现了大量“过剩资本”，而“在少数国家中资本主义‘已经过度成熟’，‘有利可图的’投资场所已经不够了（在农业不发达和群众贫困的条件下）”[③]。“只要资本主义还是资本主义，过剩的资本就不会用来提高本国民众的生活水平（因为这样会降低资本家的利润），而会输出国外，输出到落后的国家去，以提高利润。”[④]

马克思、列宁的资本输出理论描述了他们所处时代资本输出的实际情况，科学地揭示了资本输出的实质，即大量产生的“过剩资本”是资本输出的物质基础；追求高额利润是资本输出的根本动因。第二次世界大战以后，由于发展中国家的崛起、第三次科技革命的推动以及跨国公司的发展壮大，资本输出的主体、形式、规模、领域等都发生了极为深刻的变化，但资本输出的实质始终没有改变。

二、现代跨国公司理论

第二次世界大战以后至 20 世纪 50 年代，美国跨国公司对西欧国家的对外直接投资迅速增加。随着跨国公司实践的发展，西方跨国公司理论也进入发展的新时期。人们从不同角度解释跨国公司对外直接投资的动机、条件和决定因素，形成了各种理论流派。

（一）现代跨国公司理论的形成

从 20 世纪 60 年代至 70 年代中期，跨国公司理论研究的重点主要是美国及其他国家跨国公司对外直接投资的特点与决定因素。例如，垄断优势理论和产品生命周期理论主要研究美国企业的对外直接投资；边际产业扩张理论主要解释日本企业的对外直接投资。这些理论往往注重某些因素而忽略另一些因素，基本都是“个论”而没有形成“通论”。从 20 世纪 70 年代中期至 80 年代末期，随着不同国家、不同行业跨国公司对外直接投资的发展，学者们逐渐转向建立综合性或一般化的跨国公司理论，代表性理论主要有内部化理论和国际生产折中理论。

（二）现代跨国公司理论的发展

20 世纪 90 年代以来，新科技革命的发展和跨国经营环境的变化使跨国公司调整其战略和行为，以适应全球竞争的新环境。为适应跨国公司对外直接投资的新变化，学者们补

① 《资本论》，2 版，第 3 卷，279～280 页，北京，人民出版社，2004。

② 同上书，285 页。

③④ 《列宁选集》，3 版，第 2 卷，627 页，北京，人民出版社，1995。

充和修正了原有理论，并提出了一些新理论，主要有投资诱发要素组合理论、竞争优势理论和全球战略理论等。现代跨国公司理论的最新发展，除了少数是对原有理论的补充和完善外，其余的理论大多适应了经济全球化发展的新形势，关注经济全球化条件下影响企业跨国经营的新因素及其变化，从而扩展了原有理论的研究视野。

第二节　国家视角的跨国公司理论

自 16 世纪以来，国际资本流动大致采取了以商品资本、借贷资本和生产资本为主要形式的三个阶段。早期国际资本流动理论主要反映了前两个阶段的实际情况。在这一时期，国家在国际资本流动中发挥着重要作用，在国家和企业的关系上，国家对企业跨国经营活动予以控制，而企业自身在跨国经营中也重视国家的利益，因此，早期的国际资本流动理论沿袭了早期国际贸易理论研究的传统，着重从国家的视角考察企业的跨国经营活动，主要研究国家之间的差异及其对国际资本流动的影响。[①] 后来，边际产业扩张理论再次从国家视角研究企业的跨国经营，主张国家在企业跨国经营的产业部门选择上发挥主导作用。

一、利率差异论

根据传统的国际贸易理论，国家间拥有的资源禀赋差异决定着资本和劳动力等要素资源在不同国家有不同的价格，因而造成资本和劳动力等要素资源在不同国家间的流动。国家间利率的差异则引起国家间的资本流动。在这方面，美国哥伦比亚大学教授纳克斯（R. Nurkse）的观点具有代表性。纳克斯于 1933 年发表了题为《资本流动的原因和效应》的论文，认为国际资本流动的原因在于各国利率的差异，而利率的差异又取决于各国资本存量的相对充裕程度。在自由竞争条件下，资本存量相对充裕的国家利率比较低，而资本存量相对稀缺的国家利率比较高。只要后者的利率绝对高于前者的利率，就会发生资本从前者向后者的流动。

利率差异理论后来很少再被提及，一个重要原因是它无法解释现实中有关对外直接投资的某些实际现象，如现实中收益率下降时，对外直接投资并没有相应地减少，而是仍持续地大量增长。一些跨国公司在投资过程中经常在微利甚至亏损时仍不断增资或扩股；同时，大量对外直接投资并不是从一国向另一国单向地流动，在很多情况下是双向地流动，如发达国家间的相互投资在其对外直接投资总额中占有很大一部分比例。

二、边际产业扩张理论

边际产业扩张理论（Theory of Marginal Industry Expansion）是由日本一桥大学教授小岛清（K. Kojima）提出的。1978 年，小岛清在其代表作《对外直接投资：一个日本多

---

① 参见张纪康：《国际直接投资：壁垒·进入·效应》，4～5 页，太原，山西经济出版社，1998。

国企业经营的模型》（*Direct Foreign Investment：a Japanese Model of Multinational Business Operations*）一书中系统地阐述了他的对外直接投资理论。小岛清利用国际分工的比较成本原理进行宏观考察，详细分析和比较了日本式对外直接投资与美国式对外直接投资的不同，揭示了日本式对外直接投资发展的独特道路。通过对欧美学者的理论尤其是垄断优势理论的反思，小岛清从国际分工原理出发，提出了“边际产业扩张理论”。由于该理论以日本跨国公司海外直接投资的特点为基础，故又称“日本式对外直接投资理论”。该理论对美英学者产生了较大的影响。

（一）理论的主要内容

1. 边际产业扩张理论的核心内容

小岛清的边际产业扩张理论的核心内容是：对外直接投资应该从投资国的边际产业依次进行。所谓边际产业是指，按照比较成本原则，投资国已经处于或即将处于比较劣势的产业。边际产业含义很广：不仅包括劳动力密集型产业，还可以是生产劳动密集型产品的企业中处于比较劣势的中小企业，以及同一企业中处于比较劣势的部门。对受资国而言，则是其已经具有或即将具有比较优势的产业、企业和部门。小岛清认为，对外直接投资按照投资国的边际产业依次进行，能够使企业有效利用国际分工原则，充分发挥自身的比较优势，实现投资与贸易的互补。这是因为国际贸易是按既定的比较成本进行的，而对外直接投资按照从比较劣势的行业开始的原则，可以扩大投资国与东道国的比较成本差距，使两国在直接投资中都受益，形成新的互补格局。投资国将边际产业转移到比较优势更大的国家或地区，一方面可以维持边际性企业的生产规模，另一方面可以使投资国在国内集中发展具有比较优势的产业，使国内产业结构更趋合理。

边际产业扩张理论可用图 2—1 加以说明。在图 2—1 中，Ⅰ－Ⅰ线是投资国日本的商品成本线，其中，a、b、c、…、x、y、z 等分别表示不同种类商品使用 100 日元所能生产的实物量。Ⅱ－Ⅱ线表示东道国美国的商品成本线，其中，从 a' 到 z' 分别表示与日本同类商品的相同产量所花费的美元成本，Ⅰ－Ⅰ线与Ⅱ－Ⅱ线的交点 m 表示日、美两国生产第 m 种商品的成本相等，若现行汇率为 1 美元等于 100 日元，则在日本生产第 m 种商品的成本为 100 日元，在美国为 1 美元。显然，在现行汇率下，日本的边际产业表现为成本线Ⅰ－Ⅰ中 m 点左侧的产业，如 a、b、c 等。当日本对美国的直接投资以其边际产业进行时，可使美国的比较优势进一步扩大，在图 2—1 中表现为美国的商品成本线向下旋转为Ⅱ′－Ⅱ。这样，投资国日本专门生产并出口其具有比较优势的产品（即 m 点右侧的产品），而对东道国美国投资生产日本处于比较劣势的产品（即 m 点左侧的产品），并进口这些产品。因而，这是一种贸易创造型的投资。

反之，如果日本以自己的比较优势产业（如 x、y、z 等）对美国进行投资，当然也可以降低美国的这些商品的成本，在图中表现为美国的商品成本线由原来的Ⅱ－Ⅱ变为Ⅱ－Ⅱ″。x、y、z 这三类商品生产在美国的生产成本分别从原来的 x'、y'、z' 下降到 x''、y''、z''。但同日本的同类商品对应的生产成本相比，美国在这些商品的生产上仍然处于劣势。这样，这种投资不仅没有节约成本，反而造成资源的浪费；投资的结果，只不过是以国外的生产替代了投资国的出口，是一种贸易替代型投资。可见，对外直接投资只有以投资国的边际产业依次进行，才能使投资国的国际贸易得到补充和扩大，才是符合比较优势原理的对外直接投资。

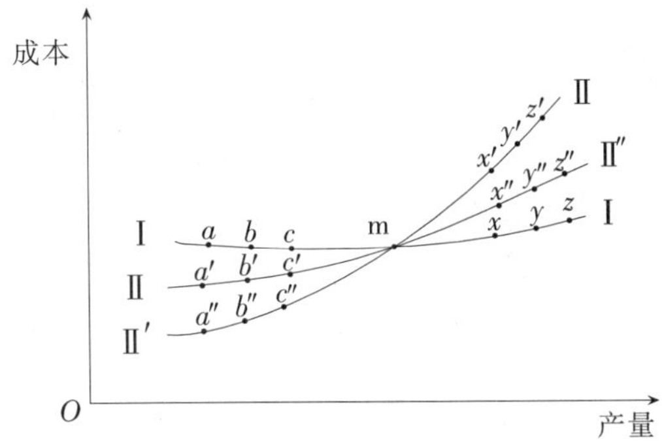

图 2—1 边际产业扩张理论

2. 边际产业扩张理论的三个基本命题

边际产业扩张理论的三个基本命题是指：（1）赫克歇尔—俄林模式中的劳动与资本要素可以用劳动与经营资源来代替。经营资源作为一种特殊要素，既包括实物资本，也包括技术与技能等人力资本。如果两国的劳动与经营资源的比率存在差异，则将导致两国商品生产中比较成本的差异。（2）比较利润率的差异与比较成本的差异有关。凡是具有比较成本优势的行业，其比较利润率也较高，即比较成本与比较利润率是相对应的。据此可根据国际分工原则，用比较成本或比较利润率差异分析对外贸易和对外直接投资活动。（3）与基于比较优势原则的日本式对外直接投资不同，美国式对外直接投资将经营资源作为一种特殊的生产要素，在此基础上产生了寡头垄断性质的对外直接投资。

3. 对外直接投资的四种类型

小岛清根据企业跨国经营的不同动机，将对外直接投资分为四种类型：（1）自然资源导向型。这类投资的目的是增加国内失去比较优势或国内不可能生产的产品的进口，其结果是促进最终产品生产国与初级产品生产国之间的垂直专业化分工，属于贸易导向型投资。（2）劳动力导向型。由于发达国家劳动力成本不断提高，倾向于把本国传统的劳动力密集型产业转移到劳动力成本较低的国家，这类转移与比较优势的动态变化相一致。这种类型的对外直接投资可能促进国际分工的重新调整以及劳动力充裕国家和劳动力稀缺国家之间贸易的增长。（3）市场导向型。它又分为两类：一类是为避开东道国贸易壁垒的贸易导向型投资；另一类是寡头垄断性质的逆贸易导向型投资。（4）生产与销售国际化型。这类投资是大型跨国公司为实现水平与垂直一体化而进行的直接投资，它是否替代贸易取决于这类投资是否具有寡头垄断的性质。

4. 日、美企业对外直接投资的比较

日本企业对外直接投资较美国企业对外直接投资有以下不同的特点：（1）投资行业多集中于已经失去或即将失去比较优势的行业，如自然资源的开发与进口、纺织品、零部件等标准化的劳动力密集型行业；（2）投资主体多为中小企业，并采用合资形式；（3）对外直接投资与国际贸易互补，对外直接投资扩大了国际贸易，因而可称为顺贸易导向型的对外直接投资。而美国的对外直接投资多集中在技术密集型行业，且多流向西欧发达国家；投资主体多为这些行业中的寡头垄断企业；投资方式多采用独资形式，目的在于通过海外扩张维护其垄断地位，占领东道国市场。因而美国的对外投资违反了比较成本与比较利润率对应的原则，投资的结果使双方的比较成本差距缩小，不利于贸易的扩大，与贸易是替代的关系，因此可称为逆贸易导向型的对外直接投资。

这两种类型的对外直接投资对投资国与东道国会产生不同的影响。日本式对外直接投资促进了本国及东道国的产业结构调整，促进了东道国劳动密集型行业的发展，因此对双方均产生有利的影响。美国式对外直接投资给投资国带来国际收支逆差和失业的严重后果，而且不符合发展中国家的比较优势，对发展中国家经济的推动效应较小。

（二）理论评价

1. 理论贡献

在小岛清的上述理论问世之前，对外直接投资的理论研究是以英、美的跨国公司为基础的，忽略了日本式的对外直接投资。小岛清提出的理论不仅填补了对外直接投资理论的一个空白，而且突破了以往英美学者常用的一种商品、一种产业、一个企业的分析方法，重视在多种商品、多种产业、多个企业的基础上进行研究。它的基本思想在于强调对外直接投资应当促进投资双方比较优势的发展，从而扩大两国之间的贸易。它所主张的国际直接投资与国际贸易之间应互补而非替代的观点拓展了对外直接投资理论研究的思路。

2. 局限性

小岛清的理论也存在较大的局限性。它的理论只反映了在特定历史条件下，日本寻找最适合自己国情的国际分工途径，而难以具有普遍的长期意义。[①] 事实上，从 20 世纪 70 年代中期以来，随着日本经济实力的上升及产业结构的日趋成熟，日本对外直接投资的模式也逐渐与美国的模式趋同。也就是说，日本原来向发展中国家投资、实现国际生产垂直分工的特征，逐渐转变为美国式的发达国家之间相互投资的国际生产水平分工的特征。此外，该理论片面强调对外直接投资对发展中国家经济发展的积极作用，忽视了由此给发展中国家带来的消极影响。

第三节　企业视角的跨国公司理论

第二次世界大战以后，随着国际资本流动第三阶段的到来，国际直接投资逐渐成为国际资本流动的主要形式，而跨国公司成为国际直接投资的主要载体。实践的发展矫正了理论研究的视角，并使其更加符合实际。一批学者另辟蹊径，着重从企业的视角展开对国际直接投资动因和条件的分析，形成了垄断优势理论、产品生命周期理论、内部化理论和国际生产折中理论等。总之，在这一时期，企业视角的跨国公司理论开始占据优势地位，而国家视角的跨国公司理论则进展有限。[②]

---

① 该理论只反映了日本这一跨国公司“后起之秀”在已经形成的跨国公司国际生产格局中寻找最佳发展途径的要求。日本经济原属于自然资源紧缺的海岛型经济，20 世纪 50—70 年代国内产业结构又处于升级换代阶段，这就决定了日本的对外直接投资必然集中在经济发展水平较低国家的资源产业和劳动密集型产业。

② 参见张纪康：《国际直接投资：壁垒・进入・效应》，5～6 页，太原，山西经济出版社，1998。

一、现代主要跨国公司理论

（一）垄断优势理论

20世纪60年代初，美国学者海默（S. Hymer）在他的博士论文《国内企业的国际经营：对外直接投资的研究》（International Operations of National Firms: Study of Direct Foreign Investment）中首次提出了"垄断优势理论"（Theory of Monopoly Advantage）。在其论文中，海默研究了1914—1956年美国对外投资的资料，发现外国直接投资不仅仅是一个简单的资产交易过程，它还包括非金融资产和无形资产的转移，是跨国公司使用和发挥其内在组织优势的过程。美国企业之所以能从事海外直接投资，其主要决定因素在于美国企业拥有技术和规模等垄断优势，而垄断优势源于美国企业控制了技术的使用以及实行水平一体化和垂直一体化经营。20世纪70年代，海默的导师金德尔伯格（C. Kindleberger）对该理论进行了补充和完善，从而形成了跨国公司理论的基础——垄断优势理论。该理论也同时又被称作"海默—金德伯尔格学说"（H-K Theory）。

1. 主要内容

垄断优势理论是在批判传统国际资本流动理论的基础上形成的。海默根据美国商务部关于直接投资与间接投资的区分准则，实证分析了美国1914—1956年对外投资的有关资料后指出：由于现实的市场是不完全竞争的市场，面对同一市场的各国企业之间存在着竞争，若实行集中经营，则可使其他企业难以进入市场，从而形成一定的垄断，这样既可获得垄断利润，又可减少由于竞争而造成的损失，因此，跨国公司实际上是一个垄断者或寡占者。

海默认为，跨国公司垄断优势是外部市场不完全的结果。其中市场的不完全性主要体现在以下四个方面：（1）产品和生产要素市场的不完全，即有少数卖者或买者能够凭借控制产量或购买量来影响市场价格；（2）由规模经济导致的市场不完全，随着产量的增加，某些企业可以收到规模收益递增的效果；（3）政府干预经济而导致的市场不完全；（4）由于关税及其他税负导致的市场不完全。

海默认为，传统的国际资本流动理论能够说明证券资本的国际流动，但它不能解释第二次世界大战后发达国家企业的对外直接投资，以及与投资相联系的企业的技术和管理才能的转移。他详细研究了美国企业的对外直接投资行为，发现这些企业主要分布在资本相对密集、集约程度高、技术先进、产品特异和规模经济明显的一些部门，这些部门又都是垄断程度较高的部门。海默因此提出，一个企业或者公司之所以对外直接投资，是因为它有比当地同类企业或者公司有利的特定优势。这种"企业特定优势"（Firm-specific Advantage），即企业国际化经营的垄断优势，使企业比在当地生产后出口能够赚取更多的利润。

海默的垄断优势理论认为跨国公司的垄断优势主要存在于以下七个方面：技术优势；先进的管理经验；雄厚的资金实力；信息优势；国际声望；销售渠道优势和规模经济优势。

垄断优势理论还试图解释美国企业选择对外直接投资而不依赖出口和许可证交易方式

的原因。海默认为，美国企业从事直接投资的原因，一是东道国关税壁垒阻碍企业通过出口扩大市场，因此企业必须以直接投资方式绕过关税壁垒，维持并扩大市场；二是技术等资产不能像其他商品那样通过销售获得全部收益，而直接投资可以保证企业对国外经营及技术运用的控制，因此可以获得技术资产的全部收益。通过研究，海默还发现，美国企业对外直接投资以独资经营为主要方式。

2. 理论评价

（1）理论贡献。海默等人提出的垄断优势理论不仅开创了国际直接投资理论研究的先河，而且许多内容具有科学性。该理论首次提出了不完全竞争市场是导致国际直接投资的根本原因，并论述了市场不完全的类型；提出了跨国公司拥有的垄断优势是其实现对外直接投资从而获得高额利润的条件，并分析了垄断优势的内容；提出了知识的转移是跨国公司直接投资过程的关键；提出了跨国公司的寡占反应行为是导致其对外直接投资的主要原因。这些理论对于研究当代跨国公司对外直接投资的动因具有十分重要的意义。

（2）局限性。海默的垄断优势理论也存在着许多局限性，主要表现在：垄断优势理论的研究对象主要是美国少数技术经济实力雄厚、独具对外扩张能力的大型跨国公司，对于中小企业以及发展中国家的企业的对外直接投资没有进行分析。而现实情况是，自 20 世纪 60 年代以来，许多发达国家的中小企业也积极进行对外直接投资，特别是广大的发展中国家的企业也加入到国际直接投资的行列中来。垄断优势理论显然对这些新的现象无法作出科学的解释。

（二）产品生命周期理论

产品生命周期原是市场营销学中的概念。[①] 1966 年，美国哈佛大学教授弗农在《产品周期中的国际投资和国际贸易》（“International Investment and International Trade in the Product Cycle”）一文中，将产品生命周期学说运用于对国际直接投资活动的分析，并先后于 1971 年、1974 年和 1979 年多次阐述和补充其理论。由于弗农是从产品生命周期的不同阶段来阐述跨国公司对外直接投资活动的，故他的理论被称为国际直接投资的“产品生命周期理论”（Theory of Product Life Cycle）。

1. 主要内容

弗农认为，垄断优势理论无法彻底说明大型跨国公司为何必须采取建立海外子公司的方式占领市场，而不是通过产品出口或出售技术专利的方式以达到获利的目的，弗农运用市场营销学的产品生命周期学说来解释他的理论。市场营销学中的产品生命周期是指产品从进入市场到退出市场有一个由弱而盛、再由盛而衰的过程，经历投入、成长、成熟和衰退几个阶段。弗农运用这种学说，提出了与国际投资密切相关的三个产品阶段，即产品创新阶段（New Product Stage）、产品成熟阶段（Mature Product Stage）和产品标准化阶段（Standardized Product Stage），不同的产品阶段决定了公司不同的生产成本和生产区位选择。

---

① 早在 20 世纪 30 年代，美国经济学家、诺贝尔经济学奖获得者西蒙·库兹涅茨（Simon Kuznets）和阿瑟·伯恩斯（Arther F. Burns）就曾指出，各种工业产品一般都会经历一种有规律的发展周期，即开发期、成长期、成熟期和衰退期四个阶段。

（1）第一阶段是产品创新阶段。任何产品的初始创新方向都会受到市场消费需求的引导，而消费者的需求偏好和其对产品的选择则会由于收入的高低而产生不同的层次。弗农的研究是从美国这一发达国家开始的。他认为，由于美国的人均收入高以及相应的劳动力成本高，所以美国市场对产品创新的引导是，要求企业积极研制节约劳动、并能满足高收入消费偏好的高档消费品和资本、技术密集型产品，这样才能发挥美国的比较优势。作为产品的创新国，美国在产品的生产上占有优势。在此阶段，新的发明创造刚从试验转入商业应用，技术还不完善，产品还不定型。在这种情况下，产品生产只能集中在国内，国外市场需求主要通过出口方式得到满足。弗农在研究新产品出现在什么样的国家时指出，研制新产品需要有技术的优势和资金的优势，发达国家具备这样的优势，因此新产品往往是由发达国家首先出现，这也决定了今后的国际投资流向是由发达国家向不发达国家投资这一主流趋势。

（2）第二阶段是产品成熟阶段。在这个阶段，市场对该产品的需求急剧增加，技术趋于完善，产品已经定型，消费者有条件对不同品牌、型号的同类产品进行比较，因此对降低成本的要求十分迫切。此时，这种产品的国外市场需求量增大，逐渐有大量出口，但有关产品的原料供应、运输以及其他问题的出现，还有进口国的贸易壁垒以及当地竞争者仿制产品的出现，使创新国家的生产企业通过出口维持和扩大其在国外的利益变得越来越困难。当产品的边际生产成本与边际运输成本之和大于在国外生产的平均成本时，对企业最有利的选择是，把新增加的生产转移到国外，以节约成本。因此，它们必须对外投资并设立子公司，进行就地生产，以便维持和扩大出口市场，保障其利益。

（3）第三阶段是产品标准化阶段。在此阶段，产品和技术都已完全标准化，公司的技术优势已消失，随着竞争的加剧，成本和价格问题变得十分突出。为了保持竞争优势，降低生产成本，占领当地市场，创新国企业开始将产品的生产转移到劳动力价格更低的劳动密集地区，跨国公司在此阶段的投资流向主要是发展中国家。

在上述产品的整个生命周期中，跨国公司在外建立子公司发生在第二阶段和第三阶段。按照这样的理论，到国外建立子公司的跨国公司一般拥有技术和产品的垄断优势，这种优势是当地企业所没有的。跨国公司对外投资建立子公司的目的就是为了维持其垄断优势，并充分利用这种垄断优势，以谋取最大化的利益。

2. 理论评价

（1）理论贡献。弗农的产品生命周期理论运用动态分析技术，对国际直接投资由发达国家投向不发达国家的经济现象解释得比较清楚，是令人信服的。此外，该理论的另一独特贡献在于它强调对外直接投资和出口是由同一企业进行的，并将对外直接投资和对外贸易统一起来进行分析。一般认为，该理论基本符合 20 世纪 50—60 年代美国企业的现实。通常情况下，该理论对于初次进行跨国投资的企业，尤其是主要涉及最终产品市场的企业比较适用。

（2）局限性。20 世纪 80 年代以后，出现大量新兴工业化国家的跨国公司对发展中国家甚至发达国家进行投资的现象，这种“新横向”投资和“逆向”投资显然无法用产品生命周期理论加以解释；同时，该理论对于那些以国外自然资源为目标的对外直接投资，以及目的不在于出口替代的对外直接投资而言，显然无法作出合理的解释。此外，该理论的研究对象集中在美国跨国公司的对外直接投资上，因而其研究结论对于那些经济结构与美国不尽相同的国家（如日本）的公司所从事的对外直接投资，也难以作出令人满意的解释。

（三）内部化理论

“内部化理论”（Theory of Internalization）又称“市场内部化理论”，是当代西方比较流行的关于对外直接投资的理论。该理论是由英国里丁大学教授巴克利（P. J. Buckley）和卡森（M. C. Casson）在1976年合著的《跨国公司的未来》一书中提出的。1981年，加拿大学者拉格曼（Alan Rugman）在其所著的《跨国公司的内幕：国际市场的经济学》一书中进一步发展了内部化理论。所谓内部化，是指将市场建立在公司内部的过程，以内部市场取代原来的外部市场，公司内部的转移价格起着润滑作用，使内部市场像外部市场一样有效地发挥作用。①

1. 主要内容

内部化理论一般运用交易成本来解释内部化产生的原因和基本动机。对于某些类型的交易而言，利用市场的交易成本很高，从而导致市场失灵，因而只要能在企业内部组织交易且所需成本比利用外部市场交易成本低，企业便会自己来从事这些交易并使之内部化。同样，只要某个地方国际资源配置内部化比利用市场的成本低，企业就会利用这种方法将其所拥有的特殊优势资本化和跨国化。内部化理论是交易成本学说在国际投资领域的应用。

在对跨国公司内部贸易增长的现象进行了深入细致的研究后，内部化理论提出了一种解释国际直接投资动机的理论。该理论认为世界市场是不完全竞争的市场，由于市场失灵，以及由于某些产品的特殊性质（如知识产品在一定时期内具有“自然垄断”性质）或垄断势力的存在，导致市场交易成本增加，而通过国际直接投资，将本来应在外部市场交易的业务转变为在公司内部所属企业之间进行，从而形成一个内部市场。通过外部市场内部化，降低了市场交易成本和风险。②

巴克利在《跨国公司的未来》一书中指出：影响企业交易成本从而导致市场内部化的因素有四个，即产业特定因素、区域因素、国家因素和企业因素。产业特定因素是指由于产品特性差异而出现的市场交易障碍使企业走向内部市场化，该因素与产品性质有关，主要取决于中间产品的特性和结构。这里的中间产品主要是指技术、信息、商誉等。这些产品要实现其专有权的价值，会因市场不完全而遇到困难。③ 区域因素是指由于地理位置、社会心理以及文化等差异所造成的外部市场交易障碍使得公司走向内部市场化。国家因素是指由于东道国的政治、经济、法律等制度上的差异所出现的市场交易障碍使得企业走向

---

① 内部化的思想来自经济学家科斯（R. H. Coase）的交易成本学说，是当代西方较为流行、较有影响的理论。其基本观点是，协作生产需要市场机制或企业家来指挥和协调。当市场的交易成本很高从而导致市场失灵时，企业就会自己来从事这些交易使之内部化。

② 内部化理论建立在三个假设的基础上：（1）企业在不完全市场上从事经营的目的是追求利润的最大化。（2）当生产要素特别是中间产品的市场不完全时，企业就有可能统一管理经营活动，以内部市场取代外部市场。（3）内部化超越国界时就产生了跨国公司。

③ 例如，买方对专有技术缺乏认识，因而不愿意出合理的价格，要向买方证明其作用并确信其价值，就必须要使买方有较多的了解，但这类产品本身要求严格保密，故不如进行纵向一体化，在内部加以充分利用。

内部市场化。企业因素则是指由于企业组织结构、管理经验、控制和协调能力的差异所出现的市场交易障碍而导致企业走向内部市场化。

总之，在市场不完全、市场交易出现障碍且交易成本不断增加的情况下，企业只能采用以内部市场取代外部市场的办法来控制企业的资源配置和商品分配，这时对外直接投资的跨国公司便出现了。由于跨国公司内部市场的存在，它们在研究开发、规模经济上占有优势，在绕过贸易壁垒进行直接投资时，要比国内或东道国的竞争对手更胜一筹。

2. 理论评价

（1）理论贡献。内部化理论的出现标志着西方对外直接投资研究的重要转折。垄断优势理论从市场的不完全和寡占市场结构讨论了发达国家对外直接投资的动机和决定因素；内部化理论则是从跨国公司所面临的内、外部市场的差异以及国际分工、国际生产组织的形式等来研究对外直接投资的行为和动机。内部化理论既可以解释发达国家的对外投资行为，又可以解释发展中国家的对外直接投资行为。内部化理论较好地解释了跨国公司在对外直接投资、出口贸易和许可证交易这三种参与国际经济方式的选择依据。

（2）局限性。与其他理论相比，内部化理论虽然具有一定的综合性，但它片面地从跨国公司的主观方面来寻找对外直接投资的动因和基础，把发达国家企业对外直接投资的动机仅仅归结为节省市场交易成本，而忽视了国际经济环境的影响；即使是解释跨国公司的扩张行为，也仅仅解释了跨国公司的纵向一体化扩张行为，而对横向一体化和无关多元化扩张行为则无法解释。

（四）国际生产折中理论

国际生产折中理论（Eclectic Theory of International Production），也称折中主义或国际生产综合理论，是由英国里丁大学教授邓宁（J. H. Dunning）在1976年发表的《贸易、经济活动的区位与跨国公司：折中理论探索》一文中提出的，并于1981年在其论著《国际生产与多国企业》（*International Production and the Multinational Enterprises*）一书中对该理论进一步系统化、理论化和动态化。

邓宁的理论适应了国际生产格局的变化，吸收和综合了过去有关对外直接投资的理论，形成了解释对外直接投资的理论框架，能在很大程度上对国际化经营活动的三种形式，即技术转让、出口贸易及对外直接投资作出合理的解释。该理论试图把厂商理论、区位理论、产业组织理论以及国际经济学中各派思想有机地结合在一起，构成一个整体，综合地对跨国公司行为动机和条件作出分析，因而被称为“通论”。

1. 主要内容

国际生产折中理论的核心内容是，企业从事海外直接投资是由该企业本身所拥有的所有权优势（Ownership Advantage）、内部化优势（Internalization Advantage）和区位优势（Location Advantage）三大基本因素共同决定的，这就是跨国公司海外直接投资的所谓“OIL范式”（OIL Paradigm）。

所有权优势主要是指企业拥有或能够得到的别国企业没有或难以得到的无形资产和规模经济优势。具体包括技术优势、规模优势、组织管理优势、金融与货币优势等。所有权优势的大小直接决定企业从事海外直接投资的能力。内部化优势是指企业为避免市场的不完全性而将企业所有权优势保持在企业内部所获得的优势。区位优势是指国内外生产区位的相对禀赋对企业海外直接投资的吸引和推动力量。区位优势主要取决于劳动力成本、市场购销因素、贸易壁垒、政府政策和心理距离等。

三种优势的不同组合可以用来说明跨国公司如何在技术转移、出口和对外直接投资三种国际经济活动方式之间作出选择，如表2—1所示。若一国企业仅拥有所有权优势，则企业选择许可证交易方式进行技术转移；若一国企业具有所有权和内部化两项优势，而无区位优势，则企业将选择国内生产然后出口的方式；而一国企业只有同时拥有所有权优势、内部化优势和区位优势三种优势时，才会选择对外直接投资方式。

表2—1　　跨国公司国际经济活动方式的选择

	所有权优势 (O)	内部化优势 (I)	区位优势 (L)
对外直接投资	√	√	√
出　　口	√	√	×
技术转移	√	×	×

资料来源：J. H. Dunning, *International Production and the Multinational Enterprise*, George Allen and Unwin, London, 1981.

2. 理论评价

(1) 理论贡献。邓宁的国际生产折中理论注重综合分析、宏观分析和动态分析，在理论形态上是完整和成熟的。邓宁的"三优势范式"（OIL Paradigm）综合地说明了三种优势和三种国际经营方式（对外直接投资、出口、许可证交易）之间的相互关系，是到目前为止企业跨国经营最权威、最全面的理论体系之一。

(2) 局限性。邓宁的国际生产折中理论尽管看起来颇有说服力，容易被人接受，但由于理论的"集大成"而影响了其逻辑性。邓宁把各种不同的、甚至没有多大联系的因素集合在一起，从而陷入只对对象进行罗列和归纳，缺乏逻辑上的分析。邓宁强调只有三种优势同时具备，才能进行跨国投资，但在现实经济活动中，并不同时具备三种优势的发展中国家企业不仅发展了对外直接投资，而且还向发达国家进行逆向投资，这种现象给邓宁的理论以极大的冲击。

二、跨国公司理论的新发展

20世纪90年代以来，随着经济全球化和新科技革命的发展，跨国公司调整了其战略和行为。与此相应，跨国公司理论也进一步向广度和深度发展，主要是对原有国际直接投资理论的修正、检验和发展，并产生了一些新理论，但从总体上看，尚未形成突破性的理论成果。

（一）对主流理论的补充和完善

美国学者巴特利（C. Bartlett）和高歇尔（S. Ghoshal）对产品生命周期理论作了进一

步扩展，提出了产品创新、接近市场和通过竞争降低成本三位一体的跨国投资模式。[①] 与弗农的产品生命周期理论相比，该模式强调了成本因素的重要性，将其从技术优势和区位优势中独立出来，较好地解释了国际直接投资的区位流向。华人学者刘（S. Liu）对内部化理论进行了间接的验证和补充。[②] 他认为，在不完全市场条件下，跨国公司内部化的决策本身，就是在向市场提供信息，这是因为：一是跨国公司对外直接投资导致新的知识进入市场，影响其在外部市场的经营；二是跨国公司在进行直接投资决策时，含有对未来收益状况的预期。

（二）跨国公司理论的新发展

1. 投资诱发要素组合理论

近年来，西方一些学者提出了投资诱发要素组合理论，以克服以往国际直接投资理论的片面性和局限性。该理论认为，任何形式的对外直接投资都是投资的直接诱发要素和间接诱发要素组合作用的结果。直接诱发要素包括劳动力、资本、技术、管理及信息等，它既可以存在于投资国，也可以存在于被投资国。间接诱发要素包括投资国鼓励性的投资政策与法规，与东道国的协议或合作，东道国优良的投资环境，经济一体化、区域化、集团化的发展，科技进步以及国际金融市场上利率与汇率的波动等。投资诱发要素组合理论认为，国际直接投资是建立在直接诱发要素与间接诱发要素的组合之上的。一个明显的趋势是，间接诱发要素在当今国际直接投资中起着越来越重要的作用。

2. 竞争优势理论

波特（M. E. Porter）于 1985 年提出的竞争优势理论从战略管理的角度对跨国公司的直接投资行为给予了全新的解释。[③] 该理论研究了国际竞争环境与跨国公司竞争战略和组织结构之间的动态调整及相互适应的过程，认为跨国公司的各种职能可以用“价值链”（Value Chain）来描述。所谓价值链是指企业生产中一系列有显著差别又互相联系的活动的集合。“竞争者价值链之间的差异是竞争优势的一个关键来源。”[④] 价值链管理是跨国公司组织和管理其国际一体化生产经营中价值增值活动的方法。跨国公司在国际竞争中确定并开拓构成价值链的各种活动和联系的能力是企业竞争优势的重要来源，而跨国公司进行的对外投资战略无非是对不同活动的国际区位和企业所控制的各类实体的一体化程度作出的选择。该理论用一个菱形动态模式解释了跨国公司对外投资所采取的“先内后外”的顺序，并且指出在激烈的竞争中获得的竞争优势是跨国公司对外投资成功的关键。

3. 跨国公司全球战略理论

跨国公司全球战略是指跨国公司围绕全球长期目标，在全球范围内统一协调公司的内

---

① See C. Bartlett & S. Ghoshal, *Managing Across Borders: the Transnational Solution*, Second Edition, Harvard Business School Press, Boston, 1998, pp. 85-96.

② See S. Liu, *Foreign Direct Investment and the Multinational Enterprise: a Re-examination Using Signaling Theory*, Macmillan, London, 1998.

③ See M. E. Porter, *Competitive Advantage: Creating and Sustaining Superior Performance*, Free Press, New York, 1984, pp. 56-60.

④ ［美］波特：《竞争优势》，36 页，北京，华夏出版社，1997。

外部资源，安排研发、生产、销售、服务等活动，使有限的资源得到最有效的利用，以实现全球范围内最大限度的收益。跨国公司全球战略理论是在国际贸易投资自由化、交通通讯便利化、计算机网络化的背景下产生的，并促进这些趋势进一步发展。跨国公司全球战略通过对各项资源的跨国界配置、协调和管理，实现研发、采购、生产、营销、财务等的一体化，通过专业化生产，充分发挥资源的协同效应，增强国际竞争力和抗风险能力。跨国公司全球战略理论从企业的角度出发分析其投资和生产活动，强调其全球性、整体性和协同性，使对跨国公司投资行为的分析更加贴近实际。

关键概念

古典资本流动理论	资本输出理论	利率差异论
边际产业扩张理论	垄断优势理论	产品生命周期理论
内部化理论	国际生产折中理论	投资诱发要素组合理论
竞争优势理论	跨国公司全球战略理论	

复习题

1. 简述跨国公司理论的演变。
2. 简述边际产业扩张理论的内容并做简要评价。
3. 简述垄断优势理论的内容并做简要评价。
4. 简述产品生命周期理论的内容并做简要评价。
5. 简述内部化理论的内容并做简要评价。
6. 简述国际生产折中理论的内容并做简要评价。
7. 20 世纪 90 年代以来，跨国公司理论有哪些新发展？

第三章

跨国公司经营战略

本章要点提示

◎ 新科技革命、经济全球化的发展以及知识经济的兴起，改变了企业跨国经营的环境和条件。企业必须根据经营环境的特点及其变化来制定和调整战略。

◎ 战略是企业为适应环境变化而确定的长期经营目标和行动方针。从历史发展的角度看，跨国公司的战略大体上经历了从市场战略、资源战略到全球战略的演进过程。

◎ 全球战略是跨国公司经营战略的最高阶段，表现为跨国公司内部的混合国际分工和生产经营的综合一体化。全球战略是对全球市场的回应。

◎ 跨国战略联盟是指在国际上相互竞争的两个或两个以上的跨国公司为实现某一战略目标而建立的合伙关系，其主要目的是通过外部合伙关系来提高企业的经营价值。

导入案例

通用汽车公司的跨国战略联盟

美国通用汽车公司（GM）是全球最大的汽车公司之一。该公司成立于1908年，自1931年起成为全球汽车业的领导者。在《财富》杂志评选的“世界500强”中，通用汽车公司经常在排行榜之首或前几名。通用汽车公司已在全球32个国家建立了汽车制造业务，其汽车产品销往世界各地。

建立跨国战略联盟是通用汽车公司经营战略的重要组成部分。通用汽车公司的全球战略合作伙伴包括意大利菲亚特汽车公司、日本富士重工株式会社、五十铃汽车株式会社以及铃木汽车株式会社，合作内容涉及产品、联合采购等。通用汽车公司还是韩国通用大宇汽车科技公司最大的股东。此外，通用汽车公司还与德国宝马汽车公司和日本本田汽车公司开展技术协作，与日本丰田汽车公司、五十铃汽车株式会社和中国上海汽车工业（集团）总公司、俄罗斯AVTOVAZ汽车公司及法国雷诺汽车公司共同研发生产汽车。

通用汽车公司通过与世界上实力雄厚的汽车公司建立跨国战略联盟，做到了强强联合，优势互补，因而使其进一步降低了成本和风险，加快了新产品的生产和上市速度，更加了解竞争对手，甚至拥有了能削弱竞争对手的力量。跨国战略联盟为通用汽车公司提供了长期的竞争优势。

第一节　跨国公司经营战略演变的背景

“战略”一词原为军事术语，指对战争全局的筹划和指挥。随着人类社会实践的发展，战略一词被广泛地用于军事之外的领域，并逐渐被赋予新的含义，一般泛指重大的、全局性的谋划。将战略思想运用于企业经营，产生了“企业战略”这一概念。企业战略是企业为适应环境变化而制定的长期经营目标和行动方针。

一、新时期跨国经营环境的变化

20世纪50年代以来，以计算机的发明和应用为代表的新科技革命的发展，信息技术尤其是80年代后期产生的网络技术的迅猛发展，为跨国公司经营战略的演变奠定了物质基础。新科技革命的发展推动了经济全球化的发展，80年代后期以来，形成了一股经济全球化浪潮，跨国公司经营领域迅速扩大，竞争更加激烈。随着知识经济的兴起，知识和信息在社会经济发展中的地位越来越重要，国家之间的竞争越来越体现为综合国力的竞争，归根到底是企业创新能力的竞争。新科技革命、经济全球化的发展和知识经济的兴起之间互相促进和影响，共同缔造了一个跨国经营的新时代。

（一）新科技革命的兴起与发展

第二次世界大战后，新科技革命的发展为跨国公司经营战略的演变奠定了物质基础。20世纪50年代，以电子计算机、原子能和空间技术的发明和应用为标志，开始了第三次科技革命；70年代，材料、能源、信息、生物和宇宙工程等开始兴起；80年代末90年代初，计算机网络技术、纳米技术、基因工程、卫星通讯技术等高技术迅猛发展。这些都直接推动了世界经济的发展，对人类社会各个方面包括企业经营战略都产生了深刻的影响。其中，信息技术尤其是网络技术的发展最具影响。

信息技术是指利用计算机硬件和软件技术对数据进行存贮、传输并转化成有用信息的技术。它包括两个方面的内容，一是计算机软硬件工具；二是数据的存储、传输和供用户使用。信息技术受制于人类认识、开发和应用程序的能力，具有很高的弹性与更新速度。依据软硬件的发展阶段及应用方式的相对重要性，可以把信息技术的发展分为三个明显的阶段。①

1. 20世纪40年代中期至60年代末期以大型机为基础的数据处理时代

1945年，美国制造出第一台通用的存储程序数字计算机ENIAC。1952年，第一台商用计算机UnivacⅡ诞生。1956年，第一代高级语言FORTRAN诞生。60年代以来，随着晶体管代替电子管，有效存储数据和程序的磁芯存储器问世。1964年，IBM360系列诞生，确立了大型机市场标准。为了利用昂贵的大型机资源，产生了分时、实时交互计算、多任务处理技术。1962年第一颗通信卫星Telstar发射，开始了远距离数据传输。在这一

① 参见谢富胜：《分工、技术与生产组织变迁》，243页，北京，经济科学出版社，2005。

阶段，信息技术主要用于数据处理自动化，大型机代替了大量办公室人员。同时为了在机器使用率、数据存储和程序设计人员方面形成规模经济，开始将应用程序开发、数据处理业务和计划集成在一起，开发出事务处理应用程序、管理信息系统（MIS）和决策支持系统（DSS）。建立在大型机基础上的 MIS，与集中式等级制管理组织结构相适应，将大量事务处理应用程序中使用的数据编辑成报表，以帮助管理者监督业务部门的工作。

2.20 世纪 70 年代初至 80 年代中期以小型机为基础的微处理器时代

1971 年，英特尔公司使用集成电路技术研制成功世界上第一台微处理机 4004。1978 年，超大规模集成电路芯片诞生，分布式处理小型机代替了集中式大型机。各种程序设计语言和应用工具（数据库查询、统计分析）等相继产生。1981 年，IBM PC 机诞生，硬盘和光盘扩展了数据存储能力，台式电脑开始普及。路由器、多路服用器、用户交换机及电缆和光纤等网络设备的发展，使数据能够便利地传送。企业开始试验把大型机和小型机连接起来组成局域网。20 世纪 80 年代以来，各种电子表格处理工具、文字处理软件和统一的应用程序图形界面的出现，极大地刺激了 PC 机的扩散。在这一阶段，信息技术的应用主要是数据处理自动化、信息化等技术在企业内的综合运用，开发出物料需求计划（MRP）、制造资源计划（MRP-II）等。微处理器代替机械或机电控制装置，产生了计算机辅助制造、设计（CAM、CAD）以及办公自动化系统（OA）和各种由程序控制的多功能机床、车床等（即弹性制造系统 FMS）。1974 年计算机集成制造系统（CIMS）思想提出并逐步实施。

3.20 世纪 80 年代中后期以来进入网络技术时代

20 世纪 80 年代中后期以来，CPU 和计算机内存、外存和各种软件开发语言及技能得到很大发展。处理图像、声音、视频等信息的数据库和多媒体等技术产生。传输技术的发展实现了计算机和通信技术的结合，网络协议、电子数据交换和广域网协议等促进了共享式主干网的发展。90 年代中期，共享式主干网又向交换式主干网发展。大型机与小型机的分布式数据处理及大型机应用程序在微型机上的应用，产生了“客户机/服务器”的新方式。利用高速交换设备把多个 CPU、内存和 I/O 模块联结在一起的网络交换模式，进一步发展为基于 Internet 和 Web 技术的“浏览器/服务器（B/S）”模式，大大提高了 CPU、内存和 I/O 的通信带宽及互联能力与服务器的处理能力。网络技术的发展促进了企业内自动化、信息化和通信化等的综合运用，相继产生了企业资源计划（ERP）、供应链管理（SCM）和客户关系管理（CRM）等管理信息系统。[①] 90 年代以来，信息技术的发展促进了信息技术使用方式的动态综合和一体化，为企业减少文案工作并提高效率、改进库存管理、加强对供应商和销售商的控制、改善与消费者的关系提供了技术上的可能。

（二）经济全球化发展的新阶段

经济全球化是当代世界经济发展最根本的特征之一。经济全球化起源于何时，理论界

① 企业资源计划（ERP）是将企业生产计划、物资需求、成本核算、营销管理、市场策略进行统一设计、有机集成的分布式管理信息系统。供应链管理（SCM）是通过计算机网络来整合企业与各层级供应商之间的交换与合作流程的信息系统。客户关系管理（CRM）是利用计算机网络和其他信息技术来收集、整理和分析有关客户的信息，并根据这些信息及时地为客户提供恰当的产品和服务的管理信息系统。

有许多不同的说法，主要有两种观点。一种观点认为，经济全球化可以追溯到第一次工业革命，甚至15—16世纪的地理大发现，认为从“1492年哥伦布远航美洲使东西两半球会合之时起，全球化过程已经开始了”（李慎之，1994）；另一种观点则认为，经济全球化是战后特别是现阶段的一种经济现象。国际货币基金组织（1997）认为，今天我们所说的全球化，是指第二次世界大战后全球的由物资、劳务和资本构成的国际市场的融合。

对经济全球化起源时间的争论产生于对这一范畴内涵的不同界定。实际上，概括地讲“经济全球化”有两个主要内涵：一个是经济全球化趋势，它是伴随资本主义生产方式的确立和发展而产生和发展的，地理大发现和第一次产业革命是资本主义生产方式确立和发展过程中的重大历史事件，当然也是经济全球化的重要里程碑；另一个是经济全球化浪潮，它起源于20世纪80年代末90年代初，指的是经济全球化进程的骤然加速，现代科技革命的迅猛发展和全球市场经济的进一步形成发挥了关键作用。经济全球化浪潮只不过是经济全球化趋势发展中一个具有显著特征的新阶段。

经济全球化的本质属性可以从两个方面认识：一方面，从生产力角度看，它是人类社会生产力发展的必然结果和客观要求，是社会化大生产在现代科技革命和市场机制的推动下，突破某些地缘政治的藩篱，跨越国界形成的全球规模的商品、货币、资本、金融等的网络联系，是市场经济的全球化；另一方面，从生产关系角度看，经济全球化又确实同资本的全球扩张同时并进，实际上是资本的全球化。尽管在每一个阶段它的表现形式和具体内容有所不同，但这一实质并没有发生根本改变，迄今仍按着资本的内在逻辑行进着。

（三）知识经济的兴起

“知识经济”一词是在1990年联合国的一份文件中首次出现的。自1996年经济合作与发展组织（Organization for Economic Cooperation and Development，OECD）发表“以知识为基础的经济”报告之后，“知识经济”一词开始流行，有关知识经济的著述大量出版。由于知识经济还是一个崭新的概念，对它有许多不同的理解和解释，因此存在许多分歧和争论。大体说来，知识经济是指以知识为主要资源，以技术、信息等无形资产为主要投入的经济形态。在知识经济时代，知识、技术和信息将取代资本和能源，成为创造财富的主要手段。

在知识经济时代，占有自然资源的多寡不再是衡量一国国际竞争力的唯一尺度。在国际关系中按军事力量分配资源和权力的机制正逐渐让位于按知识存量分配资源和权力的机制。随着以信息技术为核心的新技术革命的深入，科学技术作为第一生产力，成为推动经济增长的主要因素。① 由于知识是一种可以无限开发、反复使用、低成本复制和扩散的重要资源，因而，有可能突破不可再生资源的制约，实现经济可持续发展。知识经济的核心是创新，创新的核心是具有创新精神和创新能力的人才。为了在竞争中取胜，人才尤其是具有专业知识、丰富经验和良好沟通能力的创新人才，成为世界各国和各大公司争夺的目标。

在知识经济时代，国家之间的竞争是综合国力的竞争。竞争的焦点集中在知识和科技

① 根据科学家和未来学家预测，科学技术在发达国家经济增长中的作用，20世纪20年代初为5%～20%，70年代至90年代为70%～80%，信息高速公路网建成并得以完善后，将会达到90%以上。

创新上。世界各国在战略上日益重视和发展科技，把科技的地位和作用放在国际竞争的全局中来权衡。发达国家为了争夺高科技竞争的制高点，纷纷增加研发投入，扩大科技产品的市场份额，竞相推出高科技发展计划，较为突出的如美国、日本和西欧在高科技领域的竞争。一些发展中国家和地区如中国、印度、巴西和亚洲“四小龙”等，也逐渐加大研发投入，利用本国和本地区的资源优势发展知识密集型产业，以期在世界高科技领域占有一席之地。

二、新时期的变化对跨国公司的影响

新科技革命、经济全球化的发展以及知识经济的兴起，改变了企业跨国经营的环境和条件。企业必须根据经营环境的特点及其变化来制定和调整经营战略。

（一）消费者需求的变化

马克思在考察资本循环时，曾强调了商品销售的重要性，把商品资本的实现看做是“惊险的跳跃”，认为它决定着企业在竞争中的地位和命运。撇开对生产关系的分析，从消费者角度来说，商品销售取决于消费者有支付能力的需求。在过去很长的历史时期里，商品短缺和消费者较低的购买力压抑了消费者需求的个性化和多样化。西方主流经济学的效用价值论虽然看到了消费者需求的重要性，但却认为消费者通常具有相同的“偏好”，其需求的差异性被完全忽略了。因此，在那里，消费者需求本身也是一个“黑箱”。在实践中，大多数企业也认为，消费者的偏好是大同小异的，需求差别极小，因此把生产目标定位于“大众市场”，以尽可能低的成本和价格提供尽可能高质量的标准化产品。

随着经济全球化的发展，科学技术的进步和经济的增长，商品市场的供求态势发生了根本的变化，由以生产为中心的卖方市场转变为以消费为中心的买方市场。① 美国学者哈默（M. Hammer）和钱皮（J. Champy）认为，在当今的市场运行中，有三种力量不容忽视，即顾客（Customers）、竞争（Competition）及改变（Change），他们称为“3C”。这三种力量结合在一起，改变了市场运行的基本特征，驱使企业进入一个崭新的活动领域。在这个领域中，这三种力量要求企业具备灵活应变的能力。② 消费者需求变化成为影响企业获得和保持竞争优势的关键因素。

随着卖方市场向买方市场的转变，以及信息技术的突飞猛进，消费者选择和判断的能力空前提高了。信息单向流动、“点对面”的大众传播方式逐渐被双向互动、“点对点”的个人即时传播所取代。在商品种类日益多样化和促销策略强调差异化的共同作用下，消费者由过去因选择空间狭小而同质化程度较高的群体，日益分裂为具有独特人口特征、消费行为和生活形态不同的异质化群体。消费者需求因消费者本身的差异而更具个性化和差异化。随着商品买方市场的形成及消费者购买力的增强，这种变化日益明显。只有建立在高质量基础上的多样化的产品才能更好地满足这种需求，使企业获得和保持竞争优势。

① 新时期，市场这一概念应重新定义。从生产者的角度看，市场是商品交换的场所或渠道，而从消费者的角度则为消费者需求的总和。产品没有需求则没有市场。

② 参见［美］哈默、钱皮：《改革公司：企业革命的宣言书》，12～20页，上海，上海译文出版社，1998。

过去，由于产品相对短缺和信息交流困难，企业在与消费者的关系中居于主动地位。企业比消费者了解更多产品和市场的信息，而单个消费者获得信息的成本高昂。企业往往利用这种信息不对称的优势，在局部范围内控制和左右消费者的购买行为，因此，消费者很难与企业进行真正平等的交易。而现在，技术创新使消费者获取信息的能力、讨价还价的能力大大提高。消费者可以利用互联网等先进的通信手段，很方便地了解商品的价格、质量和性能等信息，从而在与企业的关系中逐渐占据上风，“现在是由买方向卖方指定：想买什么，想在什么时候购买，对要购买的商品有怎样的想法，采用什么方式和哪种货币支付货款。”① 消费者与企业之间的关系彻底改变了。

消费者个性化需求的满足依赖于企业产品的多样化。在新时期，信息技术为消费者捕捉产品信息、对产品进行比较提供了便利，消费者可以比较容易地判断和选择真正满足自己个性化需要的产品。“一个消费者可能愿意在晚上 12 时 30 分起床，上网订购一台他所需要的黑色的有 8 兆内存的激光打印机和作为夜宵的汉堡包。这种越来越挑剔和个性化的购买行为以后会越来越多。”② 由于具有差异性的产品能更好地满足消费者多样化的需要，因而更容易销售和从中获利。企业一旦发现这个“秘密”，就会努力追求产品的差异化，以在竞争中获得差异性优势。

（二）企业竞争空前加剧

在新时期，企业竞争领域进一步扩大，竞争对手几乎遍布全球。一般情况下，行业是企业竞争的主要领域，企业竞争主要是在同行业内不同企业间进行。然而，日新月异的技术变化正在改变这一形势，技术变化可以直接孕育出新的产业，或者使先前毫无联系的一些产业融合为一个新的产业，当然也可以使某些产业消失，因此，许多竞争发生在研发机构之间。在当今世界，任何一个企业，不论大小，都可以选择在互联网上建立一个网站发布自己的产品信息。也许在一些大公司的眼里，那些小企业根本不是其竞争对手。然而，只要这些企业的产品或服务能够满足消费者个性化的需要，就很有可能成为大企业强有力的竞争者。

在一个以消费者为主导的市场中，企业的竞争力取决于其满足消费者需要的能力。大规模生产模式提高了生产效率、缩短了生产周期，降低了成本和价格，保证了产品质量。新设备、新材料和新的生产工艺技术的不断应用，又使产品质量大幅度提高，企业之间在产品质量上的差异大大缩小。在这种情况下，企业之间的竞争转化为如何进一步降低成本和价格并满足消费者个性化的需求。如果说以前一个成功的大公司可以在几十年甚至更长的时间内维持自己的竞争优势，那么，如今的公司能在十几年内维持竞争优势已成为一种奢望。尤其是新兴的信息技术企业，其领先优势更为短暂。③ 随着市场细分的深入发展和消费者需求的多样化和快速变化，企业之间的竞争空前加剧了。

---

① ［美］哈默、钱皮：《改革公司：企业革命的宣言书》，13 页，上海，上海译文出版社，1998。

② 宋玉华等：《美国新经济研究——经济范式转型与制度演化》，548 页，北京，人民出版社，2002。

③ 企业界不再有长盛不衰的神话，这一点从道琼斯工业指数所代表的公司随着时间的推移不断变化可以说明。最初道琼斯工业指数中的代表公司到现在仅存通用电器公司一家，在最近 10 年间，道琼斯 30 种工业股票所代表的公司调整了 3 次。参见宋玉华等：《美国新经济研究——经济范式转型与制度演化》，547 页。

第二节 跨国公司的全球战略

一、跨国公司经营战略的演变

从历史发展的角度看，跨国公司的战略大体上经历了从市场战略、资源战略到全球战略的演进过程。

（一）市场战略

市场战略是以市场为导向的投资战略，是指跨国公司对外直接投资的直接动机是为了进入或占领东道国的市场，实行当地生产当地销售。市场战略是跨国公司产生初期的一种战略，当时企业跨国经营活动有限，市场战略是其出口战略的替代和延伸。出口企业转变为跨国公司，往往是因为出口受阻（如遇到关税壁垒）后在当地建立子公司，以维持和扩大原有的出口市场。19 世纪后半期，美国、德国等后起资本主义国家为保护幼稚产业实行高关税政策，引发了欧美各国的关税竞争，这客观上促进了跨国公司的产生和发展。

贸易壁垒使世界市场分割为多国市场，互不相关的多国市场是市场战略面临的基本经营环境。在市场战略下，海外子公司与母公司生产相同的产品，反映了跨国公司内部初期的、浅层次的国际分工，即水平国际分工。不仅各海外子公司之间互不影响、互不进行业务往来和信息交流，而且它们与母公司的联系也比较少，母公司对子公司的管理往往只是通过所有权方式进行松散控制，还谈不上一体化经营，因此市场战略也被称为独立子公司战略。由于市场相对狭小，子公司难以取得专业化分工和规模经济的好处。虽然具有较强的当地适应性，但产品往往成本高，缺乏国际竞争力，只能在东道国的保护下或靠产品特色当地化求得生存。

（二）资源战略

资源战略是继市场战略之后被发达国家跨国公司所采用的战略。资源战略是以资源为导向的投资战略，是指跨国公司对外直接投资的直接动机是为了寻求东道国的资源优势来参与国际生产，向母国或第三国提供产品和服务。所以，这种战略有时也被称为供应战略。资源战略是跨国公司海外经营范围扩大后所实行的一种战略，也是关税降低的结果。跨国公司寻求的东道国资源一般是本国较为缺乏的或者较为昂贵的，这些资源可以是自然资源、劳动力资源，也可以是技术资源等。早在 20 世纪初，一些跨国公司就已经开始采用资源战略，主要是在发展中国家开发自然资源以保证本国的原材料供应，往往带有殖民掠夺的色彩。第二次世界大战后，随着关税的普遍降低，跨国公司把资源战略的重点转向利用东道国廉价的劳动力，从事零配件或成品的加工制造。出口加工区就是这种战略的重要生产基地。

在资源战略下，海外子公司丧失了相对独立性，不再需要完成从产品的设计、生产到销售的全过程，因而无法构建自己的价值链，只是在母公司的控制下完成部分生产经营环节，而母公司则集中大部分职能或主要职能。这反映了跨国公司内部国际分工的深化，即由水平国际分工转向垂直国际分工，使跨国公司的国际生产经营走向简单一体化。

20 世纪 70 年代末 80 年代初，世界经济发展的环境出现了重大变化，关税得到大幅度减让，交通运输条件获得重大改善，电子通信技术突飞猛进，世界联系越来越紧密，一个真正的全球市场正在形成。随着经济全球化的强劲发展，全球竞争也日益加剧，许多行业的跨国公司开始扬弃市场战略和资源战略，相继宣布推行全球战略。

二、全球战略的形成及其特征

目前学术界对全球战略还没有一个统一的、标准的定义。按照美国哈佛大学教授波特所下的定义，全球战略并不单纯指企业的经营活动越出了国界，而且还包括如何将这些越出国界的经营活动有机地结合起来，使某一企业在某一国家的竞争地位直接影响着该企业在其他国家中的竞争地位。美国惠而浦公司前总裁戴维·惠特万姆（David Whitwam）则认为，全球战略是在世界范围内综合平衡公司的能力，从而使公司作为整体的总合效用大于分散的个体效用的总和；仅仅实现销售全球化，或拥有全球知名的品牌，或在不同的国家经营都是远远不够的。日本学者石景昌司认为，全球战略是指不把世界作国内国外区分，视之为一个统一市场，从世界性的视野来考虑研发、采购、生产、销售、财务、人事等的战略。

（一）全球战略的形成

全球战略的形成是一个历史发展和演变的过程。早在 20 世纪 80 年代，一些跨国公司就已经开始探讨和实践全球战略；进入 90 年代以后，跨国公司开始进行全面的战略调整，推行全球战略，迎接日益激烈的全球竞争。

全球战略是跨国公司跨国经营范围达到相当高度后所采取的战略，也只有那些跨国经营活动已经达到相当高比重的企业才会把战略角度从局部转向全球。实际上，目前大多数跨国公司仍处于过渡阶段，并未形成真正的全球战略。它们也许已经在世界各地并购或新建了企业，但它们的企业仍按地区或国家区分，仍按独立的实体进行管理。即使像美国通用汽车公司这样的大型跨国公司，其战略也还在向全球战略调整当中。由此看来，跨国公司扩大海外投资、抢占据点，只是表明已经拥有了一些点，只有将这些点连成线，由线及面，最终形成多层次的经营网络并取得全球竞争优势，才能实现全球战略。

综合以上的分析，我们可以对全球战略的内涵作一简单概括，即在全球化发展的世界经济环境中，为了获得长期、稳定的全球竞争优势，跨国公司就必须从全球视野出发，利用不同国家和地区的区位比较优势，把价值链上的各个环节加以分散和配置，使它们有机地结合起来，实行综合一体化经营，以期实现全球利益的最大化。按照此内涵理解，全球战略是跨国公司经营战略的最高阶段，表现为跨国公司内部的混合国际分工和生产经营的综合一体化。①

---

① 全球战略可以划分为不同类型。例如，按企业经营国际化程度划分，有本国中心战略、多中心战略、地区中心战略和全球中心战略四种类型；按企业国际经营一体化程度划分，有独立子公司战略、简单一体化战略和综合一体化战略三种类型。

全球战略是跨国公司对全球市场的回应。然而，并不是所有行业都能够形成全球市场，形成全球市场的行业一般具有两个特点：一是成本压力大，成本在竞争中起着决定性作用。这些行业通常是技术和资本密集型的，所要求的产品开发费用和固定资产投资非常大，如汽车制造、飞机制造、计算机等行业。由于固定投资巨大，规模经济效益非常明显，企业就有走出国界和在全球范围内组织营销的强大动力。二是地区需求差异小，产品可贸易性强。这样，竞争的领域就不局限于多国国内市场，而是着眼于全球市场。

贸易自由化促使这些行业形成全球市场，同时全球竞争的压力又迫使这些行业的跨国公司推行全球战略，在全球范围内组织生产和销售。因此，全球战略只是那些全球性行业的跨国公司所能实施的。随着经济全球化的发展，国际交往越来越频繁，不同国家的人们的文化和价值观也逐渐走向融合和趋同，消费者通过互相学习和模仿逐渐形成巨大的世界顾客群，这将促使更多行业的产品形成全球市场。

（二）全球战略的特征

1. 全球战略要求跨国公司经理层具有全球性思维

全球战略的真正含义在于将所有方面有机地统一起来考虑。跨国公司由实行市场战略发展到实行全球战略，为获得全球效益最大化，公司经理层必须超越民族和地域的束缚，不再单纯、孤立地考虑某一国的市场和资源，而应该具备全球性思维，进行全球性的思考。全球性思维是全球战略的灵魂，只有这样才能统揽公司整体的、长期的利益。

2. 全球战略具有更大的风险性

跨国公司面对的是全球竞争的市场，要跨越多种文化系统，要在全球范围内配置资源，这给国际市场调查和预测带来更大的难度，不易控制的因素增多，从而使跨国公司全球战略的经营决策风险增大。由于全球战略的实施着眼于公司的长远利益和全局利益，因而决策失误可能造成的损失将更大，跨国公司必须根据不断变化的情形适时调整经营战略。

3. 全球战略要求跨国公司具有旺盛的创新力

在当今经济全球化发展和知识经济兴起的时代，知识不断更新，技术革新加速，创新已经成为企业生存和发展的基本动力。全球行业通常表现为数家跨国公司垄断的寡占结构，竞争异常激烈，市场行情更是急速变化。适者生存，不适者淘汰。不少曾名噪一时的跨国公司由于缺乏持久的创新力而陷入困境，相反，那些能保持旺盛的创新力的企业成为行业的领头羊。旺盛的创新力是跨国公司保持和获得全球竞争优势的源泉，是全球战略的本质要求。

4. 全球战略要求全球生产经营的专业化和灵活性

全球战略要求跨国公司建立全球竞争优势，竞争优势意味着以最低的成本获得最好的技术和最优的产品设计、制造和销售等。一方面，经济全球化使跨国公司能够突破国界，把不同的生产经营环节转移和集中到相对有利的国家或地区，从而实现规模化、专业化生产，降低成本。另一方面，为适应消费者需求的多样化和快速变化，跨国公司必须实现产品的差异化，而差异化产品的生产经营无疑会增加成本。全球战略要求跨国公司在实现产品差异化的同时实现规模经营，大规模定制生产模式成为企业竞争的前沿。

5. 全球战略要求跨国公司组织结构的网络化和柔性化

企业组织理论认为，结构应与战略相适应并保障企业组织战略目标的实现，而网络化和柔性化的组织结构有助于跨国公司获得全球竞争优势。跨国公司由实施资源战略发展到实施全球战略后，海外子公司不再是独立存在或只与母公司进行垂直联系，而是在母公司的统一协调下，不仅与母公司而且还与其他子公司分工合作，实现双向或多向的资源和信息的交流与共享，形成一个网络系统。然而，跨国公司的组织体系不能无限扩大，一旦组织费用高于它所带来的"共同管理经济"，就会产生"共同管理不经济"。在"快者生存"的今天，速度竞争已成为全球竞争的一个中心环节，任何一家公司要想在竞争中取胜，都必须以最快的速度回应市场需求，组织结构的柔性化就成为必要。

全球战略没有固定模式，而是因部门、行业而异。只要从全球视野出发，把世界范围内的生产经营活动有机地结合起来，形成协同效应，追求全球效益最大化，即使没有世界一体化的组织，也是在推行全球化战略。

第三节　跨国战略联盟

随着经济全球化的发展，全球市场竞争愈演愈烈，跨国公司靠过去在市场上单打独斗的生存和发展战略已不能适应当今的世界经济形势。20 世纪 80 年代中后期，跨国战略联盟初露端倪，90 年代以来发展非常迅猛。跨国公司之间的合作突破了以往只在经营活动中某些战术环节上进行合作的传统，使合作水平跃上了新的高度。

一、跨国战略联盟概述

跨国战略联盟（Transnational Strategic Alliances），又称公司间协议（Inter-firm Agreements）或国际战略联盟（International Strategic Alliances ），是指在国际上相互竞争的两个或两个以上的跨国公司为实现某一战略目标而建立的合伙关系。这种战略联盟的主要目的是通过外部合伙关系而非内部增值来提高企业的经营价值。

战略联盟的概念是由美国数字设备公司（DEC）前总裁霍普兰德（J. Hopland）与管理学家奈格尔（R. Nagel）首先提出的。跨国公司之间的战略联盟既有联合开发、交叉许可与交叉分销等非股权方式，如索尼公司与菲利普公司之间关于制定 CD 盘统一技术标准的协议；也有股权投资方式，如福特公司与马自达公司通过交叉控股建立的战略联盟。由于战略联盟一般以协议的形式实现，其成员之间主要是合同关系，而不是股权关系，因此其所有权比较分散且寿命有限。

（一）组建跨国战略联盟的原因

随着国际市场的竞争愈演愈烈，大公司为保持和扩展生存空间，纷纷利用"联姻"的办法，弥补公司在技术、市场和竞争力上的不足，增强公司的竞争力和生命力。

1. 技术互补是跨国公司组建跨国战略联盟的首要原因

据统计，在 20 世纪 80 年代以来建立的战略联盟中，95％的跨国战略联盟是技术联盟，其中50%的联盟侧重于跨国研究与开发。当代科技发展突飞猛进，产品生命周期日益缩短。西方学者指出，第二次世界大战前，一个新产品从研制、投产、上市到衰退，大约经历20年的产品生命周期。到90年代末，在数据处理行业一半以上的产品，其生命周期不足五年；半导体工业每三年更新换代一次；微机产品每隔半年就有新产品上市。跨国公司若要保持技术竞争的优势，或从一种优势顺利转向另一种优势，就必须加强研究与开发的力度。

但新技术、新产品的研究与开发费用昂贵，即使跨国公司也难以独立承担巨额研究与开发费用，只能借助"联姻"，分享最新知识、有效协调产销网络和灵活转换产品结构等。"空中客车"就是典型例子，它是由英国的罗尔斯·罗伊斯公司、美国联合技术公司的怀特尼公司、法国MTV公司、意大利的菲亚特公司和三家日本公司共同组建的公司财团，攻克了耗资巨大的A—320新型空中客车的技术难关，使空中客车取得了世界民用飞机30%的市场占有率。这一联姻迫使世界最大客机生产厂家波音公司联合日本富士、三菱和川崎重工，共同投资40亿美元，于1995年推出先进的波音777喷气式客机，以保持竞争优势。

2. 争夺市场是跨国公司组建跨国战略联盟的外部原因

首先，市场是企业生存和发展的必要条件。20世纪70年代以来，世界经济不景气，长期低速增长，许多耐用消费品市场饱和，市场竞争激烈，贸易保护主义抬头，这一切增加了跨国公司市场进入的难度。其次，世界市场消费需求结构发生变化，各种产品差异性扩大，市场日趋细分化，迫使跨国公司改变以往传统的大规模标准化产品生产模式。最后，各国、各家跨国公司市场竞争力上升，而美国的跨国公司相对削弱。跨国公司为了确保现有市场和扩大潜在市场的份额，唯有走战略联盟的道路才能加强自己的市场渗透能力。例如，日本的三菱公司与德国的戴姆勒—克莱斯勒公司在汽车、宇航、集成电路等11个项目上达成战略联盟，就是一种为了在欧洲统一大市场的关税同盟之前抢先进入欧洲市场的战略安排。

3. 增强企业竞争力是跨国公司组建跨国战略联盟的又一个原因

过去，跨国公司用并购的方法，以击败竞争对手，增强经济实力。但并购并非是跨国公司扩大经营的唯一手段，有时它与对手的实力旗鼓相当，不相上下，共同争夺某些资源和市场，如果互不相让，正面厮杀，其结果往往是两败俱伤。而现在，跨国公司另辟蹊径，采用企业跨国联合的方式，与昔日的对手携手合作，以增强自身的竞争力，并在合作中继续开展新的角逐。

（二）跨国战略联盟成功的条件

一个成功的跨国战略联盟应具备以下几项前提条件：

（1）联盟自始至终应贯彻"双赢"的原则，使每个合作伙伴能够在互利基础上达到各自的经营目标。

（2）每个企业按不同的联盟建立不同的合作部门，并采用创新的组织结构以适应联盟的资源管理，实现最佳的资源配置，获取最大的经济效益。

（3）各个合作伙伴分享共同的价值观，在自主平等的基础上友好协商解决一切重大问题。

（4）建立不同的决策体系，科学地授予和有效地行使权力以推动成员的共同参与。

二、跨国战略联盟的特征和类型

（一）跨国战略联盟的特征

跨国战略联盟与传统的国际合资经营合作方式有着根本的区别，其主要特征如下所述。

1. 跨国战略联盟的合作方式具有较大的灵活性

跨国战略联盟和合资经营相比，合作方式完全不同：在传统的合资经营中，双方是各自独立的经济实体，对于资金、资源投入、管理结构和利润分享等均有在法律上有约束力的协议规定，是一种股权式的紧密结合；而在新型的跨国战略联盟中，各方签订的则是一种在法律上无约束力的“谅解备忘录”，是非股权式的松散“联姻”。联盟契约仅仅表明合作各方的共同战略目标，以及约定在生产和销售方面协调行动，其共同目标的实现全靠协商而非法定的权利与义务。联盟成员之间这种松散的合作关系，可以随时因外部技术和市场的变化而调整。

2. 跨国战略联盟实现了“柔性竞争”

跨国战略联盟改变了传统的将竞争与合作对立的观念，联盟将来自不同国家、不同企业的不同所有者组合在一起，使其利害关系中你中有我、我中有你。它是竞争对手的合作，在合作之中又有竞争，这种竞争属于“柔性竞争”（Flexible Competition）。参加联盟的各方都有自己的目标，各方都希望以对方之长补自己之短，防御性地去分配市场和进攻性地去开辟市场。

3. 跨国战略联盟实行全方位合作，实现了组织结构创新

跨国战略联盟不只局限于合资企业的互相参股和资本流动，而是扩展到资金、技术、人才、市场、信息等方面的全方位合作，它把分散在各国的研究开发、生产加工、市场营销及售后服务等价值链诸环节上具有特定优势的不同企业联合起来，实行分工合作，优势互补，资源互用，利益共享。这样既可以获得各自所需，又可以确保各自的独立性。这种联盟结构不同于跨国公司内部一体化模式，它使生产要素的流动扩展到全球一体化的范围。

（二）跨国战略联盟的类型

跨国战略联盟是一种复杂的战略决策，由于联盟的对象、联盟的目的和动机以及联盟各方的能力和条件等不同，采取的联盟方式也各不相同。根据跨国战略联盟的形式、方式和性质来划分，可以将跨国战略联盟大致划分为以下类型。

1. 按照跨国战略联盟企业的主体地位差异划分

（1）接受型战略联盟。又被称为互惠联盟，多产生于差异性显著的公司之间，这类联盟被认为是跨国战略联盟的低级阶段。其目的在于实现对另一方市场的进入，而不是为了

对付市场竞争，因此它实际上是克服东道国进入壁垒的一种战略性选择。在发展中国家或经济体制转型国家，这种主要以合资或合作形式建立的战略联盟比较多，通常是跨国公司提供技术、设备及无形资产，当地企业提供市场、非关键性雇员或支付技术转让和人员培训费用。

（2）互补型战略联盟。这类联盟被认为是跨国战略联盟的高级阶段，其形成基础在于跨国公司之间存在互补性优势，多出现于同行业、同等发展水平的跨国公司之间，其特征是强强联合。这类联盟较多存在于发达国家跨国公司之间，互补合作的领域包括技术设计、加工过程和营销服务等，组合的资源包括无形资产及有形资产，如专有技术、资金和人员等。例如，德国戴姆勒—奔驰汽车公司与日本松下公司就共同开发、制造和经营自动汽车所组成的战略联盟，目的在于通过分摊产品开发与生产投资的成本，以迅速有效地进入各自的市场领域。

2. 按照跨国战略联盟企业的产业合作方向划分

（1）横向战略联盟。指同属一个产业或行业部门，生产、销售同类产品的企业间的联盟，或者在同一市场上产品或服务互相竞争的企业间的联盟，这是企业扩大经营规模、实现扩张的一种有效方式。这种类型的战略联盟最常见的形式是在共同生产、联合营销之前从事合作研究与开发。其目标是扩大规模经济、降低或分散风险、加快新技术的扩散、降低进入目标市场的壁垒、增加扩充的选择性、增强产品间的兼容性、改善产品的质量以及更迅速地适应买方需求。与组建合资企业和横向兼并相比，实施横向战略联盟的成本有望降低。

（2）纵向战略联盟。指分属两个不同行业部门但两者之间又有直接投入产出关系的企业间的联盟，其特点是把相连的几个生产阶段如加工、制造、销售等置于同一企业的管理之下，实行一条龙管理。这是在从生产到流通的整个环节中，处于不同环节的跨国公司之间建立的战略联盟。通过这种联盟所实施的合作，能够减少或防止因信息不对称所造成的劣势，有助于产业政策的实施。纵向战略联盟能够作为纵向一体化的一种有效替代，减少因依赖相关资源所导致的一系列问题，消除纵向供货体系中的不确定性，降低因购入投入品价格波动所可能引致的损失。

（3）混合战略联盟。指两个或两个以上互相没有直接投入产出关系和技术经济联系的企业间的联盟，或者是两个或两个以上在产品与市场方面没有直接联系的企业之间的联盟。其目的在于扩大企业自身结构，扩大经营能力，增强市场控制力，实现多元化经营，利用产品组合的经济性和高市场占有率谋求企业的发展。这是康采恩公司通过签订协议开拓其他业务或者与某一主业相同的企业建立的经营战略联盟形式。其目的往往是多方面的，它是横向和纵向战略联盟动因的一种混合。

3. 按照跨国战略联盟企业之间的依赖程度划分

（1）股权式战略联盟。指涉及股权参与的企业间的联盟，具体又可划分为对等占有型战略联盟和相互持股型战略联盟两种。对等占有型战略联盟是指，合资生产和经营的项目分别属于联盟成员的局部功能，双方母公司各拥有50%或相当接近比例的股权，以保持相对独立性。相互持股型战略联盟是指，联盟成员为巩固合作关系，长期相互持有对方少量股份。与合资、合作或兼并不同的是，这种方式不涉及设备和人员等要素的合并，有时这类联盟也采取单向的、少量投资于其他公司的方式，目的在于与这些公司建立良好的合作关系，如IBM公司在1990—1991年间购买了大约200家欧洲国家的软件和电脑服务公司的少量股份，借此与当地的经销商建立起良好的联盟关系，打入西欧市场。

（2）契约式战略联盟。指借助契约建立的、不涉及股权参与的企业间的联盟，如联合市场协议、订单生产协议、资源共享协定、交叉特许和联合研究与开发等，其中以联合研究与开发最为常见，即由联盟成员共同投入优势资源联合进行产品和工艺的研究开发，分享现有科研成果，共同使用科研设施和生产能力，在联盟中注入各种优势资源。此外，比较松散的联盟形式还有技术交流协议，即联盟成员间相互交流技术资料，通过“知识”的学习以增强竞争实力。生产营销协议，即通过制定协议，共同生产和销售某一产品。这种协议并不使联盟内各成员的资产规模、组织结构和管理方式发生变化，而仅仅通过订立协议来对合作事项和完成时间等内容作出规定，成员之间仍然保持着各自的独立性，甚至在协议规定的领域之外互相竞争。

股权式战略联盟和契约式战略联盟的主要区别有以下几个方面：

1）契约式战略联盟更强调相关企业的协调与默契，从而更具有跨国战略联盟的本质特征。契约式战略联盟在经营的灵活性、自主权和经济效益等方面比股权式战略联盟具有更大的优越性。

2）股权式战略联盟要求组成具有法人地位的经济实体，对资源配置、出资比例、管理结构和利益分配等均有严格规定；而契约式战略联盟无需组成经济实体，也不必建立常设机构，结构比较松散，联盟协议本身在某种意义上只是无限制性的“合作意向备忘录”。

3）股权式战略联盟以各方出资多少有主次之分，且对各方的资金、技术水平、市场规模、人员配备等有明确的规定，股权大小决定着发言权的大小；而在契约式战略联盟中，各方一般都处于平等和相互依赖的地位，并在经营中保持相对独立性。

4）股权式战略联盟要求按出资比例分配利益，而契约式战略联盟中各方可根据各自情况，在各自承担的工作环节上从事经营活动，获得各自的收益。

5）股权式战略联盟通常初始投入较大，转置成本较高，撤资难度较大，灵活性较差，风险较大，政府的政策限制也较严格；而契约式战略联盟则不存在这类问题。

6）股权式战略联盟有利于扩大企业的资金实力，并通过部分“拥有”对方的形式，增强双方的信任感和责任感，因而更利于长久合作，但不足之处是灵活性差；契约式战略联盟具有较好的灵活性，但企业对联盟的控制能力较差，组织松散，缺乏稳定性和长远性，联盟内成员之间的沟通不充分，组织效率低下等。

4. 按照跨国战略联盟所在价值链位置不同划分①

（1）资源补缺型战略联盟。指上游企业与下游企业结成的跨国战略联盟。一般有两种情况：一种是具有独特技术的企业为了接近海外市场或利用对方企业的销售网络而结成的联盟。这类联盟在取得资源互补、风险共担、规模经济及协同经济等优势的同时，往往忽视自身核心能力的提高。另一种是企业与用户的联合型战略联盟，企业借此将生产、消费、供给、需求直接联系起来。

---

① 这是瑞士洛桑国际管理学院院长洛兰杰（Peter Lorange）提出的划分方法，转引自松崎和久、张明：《当前公司间的国际战略合作》，载《中国工业经济》，1995（4）。

（2）市场营销型战略联盟。该类联盟多流行于汽车、食品和服务业等领域，重在互相利用各自价值体系中的下游环节，其目的在于提高市场营销的效率和市场控制的能力。此种联盟较适合于抢占市场，适应多样化的市场需求，但由于其主要目的在于降低环境的不确定性，而非致力于提高联盟各成员的核心能力，因而不能带来持久的竞争力。

（3）联合研制型战略联盟。这类联盟的合作领域侧重于生产和研究开发，参与联盟的企业充分利用联盟的综合优势，共享经营资源，相互协调，共同开发新产品和新技术。联合研制型联盟成员多为风险型企业，所以在微电子、生物、新材料等高科技行业较为常见。这种联盟在形式上又可进一步细分为知识联盟和产品联盟两种。它们的区别主要表现在：

1）知识联盟的中心目标是学习和创造知识，以提高核心能力；产品联盟则以产品生产为中心，合作的目的在于填补产品空白，降低资金投入风险和项目开发风险，以实现产品生产的技术经济要求。

2）知识联盟比产品联盟联系更为紧密，跨国公司之间为学习、创造和加强专业能力，相关人员必须一起紧密工作；而知识联盟追求的是互相学习交叉知识，类似于师徒间的前后相互学习关系。

3）知识联盟参与者更为广泛，只要组织有助于提高参与者能力，就能够在任何企业之间形成知识联盟；而产品联盟通常是在竞争者或潜在竞争者之间形成。

4）知识联盟比产品联盟具有更大战略潜能，能够帮助成员扩展和改善基本能力，并有助于提高或更新企业的核心能力；产品联盟则可以帮助跨国公司抓住商机、保存实力。

关键概念

市场战略	资源战略	全球战略
跨国战略联盟	互补型战略联盟	接受型战略联盟
横向战略联盟	纵向战略联盟	混合战略联盟
股权式战略联盟	契约式战略联盟	资源补缺型战略联盟
市场营销型战略联盟	联合研制型战略联盟	

复习题

1. 简述新时期跨国经营环境的主要变化。
2. 信息技术的发展经历了哪几个阶段？
3. 简述新时期经营环境的变化对跨国公司的影响。
4. 简述跨国公司经营战略的演变。
5. 简述全球战略的形成及特征。
6. 简述跨国公司组建跨国战略联盟的原因。
7. 简述跨国战略联盟的主要特征。
8. 简述跨国战略联盟的主要类型。

第四章

跨国公司经营方式

本章要点提示

◎ 跨国公司经营方式是指跨国公司对生产要素及生产成果所采取的运营方式，以及处理各种经济关系的运营方式。

◎ 股权经营方式是指跨国公司以资金形式投资国外企业并获得国外企业全部或部分所有权和控制权的经营方式。股权经营方式包括独资经营方式和合资经营方式，二者各有优缺点。

◎ 跨国并购是指外国投资者通过一定的法律程序取得东道国某企业的全部或部分所有权的投资行为。创建海外企业和并购海外企业各有优缺点。

◎ 非股权经营方式是指跨国公司通过为东道国的公司提供与股权没有直接联系的资金、技术、管理、销售渠道等而形成的一种经营方式。非股权经营常见的形式有合作经营、技术授权、合同安排和技术咨询等。

导入案例

联想并购 IBM，走向国际化

联想集团是中国个人电脑生产企业的“龙头”。2002 年 9 月，《财富》杂志公布的中国上市企业百强中，联想集团名列第六；2003 年 1 月，在《亚洲货币》第十一届最佳管理公司评选中，联想获得全部评选的第一名。2004 年 3 月，联想集团作为第一家与国际奥委会签署合作协议的中国企业，成为国际奥委会全球合作伙伴。美国 IBM 公司是世界 500 强企业，在 2004 年度世界 500 强排名中名列第 19 位，是世界最大的信息工业跨国公司之一。其业务主要集中在五大领域，即服务、硬件、软件、金融和企业投资。

2004 年 12 月，联想集团与 IBM 签署了个人电脑业务并购协议，爆出了 2004 年全球个人电脑市场惊人之举。联想集团以 12.5 亿美元（其中 6.5 亿美元现金和 6 亿美元股票）收购 IBM 的全球台式电脑和笔记本电脑的全部业务，包括研发、采购、生产和销售。新联想集团董事长杨元庆说，联想得到了 IBM 用几十年打造的全球网络，得到了 IBM 的笔记本电脑的研发和生产能力，得到了国际一流的管理团队和员工队伍。通过这次收购，联想不仅在产品、营销网络方面走上了国际化的快车道，也在股权结构、融资渠道、战略伙伴等深层面上实现了国际化。

第一节 跨国公司股权经营方式

跨国公司经营方式是指跨国公司对生产要素及生产成果所采取的运营方式，以及处理各种经济关系的运营方式。跨国公司的经营方式随其所处环境、本身的战略目标、能力及时间的不同而不同，即使是同一个公司，也常常采用多种经营方式。跨国公司经营方式可以分为股权经营方式和非股权经营方式。每种经营方式都有自身的特点，跨国公司需要根据不同的情况加以选择，灵活运用，以利于公司的经营。

股权经营方式是指跨国公司以资金形式投资国外企业并获得国外企业全部或部分所有权的经营方式。按照公司对国外企业持有股权比例的不同，股权经营有四种类型：一是独资经营方式，即母公司拥有海外公司的全部股权或95%以上的股权；二是多数股经营方式，即母公司拥有海外公司51%以上、95%以下的股权；三是少数股经营方式，即母公司拥有海外公司49%以下的股权；四是对等股经营方式，即母公司和海外公司双方各拥有50%的股权。多数股、少数股、对等股经营方式又称为合资经营方式。

一、独资经营方式

独资经营方式是指跨国公司按照东道国的法律和政策，并经过东道国政府批准，在其境内单独投资建立拥有全部股权的子公司，独立经营，自负盈亏的一种跨国经营方式。

一般来说，发达国家的跨国公司拥有较强的资本实力和技术优势，因而独资经营方式曾一度成为它们的主要选择。20世纪60年代以后，由于一些发展中国家开展国有化运动，或者对外国企业的股权参与采取种种限制和管理措施，因此跨国公司在发展中国家设立独资企业的势头有所减弱，转向较多地采取与当地资本合营的方式。然而，跨国公司即使同意与发展中国家分享股权，甚至主动要求降低原有企业中的股权比例，也并不意味着其放弃了对企业的控制权。

跨国公司采取独资经营方式有以下几方面的优点：

(1) 跨国公司拥有海外子公司的全部股权，因而母公司可以对子公司实行高度的控制，能用自己的管理人员担任子公司的董事长和总经理，掌握子公司的经营决策权。于是，跨国公司就可以将子公司完全置于其全球战略部署之中，使之为创造公司的整体经营优势和赢得利润发挥作用。

(2) 跨国公司采取独资经营方式便于保守专有技术和管理技能等方面的秘密。跨国公司要充分取得内部化优势，在国外子公司中充分利用其垄断优势，就要向国外子公司提供专利技术、专有技术及管理技能等。然而，如果国外子公司不是独资企业，其他企业就有机会接触和了解这些技术和技能，从而使泄密难以避免。当国外子公司是独资企业时，跨国公司在转移和利用其作为垄断优势的技术与管理技能的过程中保密安全程度最高。

(3) 跨国公司采取独资经营方式，由母公司对海外子公司加以完全控制，可以减少母公司与子公司之间可能出现的矛盾和分歧，从而提高跨国公司的运行效率。

二、合资经营方式

合资经营方式是指跨国公司与国外企业共同投资、共同经营、共担风险、共负盈亏的经营方式。第二次世界大战后，国际政治和经济环境都发生了重大变化，少数发达国家独霸国际舞台的时代一去不复返，一大批发展中国家政治独立、经济自主的时代已经到来。发达国家跨国公司依靠独资经营方式在发展中国家保守技术与经营秘密，不受东道国的管理和控制，千方百计地获取最大利润并维持其垄断地位，这种情况越来越受到东道国政府的限制，引起消费者的反感，迫使其考虑新的跨国经营方式，主要是合资经营方式。另外，从投资的安全性角度来看，合资经营方式也是跨国公司对开放程度不高，法律法规不健全和政治、经济风险较高的发展中国家直接投资的首选方式。

（一）合资经营方式的基本特征

跨国公司采用的合资经营方式具有以下基本特征：（1）企业的投资者至少来自两个或更多的国家或地区；（2）组建的合资企业具有东道国的法人地位，是独立的经济实体；（3）各方提供的各种资产都折算成一定股份，并按股权份额分享利润，分担亏损；（4）各方根据协议、合同和章程建立合资经营企业的管理组织机构，共同管理企业。

合资经营是以资产为纽带将各方联系起来组成新企业，新企业的具体形式通常是股份有限公司和有限责任公司两种。股份有限公司的全部资本均分为股份，投资者按其认购的股份提供资本，并对公司的债务负有限责任。股份有限公司通过公开发行股票向社会筹集资金，扩大资金来源渠道。因此，规模较大的合资经营企业通常采用股份有限公司的形式。有限责任公司由两个以上的有限责任股东组成，各股东对公司的债务按各自出资额承担有限责任。有限责任公司不能公开发行股票，股东的股权也不能自由转让。但有限责任公司开办的法律手续比较简便，从申办到开业所需时间较短，注册资本额也不大，所以规模有限的合资经营企业往往采用有限责任公司的形式。

（二）合资经营方式的优点和缺点

1. 跨国公司采用合资经营方式的优点

（1）比独资经营更容易进入东道国，能减少或避免政治风险。

（2）合资经营企业除享受对外资的某些优惠外，还可以获得国民待遇。

（3）可以利用东道国当地合伙者与政府及社会各界的公共关系，取得企业生产经营所需的各种资源，顺利开展各种经济业务活动。

（4）对于拥有技术优势的跨国经营企业来说，用工业产权和知识产权折股投资，实际上没有或很少投入资金，企业投产后，相当长时间内原材料、元器件、配套件和中间产品还依赖跨国经营企业供给，从而使外国投资者成了物资供应商，增加了母国产品的出口。

（5）合资企业生产的产品往往是东道国进口替代的产品和紧缺的产品，具有稳定的销售市场，能给投资者带来长期、稳定、丰厚的利润。

2. 东道国采用合资经营方式的优点

（1）可以弥补东道国资金的不足，且不增加国家债务负担。东道国通过合资方式利用外资，无须还本付息，而且使用期限也很长，一般为 20～30 年，有些可长达 50 年。

（2）东道国参与合资经营的企业，一般可采用厂房、现存设备和场地使用权作为资本投入，还可以用投产后的产品及收入作为提成费，支付引进外方技术的转让费，也可以用补偿贸易的形式从外方进口必需的原材料、中间产品，这样就极大地节省了资金和外汇的支出。

（3）合资经营方式是各方共同投资、共同管理、共享盈利、共担亏损和风险，所以与合资各方的利益休戚相关，能使外方关心负责投资项目，加强各方的通力合作和协调配合，把合资企业办得更有成效。

（4）有利于东道国引进国外的先进技术，加快国内技术进步的进程。特别是通过引进国外一些高新技术产业和产品，填补国内的空白，尽快缩短在这些行业、领域与国外先进技术的差距。

（5）有利于东道国学习和掌握发达国家先进的管理方法、技能和经验，并且在东道国国内逐步推广和普及，从而促进管理上台阶、上水平，从管理中获取更大的效益。

（6）有利于利用外方现有的国际销售渠道将产品销往国际市场，帮助东道国企业打入国际市场，扩大出口创汇，解决合资企业的外汇收支平衡的问题。

（7）有利于扩大东道国劳动就业机会，并且有助于提高东道国劳动者的素质。

（8）促进东道国经济发展。合资企业往往能带动相关产业和企业的同步发展，从而振兴东道国经济。经济的发展和振兴，最终会为东道国带来各种税收、土地使用费及其他非货币的社会效益。

3. 跨国公司采用合资经营方式的缺点

（1）与当地企业容易在经营目标、利益分配等方面发生冲突。

（2）当地合伙人为了维护与合资企业合伙人的最初协议，而不考虑长期利润或成本问题。

（3）专有信息泄露的风险也会降低通过合资经营获得的收益。泄露主要有以下两种方式：当地雇员可能辞职，并利用其在合资企业中获得的知识建立一个竞争企业；或当地合伙人可能毁约，并利用从合资企业中获得的知识为基础，通过建立自己的企业服务于当地市场。

（4）合资企业的控制问题。母公司仅凭借其拥有的所有权是无法控制合资企业的经营和管理活动的，控制力的问题会影响企业的业绩。

第二节　跨国公司的跨国并购

一、并购的概念和类型

（一）并购的概念

并购是兼并与收购的简称，是指一个企业将另一个正在运行中的企业纳入自己企业之中或实现对其控制的行为。在并购活动中，出资并购的企业称并购企业（公司），被并购的企业称为目标企业（公司）。跨国并购是指外国投资者通过一定的法律程序取得东道国某企业的全部或部分所有权的投资行为。跨国并购在国际直接投资中发挥着重要的作用，现在已发展成为设立海外企业的一种主要方式。跨国并购行为有投资者单独出资进行的，也有联合出资进行的。

收购与兼并既有相同之处也有区别。两者的相同之处主要表现在以下两个方面：第一，基本动因相似。或者为扩大企业市场占有率；或者为扩大经营规模，实现规模效益；或者为拓宽企业经营范围，实现分散经营或综合化经营。总之，都是增强企业实力的外部扩张策略或途径。第二，都以企业产权为交易对象。

收购与兼并的区别主要在于以下三个方面：第一，在兼并中，被兼并企业作为法人实体将不复存在；而在收购中，被收购企业仍然以法人实体的形式存在。第二，在兼并后，兼并企业成为被兼并企业新的所有者和债权债务的承担者，是资产、债权、债务的一并转换；而在收购后，收购企业是被收购企业的新股东，以收购出资的股本为限承担被收购企业的责任并享有相应的权益。第三，兼并活动一般发生在被兼并企业财务状况不佳、生产经营陷于停滞或半停滞之时，兼并后一般需要调整其生产经营，重新组合其资产；而收购活动多数出现在企业的生产经营处于正常状态之时，产权转让对企业运营的影响是逐步释放的。

在市场环境下，企业作为独立的经济主体，其一切经济行为都受到利益动机的驱使，并购行为的根本动机就是为了实现企业的财务目标即股东权益的最大化。当然，并购的具体动因多种多样，主要包括扩大生产经营规模，实现规模经济，追求更高的利润回报；消灭竞争对手，减轻竞争压力，增加产品或服务的市场占有份额；迅速进入新的行业领域，实现企业的多元化和综合化经营；将被并购企业出售或包装上市，谋取更多的利益；着眼于企业的长远发展和成长，谋划和落实企业的未来发展战略等。

（二）并购的类型

并购的形式多种多样，按照不同的分类标准可划分为不同的类型。

1. 按并购双方产品或产业的联系划分

依照并购双方产品与产业的联系，可以将并购划分为横向并购、纵向并购和混合并购。横向并购是指同一行业领域内生产或销售相同或相似产品企业间的并购，如一家汽车制造厂并购另一家汽车制造厂；纵向并购是指处于生产同一产品不同生产阶段的企业间的并购，分后向并购和前向并购，前者如一家钢铁厂并购一家矿山，后者如一家钢铁厂并购一家钢材贸易公司；混合并购是指既非竞争对手又非现实或潜在的客户或供应商的企业间的并购，分产品扩张型并购、市场扩张型并购和纯粹扩张型并购，如一家家电企业并购一家石化企业或一家银行。

2. 按并购的出资方式划分

按并购的出资方式划分，并购可分为以下几种形式：购买资产式并购，即并购方筹集足额的现金购买被并购方全部资产；购买股票式并购，即并购方以现金通过市场、柜台或协商方式购买目标公司的股票；承担债务式并购，即并购方以承担被并购方全部或部分债务为条件取得被并购方的资产所有权或经营权；以股票换取资产式并购，即并购公司向目标公司发行自己公司的股票以换取目标公司的资产；以股票换取股票式并购，即并购公司向目标公司的股东发行自己公司的股票以换取目标公司的大部分或全部股票。

3. 按并购涉及被并购企业的范围划分

按并购涉及被并购企业的范围划分，并购可以分为整体并购和部分并购。前者是指资产和产权的整体转让；后者是指将企业的资产和产权分割为若干部分进行交易，主要有三种形式：对企业部分实物资产进行收购；将产权划分为若干等份进行交易；将经营权分为若干部分进行转让。

4. 按并购是否取得目标公司的同意划分

按并购是否取得目标公司的同意划分，并购可以分为善意并购和敌意并购。善意并购是指并购公司事先与目标公司协商，征得其同意并通过谈判达成收购条件的一致而完成收购活动；敌意并购是指在收购目标公司股权时虽然遭到目标公司的抗拒，仍然强行收购，或者并购公司事先不与目标公司协商，而突然直接向目标公司股东开出收购价格或发出收购要约。

二、当前跨国并购的特点

西方国家的企业并购以美国最为典型。20 世纪 90 年代初以前，美国历史上大体出现过四次重点发生在国内的并购高潮：第一次以横向（水平）并购为主，发生在 1899—1903 年；第二次以纵向（垂直）并购为主，发生在 1922—1929 年；第三次以混合并购为主，发生在 20 世纪 60 年代；第四次以杠杆并购为主，发生在 20 世纪 70 年代中期至 90 年代初期。20 世纪 90 年代中后期主要出现在发达国家的并购高潮是世界历史上的第五次企业并购高潮，这一次并购高潮以跨国并购为主，其突出特征有以下几个方面：

（1）从地域来看，主要出现在美欧之间，特别是美国与几个欧洲大国之间。原因是这些国家大型跨国公司多，产业之间的关联性强，跨国直接投资数量大。

（2）从行业结构来看，主要集中在服务业和科技密集型产业。主要原因有：一是企业经营战略重心发生了转移，强调核心业务与核心竞争力；二是企业经营环境发生了变化，各国鼓励自由化及私有化，从而鼓励外资进入。

（3）从并购方式看，换股成为主要方式。并购企业增发新股换取被并购企业的旧股，有节约交易成本、不必发生大量现金的国际流动等方面的好处；还有可以合理避税及实现股价上扬（在并购方实力雄厚的前提下）。

（4）从并购规模来看，超过以往几次。一般认为，超过 10 亿美元的并购为大型并购，这一次并购高潮中所涉及的金额超过几十或上百亿美元的很普遍，有的达到了上千亿美元。

大规模跨国并购风行的原因主要是：研发费用上涨加速了并购活动的发展；国家对经济活动干预的减少为企业并购创造了有利的外部条件；股市的繁荣为跨国并购提供了充裕的资金。

三、对外直接投资企业两种建立方式的比较

对外直接投资企业的建立可以采取两种基本方式，即在东道国创建新的企业和并购东道国已经存在的企业。跨国公司需要根据不同的情况对这两种企业建立方式进行比较分析，然后再决定采用哪种方式建立海外企业。

（一）并购东道国企业方式

与创建新企业相对应的对外直接投资方式是并购东道国企业。目前，并购方式已经成为设立海外企业的一种重要方式。

1. 并购东道国企业方式的优点

（1）可以利用目标企业的生产条件。如可以利用现有的生产设备、技术人员和熟练工人；可以获得对并购企业发展非常有用的技术、专利和商标等无形资产；还可以大大缩短项目的建设周期。

（2）可以利用目标企业原有的销售渠道，较快地进入当地及他国市场，不必经过艰难的市场开拓阶段。

（3）通过跨行业的并购活动，可以迅速扩大经营范围和经营地点，增加经营方式，促进产品的多样化和生产规模的扩大。

（4）可以减少市场上的竞争对手。

（5）通过并购后再次出售目标公司的股票或资产，可以使并购公司获得更多利润。

2. 并购东道国企业方式的缺点

（1）由于被并购企业所在国的会计准则与财务制度往往与投资者所在国存在差异，所以有时难以准确评估被并购企业的真实情况，导致并购目标企业的实际投资金额提高。

（2）东道国反托拉斯法的存在，以及对外来资本股权和被并购企业行业的限制，是并购行为在法律和政策上的限制因素。

（3）当对一国企业的并购数量和并购金额较大时，常会受到当地舆论的抵制。

（4）被并购企业原有契约或传统关系的存在，会成为对其进行改造的障碍，如被并购企业富余人员的安置问题。

（二）在东道国创建新企业方式

创建海外企业可以是由外国投资者投入全部资本，在东道国设立一个拥有全部控制权的独资企业，也可以是由外国投资者与东道国投资者共同出资，在东道国设立一个合资企业，但它们是在原来没有的基础上新建的企业。

1. 在东道国创建新企业方式的优点

（1）创建新的海外企业不易受到东道国法律和政策上的限制，也不易受到当地舆论的抵制。

（2）在多数国家，创建海外企业比收购海外企业的手续简单。

（3）在东道国创建新的企业，尤其是合资企业，常能享受到东道国的优惠政策。

（4）对新创立海外企业所需要的资金一般能作出准确的估价，不会像收购海外当地企业那样遇到烦琐的后续工作。

2. 在东道国创建新企业方式的缺点

（1）创建海外企业常常需要一段时间的项目营建期，所以投产开业比较慢。

（2）创建海外企业不像收购海外企业那样可以利用原有企业的销售渠道，因此不利于迅速进入东道国及其他国家市场。

（3）不利于迅速进行跨行业经营和迅速实现产品与服务的多样化。

第三节 跨国公司非股权经营方式

非股权经营方式是指跨国公司在东道国的企业中不拥有股权，而是通过为东道国的企业提供与股权没有直接联系的资金、技术、管理、销售渠道等，与其保持密切联系并从中获取各种利益的经营方式。

一、非股权经营方式的兴起及特点

非股权经营方式是20世纪70年代以来逐渐被跨国公司广泛采用的经营方式。进入90年代，发展中国家吸引外资竞争非常激烈，然而由于这些发展中国家民族主义的政策特性，以及与发达国家相比，其市场的不完善、投资环境的不佳等原因，使得发达国家的跨国公司不愿意花费过大的成本在发展中国家进行独资经营和合资经营，因而越来越多地使用非股权投资方式。据联合国跨国公司中心报告，20世纪90年代以来，非股权经营方式发展非常快，已成为跨国公司跨国经营的重要方式。

非股权经营方式与股权经营方式相比，有以下几个特点：

（1）跨国公司以转让技术、提供服务和合作生产等非股权方式获取利润。

（2）对东道国来说，可以拥有对更多企业的控制权并获得先进技术、管理经验和产品等，而且又不必在境内建立长驻的外贸所有权实体，因而乐意接受。

（3）可为跨国公司今后的直接投资做准备。

（4）跨国公司需要拥有技术、管理、生产上的优势和能力，并凭借它们加强对东道国企业的控制。

二、非股权经营方式的常见形式

跨国公司非股权经营方式的具体形式很多，常见的形式有合作经营、技术授权、合同安排和技术咨询等。

（一）合作经营

合作经营是指两个或两个以上国家的投资者通过协商签订合同，规定各方的权利和义务，联合开展生产经营活动的经营方式。合作经营又可以分为两种具体形式。

1. 有实体的合作经营

跨国公司可与东道国企业共同组成一种无股权参与的契约型经济组织，即建立合作经营企业。合作经营企业是合作经营中最紧密的实体。它是根据东道国的有关法律，通过签订合同而建立的经济实体，在东道国具有法人地位，受法律保护。合作期限一般较短。合作经营各方的投入和服务等不计算股份或股权，权利与义务由合同规定，不取决于投资比例。合作经营企业的经营管理机构按合同规定来建立，一般以董事会为最高权力机构，日常生产经营管理由以总经理为首的经营管理团队负责。

2. 无实体的合作经营

跨国公司与东道国企业也可以在没有组成统一经济实体的情况下，进行合作生产、合作制造、合作建设、合作开发资源和合作销售等。这是一种以合同为基础组成的松散型合作经营方式，没有统一的经济实体，不具有法人地位。日常的合作经营活动由投资各方组成联合管理机构，或委托其中一方，或聘请第三方负责管理。

20 世纪 80 年代以来，发展中国家对自然资源的自主权得到了加强，但资金、技术相对比较贫乏，因而发展中国家之间、发展中国家与发达国家之间的合作经营，在形式和数量上有很大发展，并出现了合作经营的新形式——合作开发，即跨国公司和其他国家的企业或资源国合作，对自然资源（如海底石油资源）进行勘探和开发。合作开发仍然以合同为基础。通常，首先通过招标方式选择一家或几家外国投资开发公司，然后以中标者的投标书为基础进行协商，签订资源开发合同。合作开发大体上分两个阶段进行：第一阶段，跨国公司提供全部投资，负责对资源进行物理勘探，承担全部风险；第二阶段，如果跨国公司发现了具有商业开发价值的资源，就与资源国企业联合起来，共同投资、共同开采，并从销售收益中对各种耗费进行补偿，并取得利润。

（二）技术授权

技术授权，是指技术许可企业通过签订合同的方式，向技术受许可企业提供所需的专利、商标或专有技术的使用权及产品的制造权和销售权。技术受许可企业需向技术许可企业支付使用费，并承担保守秘密等义务。

专利是一种受国家法律保护的工业产权，它是一国政府在一定时期内，授予技术发明人的一种权益。在法律保护的地区和期限内，任何人要使用该专利技术，必须事先征得专利权所有人的许可，并给付一定的报酬，否则即构成专利侵权。

商标是商品的生产者、经营者在其生产、制造、加工、拣选或经销的商品上，或者服务的提供者在其提供的服务上，采用的用于区别其商品或服务来源的具有显著特征的标志。经国家核准注册的商标为“注册商标”，受法律保护。通过确保商标注册人使用以标明其商品或服务，或者许可他人使用以获取报酬，而使商标注册人的专用权受到保护。

专有技术也称“技术秘密”“技术诀窍”等。迄今为止，国际上对专有技术一词还没有公认的定义。一般认为，专有技术是指先进、实用但未申请专利的技术秘密，包括设计图纸、配方、数据、公式，以及技术人员的经验和知识等。专有技术虽然未得到专利法、商标法的保护，但它应得到财产法的保护。作为一种财产，专有技术也可以以许可合同的方式进行转让。

在进行技术授权时，买卖双方需签订一项许可证协议，卖方在一定条件下允许买方使用其专利技术、商标、专有技术或专门知识，买方从卖方获取使用、制造、销售某产品的权利，得到相应的技术支持，同时支付一定的费用，并掌握有关业务。这是使用权的转让，可以说是一种“技术租赁”。

授权人（跨国公司）对许可证的控制是个重要问题。控制主要是为了防止受权人蓄意或因违约而对其他的业务经营者造成损失。对许可证的控制，有的属于法律问题，有的属于实际可能的问题。控制有积极控制和消极控制之分。积极控制是跨国公司（卖方）指引买方行动，如为买方提供较长时期的技术情报和技术服务，这如同卖方享有股份控制权一样。在这种情况下，许可证的出售者把购买者纳入了自己的营业网，如同对待它们的子公司一样。消极控制是买方的活动与卖方的活动完全隔绝。在这种情况下，卖方主要通过质量标准等要求予以控制。

许可证的价格（使用费）一般按提成费确定，有些按提成率确定。

虽然技术授权几乎没有风险，但也不是没有缺点。其缺点主要有以下三个方面：

（1）被许可人有可能掌握该项技术，从而使许可方失去技术垄断，增加新的竞争者。

（2）由于许可人没有亲自参与经营管理，不能获得在国外生产和经营的经验，市场也始终掌握在被许可人手中。

（3）销售额大小直接影响跨国公司的收益。由于提成费一般都在5%以下，若销售额太小，提成费有时甚至不能弥补跨国公司寻找合作伙伴和签订协议的开支。

（三）合同安排

合同安排，又称非股权安排，是跨国公司在股权投资和人事参与之外所采取的另一种手段。它是指跨国公司以承包商、代理商、经销商、经营管理者和技术人员的身份，通过承包工程、经营管理等形式取得利润和产品，或开辟新的市场。这种方式不要股份投资，财务风险较小。联合国跨国公司中心在一份研究报告中指出，合同安排的性质基本上是“直接投资的替代物”。

美国麻省理工学院教授法默（R. N. Farmer）和里奇曼（Barry Richman）认为，合同安排包括制造合同、工程项目合同、交钥匙项目合同、管理合同、国际分包合同和劳务输出合同等。

1. 制造合同

制造合同是跨国公司与当地企业订立产品供应合同的一种。具体地说，是由跨国公司提供必要的订单、机器、原料、生产方法及技术等，由当地企业负责员工的招聘、管理、支薪及实际生产等活动。这种交易方式将技术、生产、销售结合在一起，跨国公司可以利用当地的人员、厂房、设备，并可避开关税限制，进入国外市场，还可以降低运输成本等。这种方式需要找好合作伙伴。运用这种方式最显著和发展最快的是汽车制造、电力工业、电子工业、化学工业、建筑机械业和采矿设备制造业等。

2. 工程项目合同

跨国公司为外国政府或厂商从事道路、交通等工程建设，在提供机器、设备及原料的同时，还提供设计、工程管理等多项服务，因而是出口货物及劳务的混合体。在工程建设期间，承建公司在外国境内负责管理。工程完成后，管理权即移交当地。

3. 交钥匙项目合同

交钥匙项目合同，也称包建项目合同。它是由跨国公司与国外企业签订协定，由跨国公司建造一个整体项目。例如，跨国公司为东道国建设一个工厂体系，承担全部设计、建造、安装及试车等任务。试车成功后，承建公司即将整个工厂体系移交当地管理。承包的跨国公司不仅承担着按照规划或设计合同建造项目的全部责任，并承担项目的启动、项目的效益和消耗指标的义务，以保证国外企业在接收项目时能按照合同规定顺利投产。包建项目不仅包括成套设备的输出，还包括技术帮助、技术指导、职工培训以及经营管理的指导等。

4. 管理合同

管理合同是指某外国企业由于缺乏技术、人才和管理经验，以合同形式交由跨国公司经营管理。管理合同是转移管理的一种方式，即管理能力强的跨国公司，以其优秀的管理人员和先进的管理技术，到海外为当地企业负责经营管理事务并获取管理费。这属于国际性的管理技术贸易。管理合同一般限定在一定的时间内，通常在5～10年。管理合同对东道国来说，是一种不承担风险即可获得国际经验的手段；对跨国公司来说，是其作为新加入者在国际市场寻找安身之处的一种途径。经验丰富的跨国公司积极追求管理合同，认为它并不次于股份经营，其全球统一调配的作用也很大。

5. 国际分包合同

国际分包合同通常是指发达国家的总承包商向发展中国家的分包商订货，后者负责生产部件或组装成品的合同，最终产品由总承包商在其国内市场或第三国市场出售。这种合同大部分是短期的，且每隔一段时间续订一次。

6. 劳务输出合同

劳务输出合同是指为完成特定项目，劳务输出国公司或政府与输入国签订的提供技术或劳动服务的合同。劳务输出是劳务合作中的最初级形式，输出方除提供劳务人员外，不支付费用，不承担风险。

（四）技术咨询

技术咨询是指东道国把要解决的技术问题、技术经济方案等向跨国公司提请咨询或论证，跨国公司则为之提供有效的服务，并取得相应的报酬。提供的服务主要包括收集信息、预测趋势、拟订计划、制定方案、帮助决策、承包任务和组织实施等。提供技术咨询服务的企业一般被称为"软件企业"。第二次世界大战以后，随着科学技术的高速度发展，各种技术咨询机构遍及世界，尤其是在发达的资本主义国家发展十分迅速。

技术咨询业务的内容主要有以下六个方面。

1. 政策咨询

是指跨国公司通过调查研究，进行技术经济预测及政局分析，为东道国制定政策和策略提供技术经济依据。

2. 工程咨询

是指跨国公司对各种类型的工程建设项目（包括新建、扩建、改建的投资方案）进行可行性研究，为东道国提供工程设计、施工、设备购置、生产准备、人员培训、生产运转、商品销售和资金筹措等方面的服务。

3. 方案讨论

是指跨国公司为国外企业的各类技术和经济问题（如资源开发、技术引进、基本建设、产品设计、工艺方案和城市规划等）的合理解决提出咨询报告，为东道国提供最优化的方案和实施办法。

4. 人员培训

是指跨国公司接受国外委托，代理培训科研人员和管理人员，或派出专家协助委托单位开展科学研究和生产技术工作。

5. 企业诊断

是指跨国公司帮助国外企业解决重大的生产经营问题。例如，对提高产品质量、提高劳动生产率、降低成本、减少消耗和扭亏为盈等提出可行性建议。

6. 技术服务

是指跨国公司通过建立实验中心、测试中心、分析中心、数据中心和计算机中心等，为科研部门和企业间接提供技术服务，或派人帮助对方解决专门技术问题。

上述非股权经营方式一般不单独运用，跨国公司往往根据需要和可能，与股权经营方式结合在一起使用，形成组合型经营方式。

关键概念

跨国公司经营方式	股权经营方式	独资经营方式
合资经营方式	跨国并购	非股权经营方式
合作经营	技术授权	合同安排
技术咨询		

复习题

1. 股权经营有哪几种类型?
2. 独资经营方式有哪些优点?
3. 简述合资经营方式的基本特征。
4. 合资经营方式有哪些优缺点?
5. 简述兼并与收购的相同之处和区别。
6. 并购主要有哪些类型?
7. 比较对外直接投资企业两种建立方式的优缺点。
8. 简述非股权经营方式的特点。

第五章

跨国公司对外直接投资

本章要点提示

◎ 投资环境分析是跨国公司对外直接投资的首要问题。东道国宏观环境因素可以概括为政治和法律环境，经济环境，社会、文化与自然环境和技术环境（PEST）四类。

◎ 一般情况下，一个完整的对外直接投资可行性研究应包括投资机会研究、初步可行性研究、详细可行性研究和评价报告四个阶段。

◎ 对外直接投资项目可行性研究的基本内容，包括市场分析、生产条件分析、投资效益分析和总体配置能力分析四个方面。

◎ 发达国家为了鼓励跨国公司对外直接投资，保证其投资的安全和利益，一般会采取一些政策措施和法律手段，主要表现在投资鼓励和投资保证两个方面。

导入案例

可口可乐历史上最大的失败之举

20 世纪 80 年代，百事可乐的“百事可乐新一代”“为了那些思想年轻的人们”的广告动摇了可口可乐的领导地位。为此，可口可乐公司出动了 2 000 名市场调查员在 10 个主要城市调查，结果表明只有 10%～20%的顾客对新口味的可口可乐表示不满，但是另外一些测试却提供了相反的情况。为了确保万无一失，可口可乐公司投入 400 万美元在 13 个城市中邀请约 19.1 万人参加了无标记的不同配方的可口可乐的比较，55%的参加者更喜欢新可乐。1985 年 4 月 23 日，为了迎战百事可乐，可口可乐宣布更改其行销 99 年的饮料配方，并把旧可乐撤出市场。

可口可乐公司举行了一次有 200 家报纸、杂志和电视台记者出席的记者招待会，但他们大多数人并未信服新可乐的优点，他们的报道一般都持否定态度。在新可乐上市的 4 小时之内，公司接到抗议更改口味的电话 650 个；到 6 月中旬，批评电话每天多达 8 000 个。一些激进的忠诚者成立了“美国老可口可乐饮用者组织”，威胁控告可口可乐公司。最终可口可乐公司决定恢复传统配方的生产。这一消息立刻使美国上下一片沸腾，当天即有 18 000个感激电话打入公司免费热线。当月，可口可乐的销量同比增长了 8%，股价攀升到 12 年来的最高点——每股 2.37 美元。但是，可口可乐公司已经在这次行动中遭受了巨额的损失。

第一节 对外直接投资环境分析

一、对外直接投资环境概述

当投资者进行投资决策时，投资环境分析就成为首要问题。投资环境是指投资者进行投资时所面临的各种外部条件和因素。对外直接投资环境是指跨国公司进行对外直接投资时所面临的各种外部条件和因素。一般意义上说，对外直接投资环境分析就是选择对外直接投资的国家或地区的区位优势。这些区位优势包括自然资源、劳动力、基础设施、交通运输与通信条件等物质因素，也包括国家法律、政府政策、人口、市场容量以及当地文化等非物质因素。对外直接投资理论采用分类分析的方法来认识对外直接投资环境。

从地域空间来看，对外直接投资环境由母国环境、东道国环境和国际环境三部分构成。

（一）母国环境

母国环境由母国宏观环境和微观环境构成。宏观环境又称为一般环境或间接环境，是指那些对所有企业都会产生影响而企业对之又基本上无能为力的外部条件和因素的总和，主要包括政治、经济、法律、社会文化和技术等因素。微观环境又称作业环境或直接环境，是指那些对个别企业的业务活动会产生直接影响的外部条件和因素的总和，主要包括企业的竞争地位、产业和市场状况、客户和市场状况、贷款人情况和劳动力市场的供求关系等因素。

（二）东道国环境

东道国环境是企业在东道国市场上经营时所面临的各种间接和直接环境因素。东道国环境因素的一大特点是难以评价和预测。环境陌生，又缺乏信息，常常会给跨国公司带来不正确的评价和预测。在东道国环境中，政治因素和法律因素可能最难把握。

（三）国际环境

当企业进行跨国经营时，涉及资源和业务在不同国家之间的流动和转移。母国环境和东道国环境之间以及各东道国环境之间的相互作用构成了对外直接投资的国际环境。国际环境包括一系列多样化的政治、法律与经济因素，主要国际机构、国际货币体系以及国际协议等构成国际环境的主体。

二、东道国环境分析

对跨国公司来说，外部环境分析的首要目标是各东道国的投资环境，而一个国家的投资环境包括宏观环境和微观环境两个方面。这里主要讨论宏观环境。

一般来说，宏观环境因素可以概括为以下四类，即政治和法律环境，经济环境，社会、文化与自然环境和技术环境（Political，Economic，Social，Technological，即PEST），如图 5—1 所示。

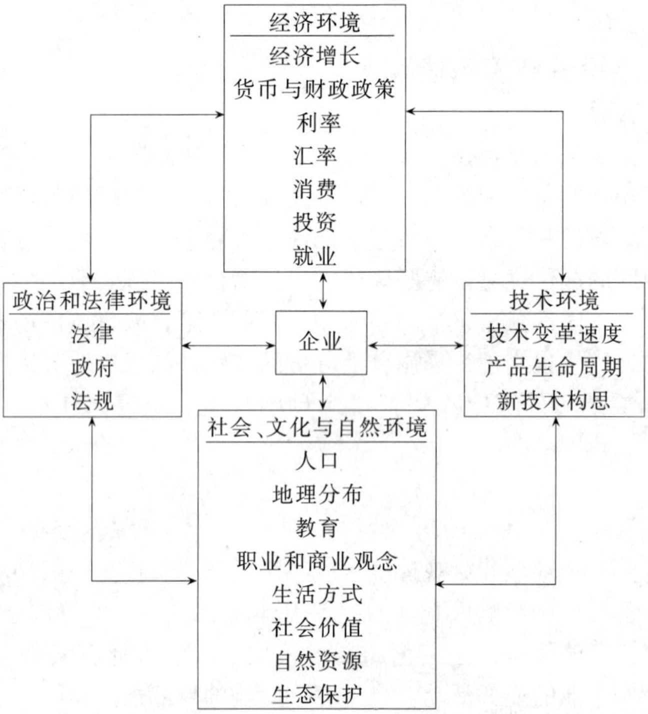

图 5—1　宏观环境因素示意图

(一) 政治和法律环境

政治和法律环境是跨国公司所面临的、必须慎重考虑的关键因素之一，包括东道国的政治与法律状况、政府政策与法规以及由此可能产生的政治风险等因素。

1. 政治与法律状况

（1）政治体制。世界各国的政治体制表现出各种各样的形态。政治体制的类型并不一定代表政治环境的优劣。对跨国公司来说，重要的是东道国的政治体制能否保持稳定。例如，从 1993 年开始，中国连续多年成为世界吸引外资最多的国家之一，其主要原因之一是中国长期保持了一个相对稳定的政治环境。

（2）国家安全性与政治稳定性。国家安全性主要指东道国因在世界上的政治立场所导致的国家安全程度，政治稳定性包括国内政局的稳定性、政府结构的稳定性和政策的稳定性。这三者并非一成不变，但这种变化应该是渐进的，而非突发的和根本性的。

东道国的政治稳定性对跨国公司来说是极其重要的。首先，稳定性直接影响跨国公司生产经营决策的长期性。许多跨国公司的生产经营是以相当长的时间为基础的，政治不稳定可能使原来良好的中长期战略决策及计划变得毫无用处。其次，不稳定性使企业难以适应和预测环境变化，从而难以选择相应的生产经营战略与策略。

（3）政府机构的清廉与效率。对在一定的政党体制下产生的相对稳定的政府机构来说，如果不能为政清廉和富有效率，将同样严重地影响跨国公司的生产经营活动。腐败行为、官僚作风会直接损害跨国公司应得的利益，扰乱正常的经济秩序，严重影响竞争的公平性，而这一切又最终导致东道国政府与公众利益的损害，妨碍经济与社会的迅速发展，妨碍国与国之间的公平竞争。

（4）公众利益团体与社会舆论机构。随着社会的发展，公众利益团体与社会舆论机构不论在数量上还是在社会、政治的影响力上都有所增加。这些团体与机构游说政府官员与企业并对其施加压力，对东道国公共关系的氛围以及东道国的形象都有着重要影响。

2. 政府政策与法规

虽然东道国政府的政策与法规对在该国经营的所有企业都会带来影响，但是，对跨国公司来说，对其经营影响最直接的是东道国政府对外国直接投资的政策与法规，包括鼓励与限制两个方面。

（1）对外国直接投资的鼓励政策与法规主要有：

1）东道国的投资导向。包括：鼓励外来投资开发新的产业；鼓励特定公司的投资或特定类型的投资；鼓励通过投资使东道国国际收支达到平衡，以及增强进口替代和出口，增加外汇储备等。

2）东道国的鼓励政策。这类政策一般有减少关税、减少税收、提供设施、提供服务、津贴补助和允许垄断权力等。

（2）对外国直接投资的限制政策与法规主要有：

1）东道国的就业与管理政策。为了解决本国就业问题和培养本国的技术、管理人才，东道国要求外国投资者必须以某种形式保证雇佣一定数量或比例的东道国国民、科研技术人员和管理人员，并在一定的期间内限制外国管理人员的数量。

2）东道国的股权政策。许多国家为了确保本国利益，有效地进行经营决策，不允许外国子公司在该国拥有全部股权。只有在东道国拥有一定程度的所有权以后，外国企业才能投资。在有些国家或其某些关键性行业，外国企业只能拥有少量股份。

3）地区满足政策。一些东道国要求外国投资者必须以文件形式说明地区满足的程度，即外国投资者不仅要在东道国投资生产产品，而且要在东道国购买生产该产品的原材料和零部件，即国产化政策。

4）外贸平衡政策。长期存在外贸赤字的国家以及外汇储备有限的国家多采取这种限制政策，即只有在投资后可增加本国的出口或增加进口替代产品，才允许外国企业进行投资。

5）培训政策。一些国家常常要求投资者对本国国民进行培训，提高他们各方面的技能，这种政策既可提高被投资企业员工的技能，从长远看，也是提高国民素质的一条途径。

6）研究与开发政策。许多国家要求投资者在本国内进行研究与开发，以便培养自己的研究与开发人才。因此，东道国政府会要求投资者确保在当地进行某种研究与开发，或在当地支出一笔研究与开发费用。

7）收益分配政策。一般来讲，各国在立法原则上都会保证外国资本回收金、利润和其他合法收益自由兑换外币汇回本国。但是在实际执行中，大多数国家都有较严格的规定，以防止大量资金外流，给本国国际收支平衡及国民经济带来不利影响。东道国常常为外资的利润汇出规定时间进度，规定允许汇出外汇的比例等，而且规定外国投资者要继续在当地进行投资等。

8）国家安全政策。多数国家在审核投资方案时，还要审查该项投资对本国国家安全的影响。如果确实对国家安全有危害，轻则要求修改投资方案，重则不予批准。

3. 政治风险

政治风险是指由于东道国的政治环境突然或逐渐发生变化，而使外国企业或投资者在经营管理上处于劣势地位或遭受经济损失的可能性。跨国公司所面临的政治风险是由各种因素综合而成的。这些因素具有不确定性与不稳定性。不确定性是指东道国政治环境发生变化时，难以预料可能发生的风险；而不稳定性是指这些变化不是以一种稳定而连续的形式出现，常常具有间歇性的特点。政治风险可分为宏观政治风险与微观政治风险两大类。

宏观政治风险又可以进一步细分为两类风险：直接和相对持久性的风险与间接和间歇性的风险。直接和相对持久性的风险是指直接作用于在该国经营的外国企业的政治风险事件和活动。例如，1978 年，尼加拉瓜政府突然颁布外汇管理条例，给所有外国公司的正常经营活动造成困难，为此，IBM 公司关闭了在该国的子公司，撤出尼加拉瓜市场。间接和间歇性的风险是指由于恐怖主义等一些带有强烈政治色彩的事件与活动所产生后果带来的风险。

微观政治风险是指只影响到某些行业的企业甚至某些工程项目的风险。例如，在长达 60 余年的时间里，发展中国家中先后有 30 多个国家对石油生产实行了全部或部分国有化。在不同的国家里，跨国公司可能遭受的微观政治风险的类型也有所不同，即使在同一国家的不同时期也会有不同的风险。同时，微观政治风险的程度也会随企业所有权结构、管理体制、技术水平以及产品或服务的类型而变化。

跨国公司经营活动所遭受的政治风险主要来自东道国政府的限制措施。具体来说，政治风险主要有以下三种类型：

（1）经营限制。这是指东道国政府对外国企业与国内企业日常生产经营活动所施加的限制，使得企业正常的生产经营活动发生困难。例如，外汇管制是一种最常用的形式。外汇管制的结果可能使外国企业或私人投资者很难将资金汇出，或者很难将资金换成其他国家的货币。此外，经营限制还包括对有关跨国公司雇佣外国员工与当地员工比例的限制、对当地所有权的限制、对产品品种规格的限制等。经营限制从表面上看对国内外企业似乎是一视同仁的，但是，国内企业一般不存在雇佣外国员工或外汇管制等问题。因此，跨国公司及其子公司所遇到的经营限制要比国内企业大得多。

（2）歧视性限制。这是指东道国政府针对外国公司、子公司和分支机构而设置的经营限制。例如，东道国政府可以利用增加税收对外国公司加以控制，还常要求外国企业放弃部分或全部所有权或管理控制，以便当地投资者能够在这类企业中占有主要地位。此外，这类限制还包括对外国企业进口某种产品征收特殊关税，使用厂房设施时要支付较高的使用费，为当地员工支付较高的工资等。

（3）征用与没收。征用是指东道国政府占有或控制外国资产，并给予一定补偿的行为。补偿的金额可能并不符合被征用资产者的意愿。根据国际法规定，东道国征用外国资产时，应给予及时而足够的补偿，补偿金必须是可以兑换的货币。没收是指东道国运用自己的主权，采取强制措施无偿地接收外国资产。征用与没收是外国企业最严重的政治风险。

此外，和征用与没收经常交织在一起的是国有化。国有化是指整个产业由私人所有转变为国家所有。例如，在20世纪60年代，自然资源开发行业、金融行业和公共事业行业都是东道国在国有化中征用的对象。而自70年代以来，一些制造业又成了征用的对象。

（二）经济环境

经济环境是指东道国影响企业生存和发展的社会经济状况及经济政策，包括社会经济结构、经济体制、发展状况、宏观经济政策等因素。衡量这些因素的经济指标有国内生产总值、就业水平、物价水平、消费支出分配规模、国际收支状况以及利率、货币供应量、政府支出、汇率等货币和财政政策手段。与政治和法律环境相比，经济环境对企业生产经营的影响更直接、更具体。

衡量一个国家或地区经济发展状况的指标包括经济增长、通货膨胀、失业率、国际收支水平等几个主要指标。这些指标之间具有很强的相关性，其中最重要的指标是经济增长。

1. 经济增长

一个国家或地区的经济增长状况一般用增长水平和增长速度来反映。增长水平一般用国民生产总值（GNP）和国内生产总值（GDP）两个指标来衡量。国民生产总值是指一个国家在一定时期（通常为一年）内本国常住居民所生产的最终产品的市场价值总和；国内生产总值是指一年内在本国领土范围内所生产的最终产品的市场价值总和。二者的关系可用以下公式表示：

国民生产总值＝国内生产总值＋本国公民在国外的资本和劳动创造的全部产值与收入－外国公民在本国的资本和劳动所创造的全部产值与收入

运用国民生产总值和国内生产总值指标首先是对东道国市场规模的粗略测算。根据近年来世界银行的统计数据，美国、日本、德国等发达国家的GDP排在全球前列，而一些非洲国家则排在全球末位。

除了经济增长水平以外，一个国家的经济增长速度也是非常重要的，它标志着市场发展的速度。根据国际货币基金组织（IMF）2010年发布的一份研究报告，过去30年，中国经济空前增长，在世界贸易中所占的比重增加了近10倍，占全世界GDP的比例从3%上升到13%；中国目前已占世界商品需求量的1/10，占世界高科技成品出口量1/10以上，中国经济增长的“溢出效应”与年俱增。

人均国内生产总值可以表明一个国家或地区的收入水平，反映出人们所需要的产品类型和消费水平，这是跨国公司对外投资的产品决策与区位决策的重要依据。例如，近年来，大量雇佣半熟练工的制造业从高收入国家向低收入国家转移的趋势正在逐步加强。[①]

---

① 又如，一些跨国公司对于东道国收入水平的变化反应很敏感，飞利浦公司在印度尼西亚灯泡市场的成功就是一例。随着电在印度尼西亚乡村的迅速普及，飞利浦公司推出了一种15瓦的灯泡。这种灯泡的定价比100瓦灯泡便宜一半以上（尽管总成本几乎是一样的），以适应那些地区的收入水平、需求特性和电压水平。随着时间的推移，当人们收入水平提高了，而且也逐渐习惯了使用飞利浦灯泡时，公司又推出了价格更贵、瓦数更高的灯泡。飞利浦公司因此占领了印度尼西亚灯泡市场的主要份额。参见包铭心、陈小悦：《国际管理：教程与案例》，21页，北京，机械工业出版社，1999。

2. 经济政策与法规

与国内公司相比，东道国的经济政策与法规给跨国公司的投资与经营带来的影响更为直接。跨国公司的产品在东道国进出口，需要考虑相关国家货币汇率变化对其销路产生的影响；而跨国公司在东道国投资设厂生产产品，必须考虑的因素还应加上东道国与母国之间的公司所得税差别、劳动力工资的差别、东道国贷款利率的变化等。

（三）社会、文化与自然环境

社会、文化环境是指企业所处的社会结构、社会风俗和习惯、信仰和价值观念、行为规范、生活方式、文化传统、人口规模与地理分布等因素的形成的环境及其变动。自然环境是指企业所处的自然资源与生态环境，包括土地、森林、河流、海洋、生物、矿产、能源、水源、环境保护和生态平衡等方面的发展变化。社会、文化与自然环境对企业生产经营的影响也是不言而喻的。例如，人口规模、社会人口年龄结构、家庭人口结构、社会风俗等对消费者偏好的影响，环境保护与生态平衡状况等因素都是企业在确定投资方向、产品改进与革新等重大经营决策时必须考虑的因素。

1. 社会环境

（1）人口状况。有关人口状况需要考虑的指标有：

1）人口总数。一个国家的人口总数是衡量一国潜在市场规模的基本指标，又是衡量劳动力资源优势的基本指标。中国人口众多是近年来吸引跨国公司投资的主要因素之一。在中国，洗涤品、烟草制品、奶制品等的销量位居世界前列，而人均消费量同发达国家相比却相差很远，因此对于这些行业的厂商来说，中国无疑是一个庞大的市场。

2）人口增长率。人口增长率表明该国的市场潜力，人口增长率越高，市场需求越能得到保持或扩大。但是，当人口增长率超过国内生产总值增长率时，则会因该国人均收入减少而使市场缩小。

3）人口结构。研究人口结构主要是从年龄结构和性别结构两方面考虑。人口年龄结构会对现在和将来人们所需要的产品类型产生影响。一个国家的人口年龄结构会影响企业的产品类型。例如，20 世纪 70 年代，可口可乐公司一直将 13～24 岁的人作为自己主要的顾客，而到 80 年代以后，由于美国老龄化趋势日益明显，可口可乐公司便对产品结构进行了调整，增加了酒类和非可乐型饮料。人口年龄结构也会影响企业劳动力市场。在老龄化社会，企业要考虑如何调动职工积极性；而在年轻人比较多的国家，企业可以雇佣较多的年轻人。

4）人口分布。东道国的人口密集情况也是跨国公司投资与经营必须考虑的因素。在许多非洲国家，90%以上的人口生活在农村，而其他一些国家，如新加坡、英国、澳大利亚、荷兰、委内瑞拉、乌拉圭和德国，85%以上的人口生活在城市。人口的城市密集化给开展国际业务提供了机会，可将业务集中在地理位置密集的消费者身上。除了城市人口的密集化之外，还要考虑城市的发展速度。高速增长的城市带动了对基础产业产品和劳务需求的增长，也影响着城市提供劳动力的能力。

（2）家庭组织。跨国公司主要从两个角度研究家庭：一是家庭的规模。近年来家庭规模的总趋势是向小型化发展，这样，许多以家庭为消费单位的生活用品的消费结构便随之发生变化。例如，家庭轿车小型化趋势日见明显，小型品种的农产品（如西瓜）和小包装的食品更受消费者欢迎等。二是亲属关系。在东南亚地区，如印度尼西亚、菲律宾、新加坡、泰国和马来西亚，许多家族在银行、金融和贸易业控制了极为重要的份额；在一些发达国家，如意大利、法国和美国，家庭企业也不罕见。

（3）社会阶层。社会阶层是社会中根据某些分类标准（如收入水平、受教育程度等）按层次排列比较同质并相对稳定的群体。每一阶层中的成员具有类似的价值观、兴趣和行为，不同社会阶层的存在，影响着跨国公司的生产经营活动，包括产品类型、市场细分、品牌偏好、价格策略、销售渠道和新闻媒体等方面。

2. 文化环境

文化环境对跨国公司的生产经营活动也有重大影响。只有考虑到文化环境，才能解释为什么在经济环境、政治环境、法律环境、社会环境大体相似的两个国家，跨国公司的生产经营活动往往存在较大差异。

文化这一概念的内涵是十分丰富的，在这里它是指一定区域内人们共同拥有的思想、情感与行为的总和，包括语言、教育、价值取向、宗教信仰、审美观念和风俗习惯等基本因素。文化是人类欲求和行为最基本的决定因素。

在特定的社会中，人们都抱有许多持久不变的核心信仰和价值观，它们由双亲传给子女，并由社会中主要机构如学校、教会、企业和政府等给予强化。与此相应，在特定社会中，人们还抱有一些容易改变的次级信仰和价值观，虽然核心信仰和价值观相当持久，但次级信仰和价值观的改变时有发生。

在特定的社会中总是包括一些较小的群体，它们因共有的生活经验和环境而拥有相似的信仰和价值观念，这被称为亚文化。亚文化可分为民族亚文化、宗教亚文化、种族亚文化和地理亚文化四种类型。

了解文化环境的基本方面，对跨国公司的生产经营活动具有重要的影响。跨国公司在不同国家的活动应当与每个社会的文化特质保持一致，产品分销渠道也应根据当地条件进行不同的规划。在促销方面，尤其应注意广告内容与各国文化背景相协调，广告色彩与各国的偏好相一致。在价格策略方面，应注意其价格往往取决于感受价值而不是实际价值。在产品品牌的选择上，应注意各国消费者对品牌的不同偏好，选好产品所使用的品牌名称、厂商名称和产地名称。

3. 自然环境

一个国家的自然环境是指自然界的实际情况与潜在状态以及土地面积、地形和气候等。世界上各国的气候差别很大，而一国的海拔高度、温度和湿度变化以及地理因素等，都可能影响产品和设备的使用性能与运输成本，甚至还会影响经济、贸易和交通的发展。有些国家被分割为极不相同的人口居住区，从而形成具有明显差异的市场。

自然资源的分布、质量和可供利用的程度，影响着世界经济发展和贸易的格局。世界各国自然资源的分布是极不平衡的，这是国与国之间产生贸易往来的一个重要原因，某些重要资源供求关系的变化对不同行业的企业发展会产生不相同的机会或威胁。

各国对环境保护的要求对企业经营也有着极大的影响，跨国公司在生产经营中一定要保护好所在地区的环境，开发环保产品，承担相应的社会责任。

（四）技术环境

技术环境是指企业所处的东道国环境中的科技要素及与该要素直接相关的各种社会现象的集合，包括东道国的科技体制、科技政策、科技水平和科技发展趋势等。在科学技术迅速发展变化的今天，技术环境对企业的影响可能是创造性的，也可能是破坏性的，跨国公司必须要预见这些新技术带来的变化，在战略管理上作出相应的战略决策，以获得新的竞争优势。

通信技术和计算机技术的发展在 20 世纪 90 年代形成了人类历史上最重大的一项创新——互联网。互联网的出现，对人类生活的各个方面都产生了巨大的影响。近年来，随着以大数据、云计算、物联网为代表的新一代信息技术的发展，产生了互联网与传统行业融合发展的新趋势——“互联网＋”。“互联网＋”代表一种新的经济形态，即充分发挥互联网在生产要素配置中的优化和集成作用，将互联网的创新成果深度融合于经济社会各领域之中，以提升实体经济的生产力和创新力，形成更为广泛的以互联网为基础设施和实现工具的新的经济形态。

第二节　对外直接投资可行性研究

投资可行性研究是指在投资决策前，为揭示能否获得最佳效益而运用多学科知识，对投资项目进行调查分析、技术经济论证的一种综合性研究过程。一项好的可行性研究，应向投资者推荐技术经济的最优方案，即在各种可行的投资方案中选择最佳方案。其研究结论，可使投资者明确，从企业角度看该项目具有多大的财务获利能力，投资风险有多大，是否值得投资建设；可使银行和其他资金提供者明确，从发放贷款者角度看该项目是否能够按期或提前偿还资金。这种在投资前期进行全面、系统的分析研究，是为了保证弄清拟建项目在技术、经济、工程上的可行性，避免和减少建设项目的决策失误，加强投资决策的科学性，提高项目的综合投资效益。

一、可行性研究的阶段划分

一般情况下，一个完整的可行性研究应包括投资机会研究、初步可行性研究、详细可行性研究和评价报告四个阶段。各阶段的研究内容由浅入深，项目投资和成本估算的精度要求由粗到细，研究工作量由小到大，因而研究工作所需的时间和费用也逐渐增加。这种循序渐进的工作程序，既符合项目调查研究的客观规律，又能节省时间和费用，从而取得良好的经济效果。因为在任何一个阶段，只要得出“不可行”的结论，就可立即刹车，不再继续进行下一步研究；如果认为可行，则转入下一阶段的工作，并可根据项目的规模、性质、要求和复杂程度的不同，进行适当的调整和精简。如对有的项目，经过初步可行性研究，认为有把握的，就可以作出投资决策。

（一）投资机会研究

投资机会研究，又称投资机会鉴别，是指为寻找有价值的投资机会而进行的准备性调查研究，其目的在于发现投资机会。即在一个确定的国家或地区，根据自然条件、市场需求、国家产业政策和国际贸易情况等，通过调查、预测和分析研究，选择建设项目，寻找有价值的投资机会。

投资机会研究一般比较粗略，它主要是从投资的效益和盈利的角度来研究投资的可能性，进行投资机会鉴别，提出备选项目，以引起投资者的兴趣和愿望。投资机会研究可分为一般机会研究和项目机会研究。一般机会研究是对某个指定的地区、行业或部门鉴别各种投资机会，或是识别和利用某种以自然资源或工农业产品为基础的投资机会。在对一般投资机会作出最初鉴别后，再进行项目机会研究，即将项目的设想转变为概略的项目投资建议，以引起投资者的注意，使其作出投资响应，并从经济角度对几个有投资机会的项目作出抉择，然后编制项目建议书，为初步选择投资项目提供依据。经审批后，列入项目建设前期工作计划，作为投资者对投资项目的初步决策。

（二）初步可行性研究

初步可行性研究，是正式的详细可行性研究前的预备研究阶段。经过投资机会研究认为可行的建设项目（即项目建议书批准后），表明该项目值得继续研究，但在不能确定是否值得进行详细可行性研究时，就要先做初步可行性研究，以进一步判断这个项目是否具有较高的经济效益。经过初步可行性研究，认为该项目具有可行性，便可转入详细可行性研究阶段；否则，就终止该项目的前期研究工作。

初步可行性研究阶段的主要目标有以下三个方面：

（1）分析投资机会研究的结论，并在占有详细资料的基础上作出初步投资估价。需要深入弄清项目的规模、原材料来源、工艺技术、厂址、组织机构和建设进度等情况，进行经济效果评价，以判断是否有可能和必要进行下一步详细的可行性研究。

（2）对某些关键性问题进行专题辅助研究。例如：市场需求预测和竞争力研究，原料、辅助材料和燃料动力等的供应和价格预测研究，厂址选择，中间实验，合理经济规模以及主要设备选型等研究。在广泛的方案分析比较论证后，对各类技术方案进行筛选，选择最佳经济效益方案，排除一些不利方案，缩小下一阶段的工作范围和工作量，以利于节约时间和费用。

（3）鉴定项目的选择依据和标准，确定项目的初步可行性。根据初步可行性结果编制初步可行性研究报告，判定是否有必要继续进行研究。如通过所获资料的研究确定该项目设想不可行，就立即停止工作。本阶段是项目初选阶段，研究结果应作出是否投资的初步决定。

（三）详细可行性研究

详细可行性研究又称最终可行性研究，通常简称为可行性研究。它是工程前期研究的关键环节，是项目投资决策的基础。它为项目决策提供技术、经济、商业等方面的评价依据，为项目的具体实施和生产经营提供科学依据，因此该阶段是进行详细深入的技术经济分析论证阶段。其目标有以下三个方面：

（1）深入分析研究各种可能选择的技术经济方案，内容涉及有关产品方案、生产纲领、资源供应、厂址选择、工艺技术、设备选型、工程实施进度计划、资金筹措计划，以及组织管理机构和定员等，推荐一个以上可行的投资建设方案。

（2）着重对投资总体建设方案进行企业财务效益和国民经济效益的分析和评价，对投资进行多方案比选，确定一个能使项目投资费用和生产成本降到最低限度，以取得显著经济效益和社会效益的最佳建设方案。

（3）确定项目投资的最终可行性和选择依据标准，对拟建投资项目提出结论性意见。可行性研究的结论，可以是推荐一个认为最好的建设方案；也可以提出一个以上可供选择的方案，说明各自的利弊和可能采取的措施；或者得出“不可行”的结论。如果最终评价结果表明项目是不可行的，则应该调整各种参数和生产纲领，调整原材料投入或工艺技术，以便提出可行性方案；当方案调整后经过经济技术评价仍不可行，则对拟建项目不能进行投资。

（四）评价报告

综合分析各种效益，对可行性研究报告进行评估与审核，分析判断可行性研究的可靠性和真实性，对项目作出最终评价。提出项目评估报告，为投资决策提供最后的依据，决定项目取舍和选择最佳投资方案。

二、可行性研究的基本内容

对外直接投资项目的可行性研究的基本内容，包括市场分析，生产技术条件分析，投资效益分析和总体配套能力分析四个方面。

（一）市场分析

要论证一个投资项目的可行或不可行，首先应从分析市场需求做起。因为若要确定一个投资项目有无必要进行，首先要预测生产出产品的市场销路、价格水平和盈利程度。对那些利用外资的项目，掌握国际市场动向尤为重要，如果产品不能外销，则无法按期还本付息，必然负债，这对对外投资者来说也是一样。所以，市场分析是可行性研究的关键。

市场分析主要是分析对市场要求影响较大的因素的变化，其主要内容包括以下四个方面：

（1）明确生产什么样的产品。要求明确产品的技术规范和特性。

（2）预测市场对这种产品的可能需要量。应从东道国和其他国家的市场来预测产品需求量。

（3）货源分析。预测对这种产品的可能供应量。

（4）预测市场渗透程度。所谓市场渗透程度，是指产品投产后可能占有市场的多大份额。

市场分析的准确性，直接关系到项目投产后生产成本的高低和利润的大小，因此，市场分析是十分重要的。

（二）生产技术条件分析

生产技术条件分析包括资源、原材料、能源供应是否可靠，价格高低，交通运输能力，供水能力，环境保护要求，职工福利设施和基础设施是否方便优越，技术工艺是否先进，厂址选择是否适合，协作配套是否落实，工程造价是否合理以及项目对技术力量的要求、来源和培训方法等。

（三）投资效益分析

投资项目可行性研究不仅要视其技术上是否先进适用，还要看经济上是否合理有利，能否取得最佳投资效益。这就要求对投资项目进行投资效益分析。投资效益分析要从建设投资计算和经济效益分析两个方面进行。

1. 建设投资计算

建设投资计算一般按下列程序进行：

第一阶段是比较概算阶段，它是建设投资计算的起始阶段，通常用于一个假设性的项目。它只要提供这个项目产品的方案，建厂地点和工厂平面图，就可以利用已经建成的同类型但不同规模的工厂的平面图及所需的投资额进行比较概算，其误差一般在正负 30%以内。

第二阶段为一般概算阶段，通常用于说明某一项目建设的可能性。这既需要前一阶段的资料，又要有设备或主要设备的明细表、价格和总安排图纸，以供粗略计算，其误差在正负 30%以内。

第三阶段为初步估算阶段，通常用来决定这个项目的可行性，并帮助制定主要预算方案。这除了需要前一阶段的资料外，还需要有概略范围，电动机、管道、单纯电路等图表，以作出初步估算，其误差在正负 20%以内。

第四阶段是最终估算阶段，通常用于确定这一项目所需的准确的投资数额。这需要增加管道系统图、设备明细表和初步估计，其误差在正负 10%左右。

第五阶段为详细评估阶段。这一阶段需要增加施工图、详细设备规格和价格等信息，其误差在正负 5%左右。

2. 经济效益分析

经济效益是指投资所创造的利润与投资的比例关系。分析投资项目的经济效益可从两个方面进行：一是从一个项目的微观投资效益分析，即财务分析；二是从全部投资的宏观经济效益分析，即经济分析。

（1）财务分析。一个投资项目的财务分析是很复杂的，需要从多方面研究其可行性。

1）从项目投资利润率的高低来分析。投资利润率的衡量指标分为投资收益率和基准收益率。前者指项目建成后，每年获得的净收入和建设投资额之比；后者是由东道国根据不同部门盈利水平所规定的收益率。只有当建设项目的投资收益率大于基准收益率时，该项目才能得到批准。

2）从项目投资回收年限的长短来分析，即分析投资效益的投资回收期和追加投资回收期。前者指一个项目建成后，从投产开始到全部投资回收所需要的时间；后者指采用一种新型工艺，投资往往较大，但采用新型工艺以后成本会降低，所追加的投资可从降低成本费用方面收回来。从追加投资到收回投资的期限，即为追加投资回收期。

3）从资金的时间价值来分析。要分别算出在项目生命周期内，现金流入的现在值和现金流出的现在值，然后进行对比。如果流入大于流出，方可考虑投资。

4）从国际竞争能力看，可用净外汇收益现在值（创汇）和换汇率来分析投资效益。净外汇收益现在值为总外汇收入现在值减去总外汇支出现在值。换汇率即产品出口得到的净外汇收益与产品出口中国内支付的各项费用的比值。

5）从产量规模上分析，可以通过收支平衡点来分析投资效益。收支平衡点的产量，就是产品销售收入等于保本水平时的产量。在销售价格和生产成本一定的情况下，产量必须在收支平衡点的产量以上，投资企业才能盈利，否则就要亏损。

（2）经济分析，是指就投资对投资者整体收益的经济影响进行分析。它主要从两个方面进行：一是分析与投资相关的各种因素的效益，如分析基础设施的投资效益等；二是分析环境保护的效果，投资者要选择环保费用最低的方案，同时要尊重东道国的环境保护权益。

（四）总体配置能力分析

总体配置能力包括配套能力、消化能力和偿还能力三个方面。对总体配置能力的分析，主要是对东道国这三方面能力的分析。东道国的配套能力主要看东道国的国内投资、设备、原材料、燃料、动力、运输及土建工程等是否成龙配套；东道国的消化能力是投资者获取收益的关键因素，消化能力如何，决定投资的经济效益；东道国的偿还能力对投资者来说是一个十分重要的问题，没有偿还能力项目的盲目投资，只能使投资者债台高筑，一些发展中国家因此而背上沉重的债务负担就是深刻的教训。

第三节　对外直接投资鼓励与保证

对外直接投资与国内投资不同，利润较高但风险也较大。发达国家为了鼓励跨国公司对外直接投资，保证其投资的安全和利益，一般会采取一些政策措施和法律手段，主要表现在投资鼓励和投资保证两个方面。

一、对外直接投资鼓励

发达国家采取的鼓励私人企业对外直接投资的措施包括：对国外投资收益采取优惠的税收措施；向投资者提供资金和技术支持；提供投资信息及促进投资活动。

（一）对国外投资收益采取优惠的税收措施

东道国政府对外国投资者在本国境内的收入有权课税，母国政府对本国的国外投资者在国外的收入也有权课税，这样同一纳税人有可能负担双重纳税义务，即使他在东道国享受了低税率或减免税收的优惠，但仍需向母国政府纳税。

为了避免出现双重课税，发达国家采取两种优惠措施：税收抵免（Tax Credit），即国外投资者在东道国已纳的税款，可以在母国纳税额中相抵扣减；税收饶让（Tax Sparing），即对纳税人在东道国已纳税所得，在母国免予征税。第二项措施对国外投资者更有实益，但目前大多数国家采用税收抵免法。

（二）向投资者提供资金和技术支持

主要发达国家政府对本国跨国公司，无论在东道国独资经营，或者在东道国合资经营，都给予资金和技术方面的支持。

1. 资金方面的支持

（1）政府出资或贷款，直接参与投资活动。

（2）政府设立特别基金，资助投资者在国外投资。这类特别基金有：美国政府对其海外私人投资公司的资助项目；法国对工业的“第二种贷款”，对海外投资提供设备补助金；日本输出入银行、海外经济协力基金等机构的贷款及认购股份。

（3）设立由政府资助的金融开发公司。它的任务首先是向国外投资项目提供风险基金——贷款或出资。对私人投资的资金融通活动，既不需要当地政府保证，也不需要对贷款提供担保，只要求该资助的投资项目经东道国承认。其次是促进和资助开发海外投资市场有成绩的跨国公司，主要是在技术援助、资金融通以及对投资项目的评估和总投资额的决定等方面进行资助和参与。这将有助于增加投资者在当地银行界的资金周转，改善与当地合伙者的关系。

不少发达国家都设有金融开发公司，如美国的海外私人投资公司（Overseas Private Investment Corporation，OPIC）、英国的英联邦开发公司（Commonwealth Development Corporation，CDC）、德国的投资与发展公司（DEG）、法国的经济合作中央金库（CCCE）、欧洲投资银行（European Investment Bank，EIB）和日本的海外经济协力基金（Overseas Economic Corporation Fund，OECF）等。

2. 技术方面的支持

主要发达国家政府提供资助，设立培训机构，为国外投资企业（尤其是在发展中国家投资的企业）培训各种技术人员。此外，政府还协助民间非营利团体进行咨询服务工作。如美国企业为了推广其企业经营技术，成立了“国际经营服务队”；日本设立了“世界经营协议会”。

（三）提供投资信息及促进投资活动

发达国家为了促进国外投资，还积极向投资者提供东道国经济状况和投资机会的信息，以便于投资者进行投资决策。政府提供信息的主要渠道是有关政府部门和驻外使领馆。另外，联合国开发计划署（United Nations Development Programme，UNDP）是向发展中国家提供投资援助和多边技术援助的重要渠道。在促进投资活动方面，值得一提的是政府还向投资者提供有关发展中国家投资机会的资料，并对与投资计划有关的可行性研究或“投资前调查”予以全部或部分资助。政府所资助的调查资金，通常为调查费用的一半。待将来投资项目实现后，投资者再偿还政府资助的费用。有些国家还将这项资金引入政府预算，从财政上予以保证。

二、对外直接投资保证与保险

对外直接投资保证是指对投资项目所受的损失给予百分之百的补偿。而对外直接投资保险是指在一定条件下，对投资项目所受的损失给予一定比例的补偿。目前世界各国所实行的投资保证，实际上是投资保险。

由于对外直接投资是长期投资，通常以建厂和购置机器设备等方式进行，因而要承担各种政治风险。例如，没收、冻结通货、战争、革命或暴动等与东道国政治、社会、法律有关的人为风险，这些都不是投资者所能左右的。这里不包括自然灾害及一般性商业风险。投资保证主要是对政治风险的保证。为了使现有的和潜在的投资者放心，鼓励其对外直接投资，保障其利益，各国政府都制定了种种保护措施。

（一）各国的投资保证与保险

投资保证和保险制度通常称为“国家保证”或“政府保证”。其特点主要是：只限于对海外私人投资承担政治风险的保证，不包括一般的商业风险，而且政府的保证不仅仅是给予事后的补偿，更重要的是防患于未然。

（1）担保的风险范围。各国的投资保证及保险制度，主要是对外汇、征用和战争三种政治风险进行保险。凡经认可的投资项目，可以就三种风险之一或其全部申请保险。外汇风险是指作为被批准的投资项目的利润、权利金、劳务费、其他收入及投资本金不能在东道国兑换成国际货币（如美元）或本国货币时所发生的风险。征用风险是指被批准的投资项目，由于东道国实行征用、没收或国有化等措施，引起投资财产的全部或部分损失。战争风险是指由于战争、革命、内战及暴动等引起投资财产的损失。一般来说，行政人员被绑架及规模较小的骚动等都不包含在保险范围之内。

（2）保险费和损失补偿。关于担保的风险范围，各国法规大致相同，主要是对国有化险、战争险和投资收益汇出险三种政治风险进行保险，但在立法上又不尽一致。不仅如此，各国承保风险的责任范围也不尽相同。如美国的投资者可就三种风险一起进行综合保险，也可选择其中一种或两种分别保险；而其他国家一般对三种风险进行综合保险。各国立法中对保险费的规定也不一致。就综合保险费率而言，美国最高，约为承保金额的1.5%；英国次之，为1%；接下来是法国、荷兰、比利时、瑞典等，约为0.75%；日本、德国、挪威、丹麦、加拿大等国较低，仅为承保金额的0.5%左右。①

（3）担保风险的期限。在这个方面，各国的立法也不一致，通常最长期限为15年，个别的略长一些，但最长一般不超过20年。

除了政府机构对在国外的直接投资进行保险外，分担政治风险的另一个途径是私人保险业务。20世纪70年代初，英国伦敦劳合社（Lloyd's of London）保险公司的保险商和

---

① 目前，法国外贸保险公司所提供的保险主要是对于国有化险、战争险和投资收益汇出险三种政治风险进行综合保险。法国外贸保险公司所提供的综合保险费率约为承保金额的0.75%左右，该综合保险费率在国际上处于中下游水平（世界各国政府所提供的类似政治风险综合保险费率大致在0.5%至1.5%之间）。

经纪人，首先创立了海外投资与出口合同的政治保险。从那以后，这种做法得到很大发展。

目前，许多发展中国家为了吸引更多的外资，也通过了有关保护外资不受没收的法令，一些国家还把这种法令纳入宪法。发展中国家与发达国家已签署了大约 200 项保护投资的双边协议，这些协议包括了转移和没收风险。此外，有 23 个国家制定了投资担保方案。例如，1980 年 10 月，中国同美国签署了《投资保险和保证协议》，规定由美国海外私人投资公司（OPIC）对美国企业在中国的直接投资承担政治风险的保证和保险。

（二）多边投资担保机构及解决投资争端国际中心

早在 20 世纪 60 年代，许多国家对建立一个国际投资多边担保机构就很感兴趣，为此进行了定期的讨论。1974 年，阿拉伯国家首先建立了一个地区性机构——泛阿拉伯投资担保公司（Inter-Arab Investment Guarantee Corporation，IAIGC），该机构为阿拉伯成员国之间的投资提供投资担保、情报信息和技术援助。该机构的成功，推动了世界银行于 1981 年倡议建立了一个由投资国和东道国资助和控制的"多边投资担保机构"（Multilateral Investment Guarantee Agency，MIGA），该机构提出通过下列措施改善发展中国家的投资环境：(1) 为外国投资的非商业性风险提供担保；(2) 通过调查研究，提供信息和技术援助，以及提倡政策上的协作，作为世界银行和国际金融公司促进外国直接投资活动的补充。

合理解决投资争端是保证私人企业国外投资活动顺利的重要措施之一。世界银行于 1965 年建立了解决投资争端国际中心（International Center for the Settlement of Investment Disputes，ICSID），通过提供双方都可接受的程序，解决东道国和外国投资者的争端，有助于改善直接投资的环境。解决投资争端国际中心的成员不断增加，现已有 150 多个成员。

关键概念

投资环境	对外直接投资环境	政治和法律环境
经济环境	社会、文化与自然环境	技术环境
投资可行性研究	投资鼓励	投资保证

复习题

1. 对外直接投资环境由哪几个部分构成?
2. 东道国宏观投资环境对跨国公司生产经营产生了哪些影响?
3. 对外直接投资可行性研究可划分为哪几个阶段?
4. 可行性研究的基本内容有哪些?
5. 初步可行性研究阶段的主要目标有哪几个方面?
6. 建设投资的计算一般按哪些程序进行?
7. 简述经济效益分析的两方面内容。
8. 发达国家一般采取哪些措施和手段来鼓励跨国公司的对外直接投资?
9. 对外直接投资保证与保险有哪些?

第六章

跨国公司技术转让

本章要点提示

◎ 国际技术转让是指将某项技术及有关的权利从一国到另一国、从一个企业到另一个企业的转移。

◎ 国际技术转让的特点主要有：转让技术的先进程度与股权份额成正比；企业采用特殊战略，加强对内部技术转让的控制；各种技术保护主义因素制约着技术转让。

◎ 由于技术转让的时间和地区选择不同，环境和条件不同，技术转让分别采取不同的方式，主要有许可交易、特许专营、技术协助、交钥匙项目、合作研究开发、对外直接投资和补偿贸易等。

◎ 技术的定价不仅要受技术转让中的成本和费用的影响，还要受技术的使用效益、技术的生命周期、技术的供求关系和技术转让合同的条件等方面的影响。

导入案例

惠普公司国际化经营中的技术转让

美国惠普公司（Hewlett-Packard Co. Ltd.）是由D. Packard和B. Hewlett于1939年在美国加州硅谷创立的。经过半个多世纪的努力，它已成为世界闻名的国际电子公司，其主要产品为计算机及外围设备等。通常，高科技企业在做海外投资时，是将低附加值的生产制造活动转移至海外子公司，而高附加值的研发活动仍留在母公司。但是，作为一个世界知名跨国公司，惠普却认为，海内外公司是一个整体集团，应注重全球资源的最佳组合及整体利益的最大化。惠普公司在新加坡的海外投资被看做是跨国公司向海外子公司进行技术转让的典范。

20世纪80年代惠普公司在新加坡投资工厂生产喷墨打印机时，已有80%的零部件是来源于子公司自己的采购渠道；到了90年代初，惠普公司新加坡工厂开始对打印机的一些功能进行改进，其中最成功的一项是针对日本市场的需求，将美国公司的500c彩色喷墨打印机在机械结构上重新设计，并开发出专门针对日文的软件，使惠普公司成功地打开了日本市场。惠普公司敢于把研发活动和关键技术转移到海外子公司，海外子公司又开发出具有本土特色的技术，这不仅使创新技术回流到母公司，在全球市场形成新产品畅销的局面，同时为跨国公司创造了全球市场的竞争优势。

第一节 跨国公司技术转让概述

一、跨国公司技术转让的含义

技术转让是指技术供应方通过某种方式将某项技术及有关的权利转让给技术接受方的行为。[①] 国际技术转让（International Technology Transfer）是指将某项技术及有关的权利从一国到另一国、从一个企业到另一个企业的转移。这种转移可以通过技术援助、技术贸易、技术人员的流动和共同研究与开发等途径进行。技术转让的行为，从技术供应角度讲，是技术的输出；从技术接受角度讲，是技术的引进。技术的传播可以是无偿的，也可以是有偿的。国际技术贸易的迅速发展表明，技术的有偿传播在当今世界的技术传播中起着越来越重要的作用。

（一）跨国公司技术转让的原因

随着科学技术的迅速发展，研究与开发费用越来越昂贵，技术创新难度加大，这就决定了任何一个企业、一个部门或一个国家，都不可能发明和创造出经济发展所需的全部技术，客观上需要通过技术转让来获得新技术；另一方面，在技术本身存在生命周期的情况下，技术的发明和拥有者为了获得最大利润，总是要把技术投向市场；同时，世界及各国知识产权制度的确立和专利制度的实施，又为技术转让提供了法律保证。这些都大大促进了国际技术转让的发展。

技术的国际流动并不是完全自由的。首先技术转让要受输出国政策的影响。任何国家为了保证自己的某些技术在世界上的领先地位，总是对先进技术的输出制定种种限制性规定。其次技术转让也要受输入国政策的影响。任何国家都会根据自己的国情，制定对技术引进的引导或限制政策。

（二）跨国公司技术转让的客体

联合国于 1981 年 4 月制定的《国际技术转让行动守则》草案中指出，技术转让是指关于制造产品、应用生产方法或提供服务所需要的系统知识的转让，不包括货物的单纯买卖或租赁。这一定义实际上界定了技术转让的客体范围，即技术转让的客体是“软件”技术，而单纯的不带有任何“软件”技术的“硬件”转移不属于技术转让的范畴。

跨国公司是国际技术转让最重要的主体。跨国公司技术转让中的技术可分为三大类：工业产权技术、非工业产权技术和技术服务。

（1）工业产权也称产业产权，是一种无形的财产权，也是一种商品。工业产权的持有人，有权自行使用它，也有权把它出售给他人或转让给他人使用，并从中取得利益和报

---

① 技术转让与技术转移不同，技术转移包括技术的地点转移和权利转移两重含义；而技术转让则只是技术的权利转移，是一方将技术的使用权或所有权转让给另一方的过程。因此，技术转移的内涵更为广泛，技术转让包括在技术转移之中。参见张纪康：《跨国公司与直接投资》，310 页，上海，复旦大学出版社，2004。

酬。工业产权包括发明专利、实用新型专利、外观设计专利和商标等。

发明是指对产品、方法或其改进提出的新的技术方案；实用新型是指对产品的形状、构造或二者的结合所提出的、适于实用的新的技术方案；外观设计又称工业产品的外观设计，是指对产品的形状、图案、色彩或其结合所作出的富有美感并适于工业上应用的新设计；商标是指经营者在商品或服务项目上使用的，将自己经营的商品或提供的服务与其他经营者经营的商品或提供的服务区别开来的一种商业识别标志。

（2）非工业产权技术主要是指专有技术，也称为技术诀窍或“诺浩”（“Know-how”之音译）。它在国际上尚缺乏统一而严谨的定义，通常指那些先进而实用、未经公开、未申请专利、可以传授和转让的生产或经营所必需的技术知识、技能和经验。专有技术包括的内容非常广泛和复杂，且实用性很强。在国际技术转让中，专有技术转让所占的比重越来越大，已成为技术转让的主要构成部分。

（3）技术服务是指拥有技术的一方为另一方解决某一特定技术问题所提供的各种服务，如进行非常规性的计算、设计、测量、分析、安装、调试，以及提供技术信息、改进工艺流程、进行技术诊断等服务。

二、跨国公司技术转让的特点

跨国公司有着强大的经济实力和雄厚的技术基础。跨国公司在向外扩大商品输出的同时，利用其资金和技术优势，大力开展对外直接投资和技术转让。跨国公司技术转让的特点主要有以下几个方面。

（一）转让技术的先进程度与股权份额成正比，技术使用的限制性条款与股权份额成反比

跨国公司的技术向外传播，主要是通过对外直接投资进行的。对外投资越多，在投资企业中占有股权份额越大，跨国公司提供的技术就越先进。公司主要考虑的是向当地转移技术是否符合国际专业化分工和能否带来长期的、最大化的利润。因此，提供技术的先进程度是以公司的利益为标准，而不是以当地经济发展的需要为标准的。跨国公司可以利用诸如技术分割转让、技术专利、技术使用的限制性条款，甚至技术欺骗等手段，往往把技术进口国置于从属地位。当跨国公司国外投资占有的股权比例较小，甚至在非股权参与形式下，公司利用其技术垄断地位，用超经济的力量，严格限制关键技术的使用和防止技术的扩散。这种技术使用的限制性条款主要包括限制技术使用的保密条款、单方面的技术反馈条款、束缚性的购买与搭售条款以及限制出口的条款等。

（二）采用特殊的技术战略，加强对内部技术转让的控制

跨国公司的技术转让战略是，在全球范围内比较生产成本，选择最佳生产基地以确保高额利润。公司的绝大部分技术转让活动在公司内部进行，实行纵向形式的公司内部技术转让。首先，母公司研究与开发新技术和新工艺，并将专利成果应用于母国的国内生产。若干年后，再将新技术转让给其设在其他发达国家里的子公司。又过若干年后，再向发展中国家的子公司转让技术，到那时母公司又有了新一代的技术。在这种垂直转让形式下，

母公司是唯一的技术供应者，子公司的研究工作主要是使技术适应当地市场条件，并且必须将使用技术的信息反馈给母公司，形成一套技术传输、消化、应用和反馈机制。跨国公司这种分期分批的技术转让战略，无疑可以延长技术垄断时间。同时，子公司几次间接转让，便可获得几次技术转让费。

（三）受严格的条件控制，各种技术保护主义因素制约着技术转让

跨国公司对外技术转让的条件包括：技术的使用范围、技术的管理与扩散、技术的改进及产品的销售方向等。跨国公司作为技术的卖方，对技术高度垄断。它们控制着技术转让的主动权，关键技术只发生空间上的转移，而不能成为当地经济的有机构成要素并推动当地经济、技术迅速地“起飞”。东道国对先进技术的需求并没有削弱跨国公司的垄断优势，反而为其延伸和维持垄断提供了市场。参与这种国际技术转让的政府与私人团体，以及国内专利法和国际公约与条约支持的国家级专利机构及国际标准化组织，都受到转让程序的严格控制。

跨国公司以技术作为商品向外传播，技术转让的层次以考虑自身利益为主，但是也会受到各种技术保护主义因素的制约。技术保护主义因素主要来自母国政府的制约，多边组织的制约（如已解散的巴黎统筹委员会），大公司之间相互的技术封锁，以及对社会主义国家的非经济因素限制。1986 年日本东芝事件便是一个例证。[①] 另外，跨国公司之间由于竞争利益冲突，相互大搞技术封锁，担心技术的传播产生“飞镖效应”[②]（Boomerang Effects），给自己树立竞争对手。目前技术保护主义已形成完整的体系，而且结构严谨，技术保护主义影响着国际技术转让在更大规模上和更高层次上展开。

第二节 跨国公司技术转让的方式

一、跨国公司技术转让的主要方式

跨国公司技术转让的方式是根据技术转让双方的利益，尤其是技术供应方的利益需要而形成的。由于技术转让的时间和地点、环境和条件的不同，技术转让采取不同的方式。

（一）许可交易

许可交易是国际技术转让的一种最常用的方式。它是指技术转让方和引进方之间通过签订许可合同，转让方在一定条件下允许引进方对其所拥有的技术享有使用权以及产品制造权和销售权。

---

① 东芝事件是指 1983 年 4 月，日本东芝公司违反巴黎统筹委员会的禁令，向苏联出口几台五轴联动数控机床这一禁运货物，1986 年正式确认并被处罚的事件。

② 在跨国公司技术转让中，“飞镖效应”是指向其他公司转让技术可能会将接受方培养成竞争对手，接受方可能利用受让技术反过来对转让方造成冲击。

1. 许可交易的标的与合同分类

许可交易的标的通常有三类，即专利技术、专有技术和商标。与此相适应，许可交易合同可划分为：专利许可合同、专有技术许可合同和商标许可合同。

（1）专利与专利许可合同。专利是重要的工业产权之一。专利技术是静态的、固定的技术，其内容和范围由专利说明书所规定。专利许可是指许可方将批准的专利编号和专利说明书告知被许可方，并授予其制造、使用和销售该项专利产品，或者使用该项专利方法的权利。一般不需要许可方专门提供技术资料，因为在专利审批过程中，发明人依照专利法的规定通过说明书的形式已将该技术公开。

（2）专有技术与专有技术许可合同。专有技术与专利技术相比是动态的、不断发展的，而且是整套的、成熟的、关于工艺流程或生产新产品所需的全部完整的知识和经验。专有技术是对产品的核心技术的垄断。专有技术许可是许可方提供有关技术的全部具体内容，并协助接收方掌握该项专有技术。接收方对引进的专有技术承担保密义务是转让双方共享技术、共享利益的基础。

（3）商标与商标许可合同。商标许可即允许引进方使用许可方产品的商标，并要求引进方保持商标的声誉。一般说来，转让使用权的商标应是名牌商标，这样引进方就可利用名牌商标的影响扩大销路；对转让方来说，出售商标使用权不仅可获得使用费收入，而且可扩大该商标在特定地区的影响。商标许可合同通常要对以下问题做出规定：引进方产品质量应达到的水平；商标转让方应提供的技术援助和质量监督；商标供应和使用范围以及使用费及支付方式等。

2. 许可交易的许可程度分类

许可交易按许可程度不同可划分为以下类别：

（1）独占许可。是指在规定的地域和时间内，接收方对引进的技术拥有独占的使用权，技术转让方和第三方都不得在此地域和时间内使用同一技术制造和销售产品。由于接收方拥有技术使用权很大，其使用费也很高。

（2）排他许可。是指转让方允许接收方在规定地域和时间内享有该项技术的使用权，并保证不将该项技术转让给第三者，但转让方仍保留在该地域内使用该项技术的权利。

（3）普通许可。是指转让方允许接收方在规定的地域和时间内使用所转让的技术制造和销售产品，同时又保留在该地区和时间内自己使用该技术，以及将该技术转让给第三方的权利。在这种许可下，接收方所获得的技术使用权很小，因而使用费很低。

（4）部分许可。是指转让方在向接受方转让技术的使用权时，还转让了部分转让权，即接收方在指定的地域和时间内，有权将引进技术的使用权再转让给第三者。

（5）交叉许可。是指技术转让双方分别将各自拥有的价值相当的技术使用权转让给对方的许可交易。交叉许可一般互不收费，而且每一方获得的对方技术的使用权可以是独占的，也可以是非独占的。交叉许可大多发生在实力相当的跨国公司之间的高新技术领域。

（二）特许专营

特许专营是20世纪50年代以来迅速发展起来的一种技术转让方式。它是指在经营中已取得成功经验的企业将其商标、商号名称、服务标志、专利、专有技术以及经营管理方法等的使用权转让给另一家企业，并由此扩大产品销售或取得使用费收入。特许专营实际上是许可交易的一种特殊方式，许可方不仅转让技术和商标，还向接受方传授统一标准的经营方法。

特许专营在商业、服务业运用较多。在这些行业中，专营许可方要求专营接受方严格按照统一的经营规范组织经营，其中包括使用同样的商号名称和商标，出售同样名称、同样品质的产品，采用同样的店堂装潢和服务器具等。另外，接待顾客的方式、程序和公司口号，甚至连工作人员的工作服和饰物也相同，典型的如麦当劳汉堡包、肯德基炸鸡和意大利馅饼等。专营许可方的这种统一要求，既是为了维护其自身的商誉，也可以扩大其产品的影响。

特许专营主要有以下三种类型：

（1）产品专销。产品专销是指专营许可方要求接受方只销售许可方的产品。由于特许专销的产品是名牌产品，市场销路好，专营接受方容易接受。

（2）服务专营。是指专营接受方使用许可方的商标和按照统一规定的制度和标准开展服务业务。①

（3）营业风格特许专营。是指专营接受方仅采用专营许可方的商标、商号或招牌，而且按照许可方的技术规程和质量标准生产同样的产品，店堂布置、销售方式、管理制度和经营风格也与许可方相同。

（三）技术协助

技术协助是一种根据转让技术的复杂程度和接受方的接受能力形成的更加灵活的技术转让方式。这种方式可以克服转让技术引起的种种障碍，保证接受方更好地运用转让技术的使用权。

（1）技术咨询服务。针对技术落后的国家和地区，跨国公司在技术转让的同时，开展技术咨询服务活动。技术咨询服务的范围很广，既包括单个项目的技术设计，又包括对大型复杂工程项目的全部技术咨询服务；既可以是对某个设备性能的研究和改进，也可以是整个行业和地区的发展规划。

（2）管理咨询服务。跨国公司与东道国企业通过签订管理合同的方式，协助企业改进管理制度和经营组织，制订生产计划，改进企业的质量控制，并加强财务管理和营销管理。

（3）销售和商业服务。在推销技术和销售服务方面，跨国公司向东道国企业提供各种服务。

（4）人员培训。由技术供给方负责为技术需求方培训专业技术或管理人员。

（四）交钥匙项目

交钥匙项目是形象化地比喻以成套工程承包方式进行的技术转让。技术供应方承担项目的全部技术和管理工作，从工程设计到提供机器设备及设备安装调试，直到开工试验合

---

① 如美国的爱维斯（Avis）轿车出租公司在国内和海外按服务专营方式开展业务，约70%的专营点是专营接受方独立占有的，它们通过与爱维斯公司签订特许专营协议，实行服务专营。

格，最后把随时可以开工的工厂或车间交付技术引进方。由于这种合同涉及成套设备的买卖，又有成套生产技术的转让，实际上相当于一个“工厂”的买卖，因此交易数额巨大，是一种综合性的国际经济合作方式。

以“工厂”出口的形式进行技术转让的做法被广泛用于化学工业、石油工业和石油精炼工业。在这些行业，出口销售成套设备和整个工厂的即期现金流远远高于应用这些设备和技术的最终产品的即期现金流，并且不用担心来自购买者的潜在竞争威胁。这种技术转让方式对那些谋求从国外引进设备和技术，但对外国企业封锁最终产品市场的国家尤其适用。

（五）合作研究与开发

在跨国公司和东道国都有较强的技术研究与开发实力的情况下，两家企业之间除可以互换技术许可贸易之外，还可以开展合作研究与开发工作。通过合作研究与开发，双方可获得对方的有关技术和经验，合作开发的成果为双方共同享有，双方可利用有关合作开发的成果，分别进行产品的生产和销售，也可进一步开展合作生产。

（六）对外直接投资

对外直接投资一直是跨国公司进行国际技术转让的主要渠道。通过这一方式，跨国公司不仅将资金、设备、原材料和零部件，而且连同专利、专有技术以及商标等先进技术和管理知识一起输入海外子公司。在这种技术转让方式中，母公司在技术转让方面具有绝对的决策权，子公司只能接受母公司的技术转让，并保证对技术保密，不再扩散。由于对外直接投资有股权参与和非股权参与等形式，因而技术转让的途径或方式也各有区别。

1. 合资经营

开展合资经营时，东道国企业一般以场地、厂房和部分资金入股，外资企业则以资金、设备、技术和技术培训等入股，双方共同投资、共同经营、共负盈亏。由于共同的利益关系，外资企业不仅会提供系统的先进技术知识，而且会输入先进的经营管理模式。

2. 合作经营

合作经营方式要求外资企业提供资金、设备和技术，东道国企业则提供场地、厂房和劳动力，双方合办企业，由双方共管，或由一方管理，或委托第三者管理，按事先商定的比例分享利润。合作经营期满后，合作经营企业全部资产归东道国一方所有，从而达到引进技术的目的。

实践与理论证明，跨国公司以对外直接投资形式进行内部技术转移的时滞要短于以技术许可证交易等其他形式进行的技术转移。

（七）补偿贸易

补偿贸易是20世纪60年代盛行于东西方的一种贸易形式，指买方在信贷基础上从卖方购进设备，然后用生产的产品或商定的其他商品或劳务偿还设备贷款。在购进设备的同时，买方通常需要购进与使用设备有关的专利技术和专有技术，如生产产品所需的特定技术知识、设备的操作与维修保养知识等，为获得这些技术知识，通常还需要卖方提供技术培训与服务。

二、跨国公司技术转让方式的策略选择

尽快回收技术开发中的投资，并以技术换市场，是跨国公司进行国际技术转让的主要目的。因此，在如何进行技术转让问题上，跨国公司根据不同情况，通常采用以下三种策略。

（一）以直接投资和建立子公司为技术转让的优先方案

跨国公司对于已有的技术优势，既要设法最充分地加以利用，使之为公司带来更多的超额利润，也要尽力加以保护，使“肥水不外流”。因此，跨国公司的技术转让，相当一部分是以对外直接投资形式来进行的。通过直接投资，跨国公司可以绕过关税壁垒进入东道国市场，也可实现技术转让的内部化，即只向子公司转移其优势技术。

跨国公司的内部技术转让大量采用纵向转让形式，即母公司大量投资从事研究与开发，发明新技术，除自己使用外，也转让给子公司。子公司只是技术的接受方，其有限的科研活动主要是为了使引进的技术得以消化、吸收，适用于当地市场环境。这样就形成了具有技术生产、传递、应用、适应、反馈、调整等多重机制的一体化内部技术转移系统，并且使资金运动、技术运动和管理运动三者高度一体化。

在不同类型的直接投资中，跨国公司转让技术的方式是有区别的。对于拥有全部股权的子公司，实行无偿或低价提供系统性技术，以提高其利润；对于与东道国合资经营的企业，所提供的技术往往折算成股权投资或索取较高的使用费。但在一般情况下，母公司拥有合资企业的股份越多，就越愿意转让其先进的、系统性的技术。跨国公司的这种策略与它们向非附属企业转让技术的做法差别很大。在后一种技术转让场合，跨国公司通常只提供一般技术，保护关键技术；只提供外围技术，保护核心技术；只提供成熟的或标准化技术，保护崭新技术；并且在提供技术时附带限制性条款。

（二）对不同的输入国采取不同的技术转让方式

跨国公司对发达国家主要采取交叉许可方式，转让先进技术。其原因是，由于当今世界范围内高技术的迅速发展和高技术产业的兴起，工业发达国家为保持自己在高技术方面的优势，对一些尖端技术和高新技术实行了保护性措施。一国的跨国公司为从某个工业发达国家获得先进技术，只能采取交叉许可方式，以先进技术换先进技术，由此可使发达国家继续保持技术领先地位。

对于发展中国家，跨国公司则着重转让其成熟技术或过剩技术。这种策略所利用的是各国经济、技术发展的不平衡。一种技术在发达国家进入到成熟期时，它在发展中国家可能还处在开发期。这一技术生命周期差现象及由此形成的技术梯度，为跨国公司延长其技术寿命，继续从中获取利润创造了机会。

（三）在资本技术密集产业转让技术主要采取成套设备转让方式

成套设备的交易不仅包括巨额产品的出口，而且包括数额颇高的技术转让费。比如，

日本三菱重工财团于1982年向中东产油国转让了四座炼油厂的成套设备，技术转让费高达4.5亿美元。这些设备的生产能力占中东产油国计划建厂要形成的总生产能力的40%。有统计发现，目前跨国公司40%以上的销售额和49%的国外销售企业集中在化学工业、机械制造、电子工业和运输设备四大资本技术密集部门。业务集中度这么高的原因之一是这些部门中成套设备交易量大。在许多新兴的工业部门，资本技术密集化程度都很高，大多采用整个工厂或整个实验室“出口”的技术转让方式，除了成套设备外，还包括人员培训、安装调试、试生产等许多项目，即所谓“交钥匙项目”。由于能同时获得大笔产品销售收入和数目相当可观的技术转让费，因此越来越多的跨国公司热心于转让成套设备和交钥匙项目。

第三节　技术转让的定价与支付

一、技术转让的定价

技术是一种特殊的商品。首先，技术的生产有它的特殊性。新技术的开发通常是非重复性的，不能“批量生产”。如果一种新技术最先开发成功，得到社会的承认，则其他的重复研究活动就得不到社会的承认。其次，技术的交换也有自己的特点。一般商品交易是所有权的转移，买方一旦买了某个商品，就可以在任何时间和地点享有该商品的所有权；而技术贸易中所转让的技术，只是该技术的使用权，而且运用这种权利还有时间和地域的限制。一般商品交易通常是买卖双方的简单交换，而技术转让往往是双方经济技术合作的全过程。由于技术这种特殊商品具有上述特点，因此不能单纯以技术所包含的价值量作为确定技术转让价格的基础。

（一）技术转让中的成本与费用

当把技术转让作为获取利润的一个基本途径时，跨国公司将谋求技术转让价格高于其成本和费用。在技术转让价格的制定过程中，必须考虑的成本与费用有以下五种。

1. 研究与开发成本

跨国公司在技术研究与开发中，需投入人力、物力和财力进行科学试验、调查研究、理论论证、设计与优选、试制与鉴定等必要工作，于是形成了技术的研究与开发成本。

在技术转让价格的制定过程中，对研究与开发成本的计算必须考虑技术转让的可能次数，转让次数多，每次分摊的研究与开发成本就可少些。然而，一项技术究竟可能被转让多少次是一个不确定的因素，因此增加了在技术转让价格制定中准确计算研究与开发成本的难度。

2. 技术转让税

跨国公司技术转让通常是要纳税的。一般而言，东道国政府对跨国公司取得的技术转让费要征收一定的所得税，而跨国公司母公司在收到这笔收入时也可能需要向母国政府缴纳所得税，如法国跨国公司的母公司就是这样。在这种情况下，跨国公司通常会把这部分税负转嫁到技术接受方头上。

3. 交易费用

技术转让过程本身也是要花费成本的，包括联络沟通、项目设计和准备技术资料等方面的费用。一部分交易费用是由技术提供方支付的，随着技术提供方责任的增加，这部分交易费用也会增加。

4. 产权保护费

技术转让中最大的风险是产权失去保护，如专利技术被盗用、商标被假冒、专有技术被泄密，这些都会削弱跨国公司的技术优势。为此，跨国公司要设法进行产权保护，如在多个国家申请专利和注册商标，并且广泛收集信息，检查是否存在侵权现象，在技术转让过程中强调保密条款等，为此需付出一定的产权保护费。

5. 市场机会成本

技术转让大多在同行业内进行。跨国公司向东道国企业转让技术，实际上要让出部分市场给对方，并把对方培养成强劲的竞争对手。因此，跨国公司要计算出市场的机会成本。

（二）技术定价的特点

技术是一种特殊商品，技术的定价不能使用一般商品买卖所采用的生产成本加利润的计算方法。技术的定价不仅要受技术转让中成本和费用的影响，还要受技术这一商品的特殊性的影响。这种特殊性主要表现在技术的使用效益、技术的生命周期、技术的供求关系和技术转让合同的条件等方面。

1. 技术的使用效益

技术价格是采用一种以技术接受方所能得到的经济效益作为函数变量的方法计算的。使用技术的经济效益高，则技术价格也高；其经济效益低，则技术价格也低。企业最初研究与开发技术的目的不是为了转让，而是为了自己使用，只有在特殊情况下技术才成为商品。

2. 技术的生命周期

不同的技术有着不同的生命周期。在技术的生命周期内，技术所处的阶段可分为投入阶段、发展阶段、成熟阶段和衰老阶段。一项技术在生命周期的不同阶段，其价格也不同。一般说来，当技术处于实验室阶段，未进入商业化生产时，其价格就低些；当技术已经研究开发，进入商业化生产，其价格就高些；而当技术已进入衰老阶段，即将被淘汰，其价格必然要低。

3. 技术的供求关系

在技术处于独家垄断的情况下，供应方总是力争能获得最高利润的价格水平。当技术市场上出现几家供应方时，任何一家供应方在作出定价决策时，都必须考虑其他供应方可能作出的反应。因此，技术供应方一般都要把自己的技术价格定得比其他供应方的同类技术的价格略低一些，以取得竞争优势。

4. 技术转让合同的条件

技术转让双方承担的责任及技术接受方享受的权利的大小，都会影响技术的定价。另外，技术转让费的支付方式不同，双方承担的风险不同，也会影响技术的定价。如果采取一次总付方式，对接受方来说风险较大；如果采取分期提成方式，则双方分担的风险和责任比较合理。

此外，技术定价还受技术供应方定价的目标和策略的影响。一般来说，供应方在技术转让和技术定价时，既要根据该技术的实际成本和机会成本，又要把定价与企业的国际营销战略目标结合起来。针对不同的目标市场及其客观环境与条件，针对不同的转让对象，制定不同的价格。

（三）技术作价的原则

技术转让价格实质上是技术引进方从应用技术而获得的新增利润中分配给技术供应方的份额，因为技术引进方在购买时准备付多高的价格，取决于预期新增利润的高低。引进后应用技术获得的新增利润越高，意味着技术的适用性和先进性越高，技术引进方愿意支付的价格也越高。当然，技术引进方与供应方要围绕价格展开竞争，结果只能是两者对新增利润的分配。

由于信息的不完全性，准确评估技术的价值是困难的。因此，在国际上，一般认为应采用利润分成原则来制定技术的转让价格，即技术的转让价格应当来自于应用技术新增利润的分成。国际上将利润分成原则称为 LSLP 原则（Licensor's Share on Licensee's Profit），核心是确定利润分成率，其计算公式为：

技术转让价格＝引进方的利润总额×利润分成率

据联合国工业发展组织对印度等发展中国家引进技术价格的分析结论，利润分成率在16％～27％比较合适。但不同国家、不同行业以及不同适用性和先进性的技术，采用的利润分成率不尽相同。

二、技术转让的支付

技术转让价格直接决定着引进方接受技术所必须支付的主要费用。目前，国际上通行的技术转让费的支付主要有以下三种形式。

（一）一次总算支付

一次总算支付是指技术转让的一切费用在双方签订技术转让合同时一次算清，然后一次支付或分期支付。采取这种方式支付技术转让费，除了写明总金额外，还要写明各种费用所包括的细目。对于供应方而言，在规定的时间内获得技术转让全部利益，日后不承担风险，但将来接受方无论获得多大利益，均不能再分享额外收益。一次总算支付方式对于接受方弊多利少，转让费支付一般发生在技术产生效果之前，供应方不关心转让技术的日后收益，接受方承担的技术风险和市场风险较大。但在这种支付方式下，支付的转让费要低于其他方式，同时，转让费不会随产品销售量增加和价格上涨而增加。一般来讲，技术接受方如果是有能力吸收利用全部技术，不需要供应方提供技术协助和服务，且有资金实力的企业，采用一次总算支付方式比较好。

（二）提成支付

提成支付是指按引进方应用技术后在某一时期内获得收益的比例来计算和支付这一时期的技术使用费。其特点可归纳为：事后计算，按期偿付。提成支付金额的计算主要涉及提成基价和提成率两个因素。

1. 提成基价

提成基价是指以什么为基础计算提成费。国际上普遍采取按销售价格提成的做法，也有按产品数量或利润提成的。

（1）按销售价格提成，又称为从价提成，是指按应用所引进技术生产的产品销售收入的一定百分比计算提成费。这是一种变动计价法，提成费会随着销售量和市场价格的变动而变动，包含了可能的通货膨胀因素，同时又忽略了产品成本因素。这种计价法既可以保障技术供应方的利益，又能鼓励引进方销售产品，尽可能降低成本，因此比较公平合理。

（2）按产品数量提成，属于固定提成，提成额不随成本、价格和币值的变化而变化。只要技术引进方生产产品，技术供应方就可按产量提成。

（3）按利润提成，即按技术引进方应用所引进技术获得的新增利润来计算提成费。从理论上讲，这一方法是合理的，而且符合利润分成原则。但由于计算新增利润的资料多且难于收集，技术供应方一般不愿采用这种提成方式。

2. 提成率

提成率是指按提成基价的一定比率来计算提成费，即提成率＝提成费/提成基价。国际上使用的提成率有两种：一种是固定提成率，即在整个技术转让合同期间，每期提成的比率是一个固定比率，一般不超过净销售额的5%；另一种是滑动提成率，即在合同的执行期内，每期提成的比率随着生产数量或销售额的变动而变动，滑动提成率随着生产或销售额的增加而逐步降低。

提成支付的最大好处是技术引进方风险较小，因为提成费是按技术使用后产生的实际经济效果来计算的，技术使用无效就没有提成而言。整个技术转让合同执行期间，转让双方的利益和风险都绑在一起，因而可以约束技术供应方尽心尽力地向引进方传授技术，帮助引进方迅速进入正常生产阶段。

（三）入门费加提成支付

入门费加提成支付方式是指引进方在所签订的技术转让合同正式生效以后，或确认供应方已开始执行合同后，先向供应方支付一笔入门费，待项目投产后再按商定的办法逐年支付提成费。该方式实际上是前两种方式的折中。

入门费又称初付费，实际上是技术供应方为约束引进方严格履行合同而收取的定金，一般占技术转让费的15%左右，入门费一方面将补偿技术供应方开展转让准备工作的开支，另一方面也可作为供应方提供资料、披露技术秘密或传授技术的报酬。

在入门费加提成支付的方式中，提成率相对较低，但可约束技术供应方共担风险，并设法提高项目的实际经济效果，保证技术引进方的利益。

关键概念

技术转让	国际技术转让	许可交易
特许专营	技术协助	交钥匙项目
补偿贸易	一次总算支付	提成支付

复习题

1. 跨国公司技术转让的客体有哪些？
2. 跨国公司技术转让有哪些特点？
3. 简述跨国公司技术转让的主要方式。
4. 简述跨国公司技术转让方式的策略选择。
5. 技术定价有哪些特点？
6. 技术作价的主要原则是什么？
7. 简述技术转让的主要支付方式。

第七章

跨国公司组织管理

本章要点提示

◎ 跨国公司组织结构演变的基本轨迹是先在销售部下设出口部，接着经历了母子结构阶段和国际部阶段，然后进入到全球性组织结构阶段。

◎ 跨国公司的组织结构是指跨国公司为实现其目标而确定的公司内部的权力、责任、控制与协调关系的形式，它决定于公司所选择的战略，又支撑着战略的实施。

◎ 跨国公司在其成长和发展的不同阶段，国外业务的比重和内容都在发生变化，因而组织结构也需逐渐作出相应的调整和改变。

◎ 影响跨国公司组织结构选择的主要因素有跨国经营战略、企业的跨国经营程度和国际市场与技术环境等。

导入案例

日本松下电器公司成功的组织管理

日本松下电器公司是由日本的“经营之神”松下幸之助于1918年创立的。到20世纪60年代时，已成为日本最大的家用电器制造商，之后随着海外投资的增加而不断发展，现在已成为一个全球性大型跨国公司。松下公司在发展的道路上及时进行组织结构调整，使公司的权力配置与机构配置更加合理。

20世纪30年代初，松下公司由个人负责制改变为产品事业部制，除了财务工作外，生产、营销、研发等工作由事业部部长负责。在事业部制试行三年后，松下公司对这一制度进行革新，由个人负责的企业改为股份公司，将各事业部拆分成独立的公司，总公司是分公司的持股公司，分公司比事业部有更大的自主权。

第二次世界大战后，为了加强总公司对事业部的领导，公司决定由副总经理和业务董事兼任新设立的三个事业部的事务总长。为了适应扩大业务的需要，松下公司又推行了著名的“一个产品一个事业部”的体制。

20世纪80年代中期，松下公司开始向海外发展。随着经营产品的多样化，松下公司又将众多的相互独立的事业部按产品类别划归“事业本部”管理，大大精简了总公司的机构。

松下公司的集中领导和分散经营的管理机制成效显著。一方面事业部分权管理，使各事业部各显神通；另一方面，总公司的统一领导，有利于信息和资源共享，避免重复决策，缩短了信息传递和决策过程。

第一节　跨国公司组织结构的演变

一、跨国公司组织结构设置的原则

跨国公司组织结构大致有两个方面的基本含义，一是跨国公司的法律组织结构；二是跨国公司的管理组织结构。这里重点介绍后者。为了保证跨国公司内部各部门、各层次权力和责任的配置及作用的发挥，跨国公司组织结构的设置必须遵循以下的一般原则和特有原则。

（一）组织结构设置的一般原则

1. 服从管理的目标原则

组织结构设置要服从管理的目标原则。所谓管理的目标原则，是指任何管理过程都必须从明确组织的目标开始。这是管理中的一项重要原则。因此，组织在设计具体组织结构时，必须明确通过组织结构要达到的目标。跨国公司的组织结构是为了保证跨国经营战略的顺利实施而建立的，跨国经营战略目标就是跨国公司组织结构应达到的目标。这意味着，跨国公司制定不同跨国经营战略，必须建立与之相适应的不同的组织结构。

2. 合理设置管理范围与管理层次

管理范围又叫管理幅度，是指组织中一个上级管理人员能直接和有效管辖的下属的数量。管理层次是指在职权等级链上所设置的管理职位的级数。在组织中为了保证统一管理和协调的有效性，必须建立一个不中断的等级链。这个等级链自上而下划分为不同的管理层次。在一定的组织规模条件下，管理范围越大，管理层次越少，相应的组织结构类型是扁平结构；管理范围越小，管理层次越多，相应的组织结构类型是高型结构。

3. 明确各管理层的权力和责任

这个问题涉及跨国公司内部的部门划分。由于各个部门均是组织管理系统的有机组成部分，每个部门的人员，上至部门负责人，下至一般员工都必须明确自己的职责，保证在整个体系中部门职能的有效发挥。由于各个东道国当地员工对权责的态度不同，社会组织结构、文化和价值观也存在差异，跨国公司各管理层上管理者和员工的关系更加复杂。因此，区分和规定各管理层上不同岗位的职责，对保证跨国公司的有效组织管理尤为重要。

（二）跨国公司组织结构设置的特有原则

跨国公司的组织结构是为了保证跨国公司经营战略的顺利实施而建立的，这意味着，跨国公司制定不同的跨国经营战略，必须建立与之相适应的不同的组织结构。但不论建立怎样的组织结构，所有的跨国公司必须遵循建立组织结构的一些特有原则。

1. 符合职能与专业的要求

企业总体上的生产经营职能是诸多具体职能共同起作用形成的，这些具体职能包括：计划职能、人力资源开发与管理职能、研发职能、资金筹措与运用职能、营销职能、会计监督与核算职能、法律保护职能和技术管理职能等。每项职能又包括若干专业，这些专业是运用若干专业知识，从事专业活动而形成的。建立企业的组织结构，重点在于对各个职能、专业进行充分考察，作出恰当安排。

2. 符合产品与技术的要求

跨国公司进行产品生产，是一个积累和运用有关专业知识和经验的过程。组织结构建设必须围绕产品生产，对基础技术的研究与开发、工程设备的设计与制造、产品的设计与改进、工厂制造的管理、销售前后的技术服务等环节予以合理安排。

3. 符合地区与环境的要求

跨国公司还应该掌握业务经营地区（或称目标市场）的专门知识，如当地政治、经济、社会结构、政府、消费群构成、日常生活和风俗习惯等，充分考虑这些因素对跨国公司生产经营的影响，并且在组织结构上满足其特殊的要求。

上述三个原则不仅要反映到跨国公司的各项战略决策中来，而且必然地要反映到组织结构建设上来。在组织结构建设中，上述三个原则的核心是：跨国公司中部门的设置与分工，人力、物力的配置以及由此形成的组织功能，都能满足这些原则的要求。遵循这些原则来组建跨国公司的组织结构，公司的运行才能进入有序、平稳和有效的状态，才能全面贯彻执行全球战略，实现全球战略目标。

二、跨国公司组织结构的演变过程

跨国公司组织结构的演变，是指跨国公司组织结构总体形态的演变。国内企业随着市场需求的发展，向海外寻求发展，逐步成为跨国公司，开辟了新的区域性市场、新的产品系列、新的职能，开展新的技术或财务活动。这些都要求企业在组织结构上发生相应的变化，以适应新的需求。跨国公司组织结构演变的基本轨迹是：先在销售部下设出口部，接着经历了母子结构阶段和国际部阶段，然后进入到全球性组织结构阶段。每个阶段都是对上一阶段的适应与改进。就个别跨国公司来说，组织结构的演变并不一定要顺序经历这些阶段，演变的速度也因企业而异。

（一）出口部阶段

当一家企业通过产品出口初入外国市场时，由于对海外贸易业务不熟悉，往往将其产品委托给本国独立的贸易公司经销。但是，随着企业产品的国外销售量不断增大，这种外销方式不仅使企业损失了一大笔产品销售利润，而且由于企业未能与消费者直接接触，不利于及时捕捉国际市场的信息和提高产品的国际竞争力。这时，企业会在销售部下建立自己的出口部，委派中级管理人员担任出口部经理，如果企业的经营重点放在产品出口上，那么它还可以进一步在国外建立销售、服务机构和仓储设施。

但是，也有例外情况。例如，日本厂商在通过出口进入外国市场方面就采取了与其他国家不同的做法。长期以来，日本企业一直依赖大型综合商社为其提供出口服务，而不建立自己的出口部。综合商社是日本特有的从事国内外贸易和海外投资的垄断企业，对日本经济贸易的发展起了极其重要的作用，其中三井物产、三菱商事、伊藤忠商事、住友商事、丸红、日商岩井、东洋棉花、兼松江商事和日棉实业这九大商社的进出口额占日本进出口总额的45％左右。

（二）母子结构阶段

当企业在外销市场上遇到激烈的竞争，受到关税壁垒和各种非关税壁垒的限制，并且，当企业的国际业务从单一的出口转为包括出口、许可证贸易和国外生产在内的综合性业务时，企业内部各部门之间就会产生许多利益冲突。在这样的情况下，仅仅设有出口部难以解决这些冲突，促使企业在国外设立销售机构，进而在国外设立子公司就地生产和销售。这时，企业才开始演变成为真正意义上的跨国公司。尽管当时企业的海外子公司数量极少，规模也还不大。

母子结构是早期欧洲跨国公司所普遍采用的组织形式。绝大部分欧洲跨国公司，由于其国内市场容量狭小，生产规模稍一扩大就有可能越过本国国境，因此在组织结构发展的早期，欧洲跨国公司对国外业务和国内业务给予同等的重视。但是由于当时的运输和通信手段还不发达，要建立更加高度一体化的组织还不可能，故而欧洲跨国公司多采用母子公司结构。一直到20世纪60年代，欧洲一些著名的跨国公司仍然保持着这种结构。

美国的跨国公司也曾经采用母子结构。例如，20世纪20年代前后，福特公司就曾在欧洲许多国家设立分厂。但是对大多数的美国跨国公司来说，母子结构只是其组织结构形式发展过程中的一个过渡阶段。因为美国企业在成为跨国公司之前，由于国内市场容量大，规模已经相当庞大；在成为跨国公司之后，其投资对象除其他美洲国家之外，主要是远隔大西洋的欧洲国家，若采用母子结构，显然不适合美国母公司与欧洲子公司之间的联系，所以较多地采用了国际部结构。

（三）国际部阶段

随着企业国外子公司数量的增加、经营规模的扩大，各子公司之间会产生利益冲突，使跨国公司难以实现利润最大化目标。加之企业跨国经营日益复杂化，要求企业在国内事业部的基础上建立一个相对独立的国际事业部（简称国际部），统管国外各子公司的组建以及投资、生产和销售等业务活动，协调各子公司的经营活动，按既定的目标评价它们的业绩，而不再消极地对跨国经营中面临的环境变化做一些简单反应。

20世纪60年代早期，国际部是美国一些大企业最常采用的组织形式。它们往往跳过母子结构阶段，从出口部阶段直接发展到国际部阶段。进入80年代，大约2/3的美国跨国公司仍采用国际部来管理其世界范围内的业务。采用这种组织结构的典型企业是IBM。

（四）全球性结构阶段

全球性组织结构是跨国公司的国外子公司发展到全球规模时所采用的组织形式。所谓全球性结构，就是把国内一般企业的分部组织形式扩展到全球范围，从全球角度来协调整个企业的生产和销售，统一安排资金和分配利润。它打破了将企业经营分割为国内经营和国外经营，把企业的组织结构分裂为国内结构和国外结构的格局，视世界市场为一个整体。

20 世纪 60 年代中期，那些处于国际部阶段的美国企业发现，在企业内部建立国际部，往往使企业最高领导层只重视国外市场经营而忽视国内市场经营，于是一些企业纷纷放弃这种组织形式而采用全球性组织结构形式。

第二节　跨国公司组织结构的形式

跨国公司的组织结构是指跨国公司为实现其目标而确定的公司内部的权力、责任、控制与协调关系的形式，它既决定于公司所选择的战略，又支撑着战略的实施。美国学者钱德勒（A. D. Chandler）在 1962 年发表的《战略与结构：美国工商企业成长的若干篇章》一书中提出“组织服从战略”的理论。他认为，企业的经营与发展战略决定着组织结构类型及其变化。事实也证实了他的观点。跨国公司在其成长和发展的不同阶段，国外业务的比重和内容都在发生变化，因而组织结构也需逐渐作出相应的调整和改变。

一、组织结构的基本形式

企业组织结构管理要适应各个方面的要求，其中有三个方面是最基本的，即职能与专业的要求、技术与产品的要求和地区与环境的要求。这三个基本要求是企业组织结构的关键问题，因而产生了三种基本的组织结构形式，即基本的职能结构、基本的产品结构和基本的地区结构。

（一）基本的职能结构

在职能结构中，部门履行诸如制造或营销等独立的职能。职能结构是最简单的组织结构，正因如此，绝大部分小公司都采用职能结构。然而，即使是大公司也经常拥有一些职能性的下属单位。基本的职能结构如图 7—1 所示。

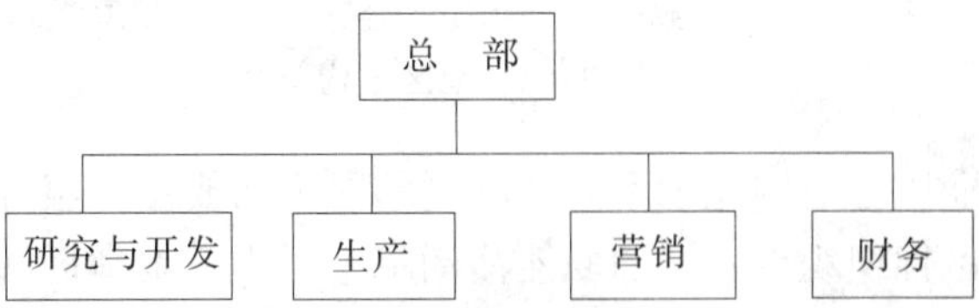

图 7—1　基本的职能结构

组织为什么选择职能结构呢？选择职能结构的主要原因是为了提高效率。职能结构可以从每项职能的规模中产生效率。当许多人在同一地方从事相同的工作时就会带来成本的节约，从而导致规模经济。例如，组织可以将所有的营销或制造人员集中在一个下属单位，该下属单位具有一个辅助员工队伍、一套电话系统以及一种管理制度。然而，由于职能性下属单位之间相互独立，各自服务于不同的职能目标，所以各单位之间的协调存在着困难，对环境变化的反应迟钝。正因如此，职能结构最适合于产品较少、地区或顾客类型较少的组织。当组织面临稳定的环境从而很少需要进行适应性调整时，这种组织结构也最有效。

组织面临多种环境会降低职能结构的有效性，当组织具有多种产品或经营地区分布广泛时，职能结构就会失去有效性和效率，管理人员就需要根据产品或地区来组织部门或分部。

（二）基本的产品和地区结构

依据产品或地区来建立部门或下属单位的结构安排分别被称作产品结构和地区结构。图 7—2 是产品结构，图 7—3 是地区结构。

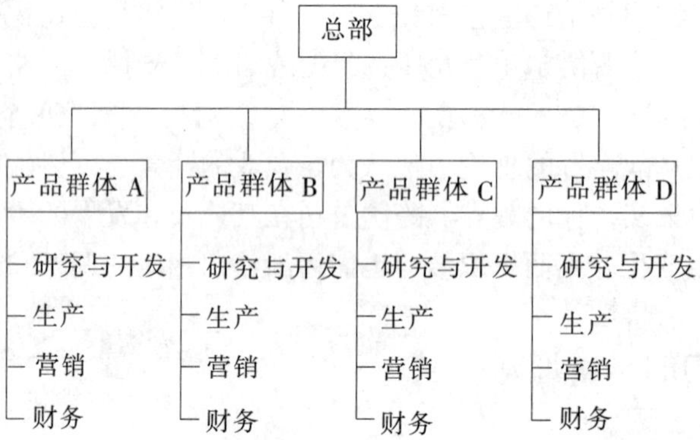

图 7—2　产品结构

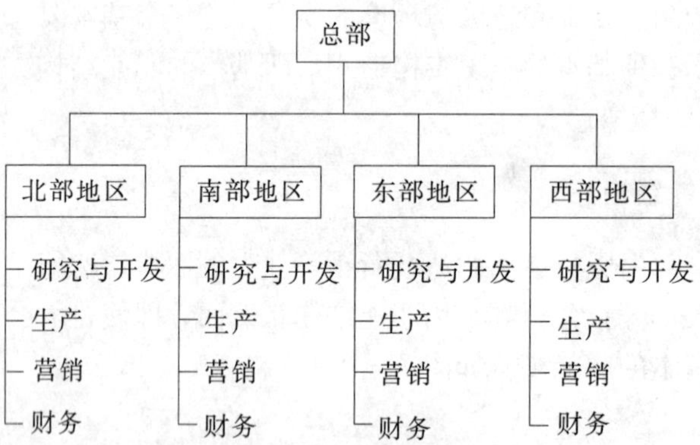

图 7—3　地区结构

地区结构便于企业服务于因地区不同而不同的顾客需要。与服务所有顾客的大型职能组织不同，较小的地区性组织将所有的职能活动集中于服务本地区顾客的特殊需要。由于组织强调特定的顾客群体，所以管理人员可以更容易、更快地识别顾客的需要，并相应地调整产品结构。

当管理人员相信一种产品或产品类别足以特殊到要求将职能活动集中于该类产品或服务时，他们将选择产品结构。这种结构会带来支持不同产品类型的强有力的跨职能领域的协调。导致选择产品结构的压力来自产品的特殊性、技术的变革或不同产品与不同顾客群之间的联系。

在这两种组织结构中，产品或地区结构仍然履行着一系列职能任务（如研究与开发、生产、营销、财务等），但是，与职能结构相比，产品或地区结构并不将职能集中于独立的下属单位，而是将职能任务重复设置在每一个产品或地区部门。这些重复设置的职能任务通常需要更多的管理人员来管理，职能的重复也暴露出产品或地区结构最大的弱点，即职能规模经济的丧失，这些组织的效率通常低于纯粹的职能组织。

管理人员之所以接受这种产品或地区结构带来的职能效率的损失，是出于以下两方面原因：首先，随着顾客群体和产品的多样化发展，跨职能的协调与控制成本也不断提高，这样就抵消了基本职能结构的效率。其次，即使对于小型组织，产品与地区结构也比相对效率较高的职能结构具有竞争优势。

几乎没有几家组织采用纯粹单一的组织结构形式。每个组织都面临着对效率、产品类型和顾客需要的特有的权衡。它们往往会按照最能实施其战略的混合方式来设计其组织结构。

二、跨国公司组织结构的基本形式

（一）出口部结构

出口部结构是企业在国内组织结构基础上，在销售部下设立一个出口部，全面负责企业产品的出口业务，并在国外建立销售、服务机构和仓储机构。出口部是责任中心，国外的销售机构是利润中心。这种组织结构的优点是：有一个统一的对外机构来管理和协调企业的对外经营活动，有利于企业了解国际市场行情，扩大企业产品的出口。其缺点是：单一的产品出口容易受到国外各种关税壁垒和非关税壁垒的限制，简单的出口部结构难以适应企业发展起来的综合性业务的要求，并且出口部起初隶属于销售部，而销售部倾向于反对在国外设厂生产，容易与国内的其他部门产生利益矛盾。企业出口部结构形式如图 7—4 所示。

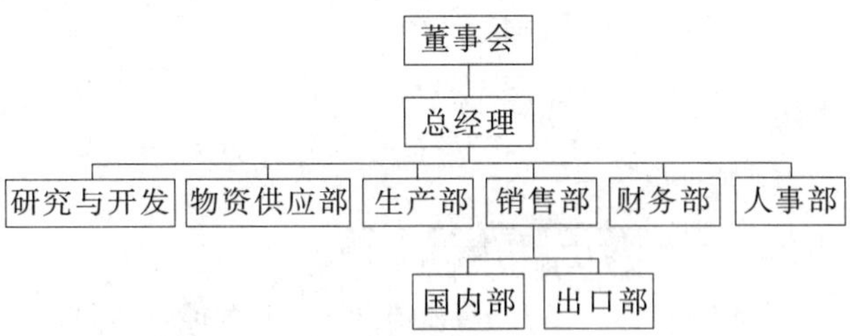

图 7—4　出口部结构

（二）母子公司结构

母子公司结构是一种直接由母公司总经理或董事会管理国外子公司的组织结构形式。各国外子公司不需要通过任何诸如地区总部或出口部这样的中间环节，而是直接向母公司汇报经营情况。国外子公司通常生产母公司指定的产品，也可以经销其他产品，有比较大的经营自主权。母公司对国外子公司的经营不负直接责任，大多数只是控股公司，与国外子公司之间关系松散，只注重财务上的联系，母公司的领导权限一般集中于母公司总经理。母子公司之间最重要的联系方式是个人访问，即母公司总经理到国外子公司进行定期或不定期的考察，并带有非正式监督的色彩。日本跨国公司的母公司经理与子公司经理之间往往保持密切的私人关系，并由此形成一种自上而下的决策系统。典型的母子公司结构形式如图 7—5 所示。

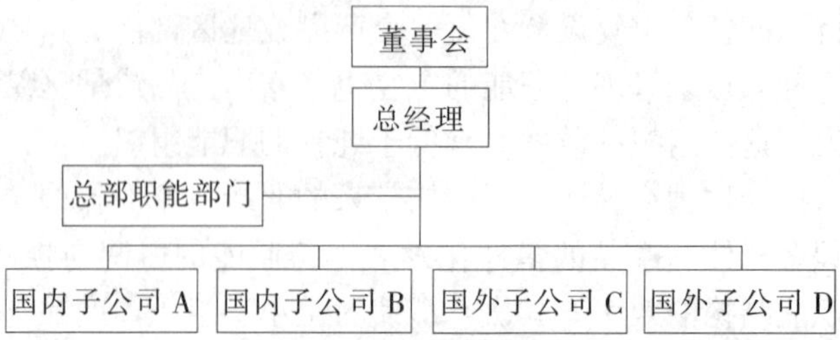

图 7—5　母子公司结构

母子公司结构的优点是：国外子公司的经营自由度较大，可以作为一个独立的企业在特定的环境中进行经营活动，能够迅速调整经营策略以适应所在国市场和政府的要求，易于吸收当地资本，并为所在国提供就业机会。

母子公司结构的缺点体现在两个方面：一方面，国外子公司直接与母公司总部联系容易影响母公司最高管理层的工作效率，而母公司最高管理者的个人知识和能力也将限制其对子公司的有效领导；另一方面，子公司所具有的经营自主权也会使其在制定决策时，往往只着眼于本公司的利益，使决策具有一定的局限性。

（三）国际部结构

国际部是指当跨国公司的国外子公司达到一定数量和规模时，所设立的与其他国内事业部处于同等地位的、由母公司副总经理负责并受母公司总经理直接领导的、经营母国以外一切业务的国际部门。国际部通常直接负责母国以外各国子公司的经营管理，并涉及母公司的出口、许可证贸易和海外直接投资活动等。有的跨国公司还单独成立一个国际公司，承担与国际部同样的职责。国际部结构形式如图 7—6 所示。

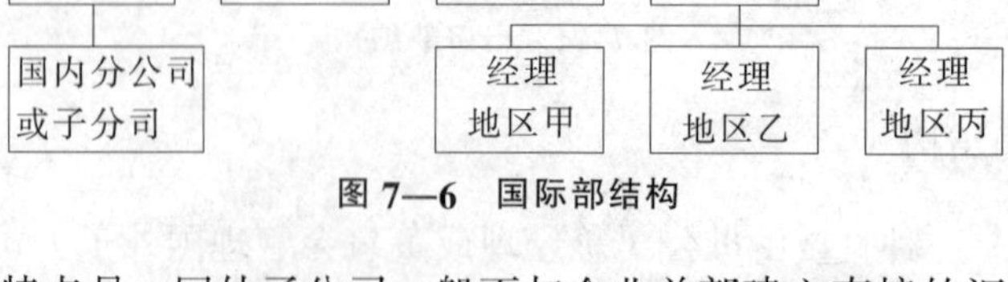

图 7—6　国际部结构

国际部结构的特点是：国外子公司一般不与企业总部建立直接的汇报关系，不直接接受母公司最高管理者的指示，而是与国际部直接联系。这种联系涉及计划、财务、销售、研究与开发、人事和情报交流等各方面。这时，国外子公司与母公司的联系不再像母子结构那样属于非正式接触，转而成为一种正式的联系。

国际部结构的主要优点是：

（1）它能够有效协调国外子公司的经营活动，有助于实现整个企业的利润最大化。通过国际部能加强各国外子公司之间的联系，使各子公司之间信息畅通，由国际部为各国外子公司划分各自的销售市场，能够避免子公司之间的盲目竞争。

（2）由国际部统筹资金的使用，能减少各子公司筹措资金时需要付出的利息。

（3）国际部还可以在各子公司进行相互交易时制定内部转移价格，以降低整个企业的税收负担，实现企业整体利益的最大化。

国际部结构的主要缺点是：

（1）国际部不可能拥有大量有关子公司所在国环境条件的信息资料，它统一制定的有关决策就可能对子公司的发展有所阻碍。

（2）国际部不是子公司的最高决策机构，情报信息需要经过上下反复的传递，容易造成决策不及时，给子公司的经营带来损失。

（3）国际部通常没有自己的研究和开发机构，不得不依赖国内各产品部，容易使跨国公司的国内、国外业务发生矛盾。

（四）全球性结构

全球性结构不同于母子公司结构和国际部结构，它基本上放弃了按地区划分为国内和国外若干分部的组织设计方法。

全球性结构大体上可分为全球性职能分部结构、全球性地区分部结构、全球性产品分部结构、矩阵结构和全球性混合结构等形式。其中以全球性产品分部结构最为常见。

1. 全球性职能分部结构

全球性职能分部结构是欧洲跨国公司广为采用的一种传统的组织形式。这种结构是根据各种不同的职能，在母公司总部下设立若干分部，各分部之间相互依存度较高，并由母公司总部协调相互间的关系，是一种决策度高度集中于母公司的组织形式。典型的全球性职能分部结构按照研究与开发、生产、销售和财务等职能分部来管理企业的全球业务，如图 7—7 所示。

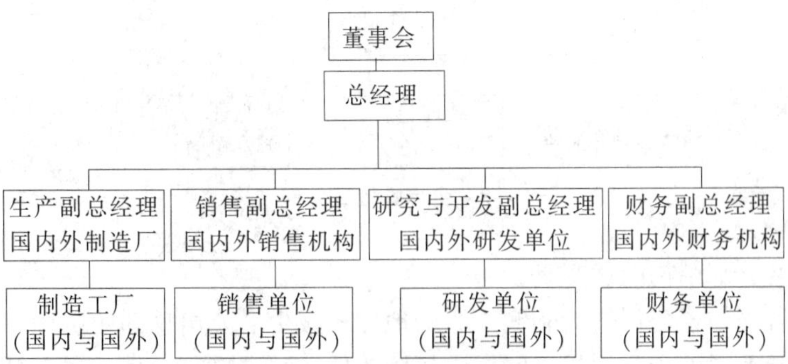

图 7—7　全球性职能分部结构

全球性职能分部结构的优点是：

（1）企业的各种业务职能专业化，有利于增强企业全球范围内的竞争力；

（2）强调集中控制，成本核算、利润获取均集中在母公司总部，便于协调各部门的利益关系。

全球性职能分部结构的缺点是：

（1）不易管理，要求各职能部门中都应具有熟悉不同产品的管理人员，而管理人员的知识和能力毕竟有限，使得企业难以开展产品的多样化经营；

（2）在同一职能部门中，地区间协作困难；

（3）在缺乏必要的信息沟通的情况下，各职能部门的工作容易相互脱节，生产目标和销售目标会产生差异和矛盾。

全球性职能分部结构比较适合于那些规模较小、产品结构单一、市场相对集中、顾客需求基本相同、销售限制较少、在国际市场没有强劲对手的跨国公司。另外还适合于一些规模虽然较大，但技术特点使企业各职能部门的内部依存程度较高、要求集中管理的跨国公司，不少采矿企业就属于这种类型。

2. 全球性地区分部结构

全球性地区分部结构采取区域组织结构，主要是指公司在全球性总体战略的指导下，按各大区域组织本地区各种产品的生产经营活动以及各项职能工作。这种组织形式是按照地区设立若干分部，由母公司副总经理担任各地区分部经理，负责企业在某一特定地区的生产、销售、财务等业务活动，而总公司负责制定全球性经营目标和战略，监督各地区分部执行。全球性地区分部结构如图 7—8 所示。

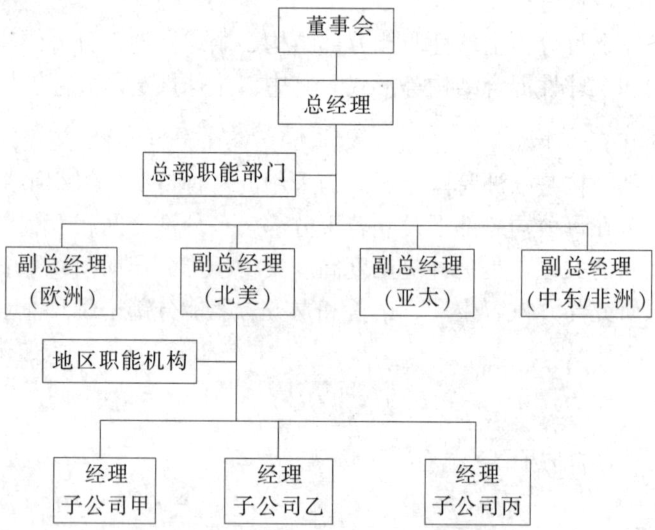

图 7—8 全球性地区分部结构

全球性地区分部结构的优点是：

（1）重视各国外子公司作为利润中心的地位，减少了公司总部的协调和管理工作；

（2）有利于各国外子公司根据区域内环境条件，改进自己的生产经营活动方式，充分利用当地的资源，发挥自己的优势。

全球性地区分部结构的缺点是：

（1）当企业产品品种增多时，难以协调多种产品的生产经营活动，不能迅速地与其他地区或本地区其他国家的子公司分享新产品的协同作用；

（2）各地区需要大量的具有国际生产经营经验的管理人员，会造成人员不必要的浪费；

（3）各地区容易滋长地区本位主义倾向，忽视全球战略，人为地在区域内部设置地区利益障碍，使得公司总部难以协调和管理。

全球性地区分部结构适用于那些产品成熟、产品高度标准化、地理分布较广的企业和产品线较少、生产技术接近、市场条件相似的企业。

3. 全球性产品分部结构

随着产品品种的增多和产品系列的深化，跨国公司可以根据产品种类和服务的特点，在全球范围内设立若干分部，分管每一大类产品的生产经营业务。在这种结构中，由企业总部确定企业的总目标和经营战略，各产品部根据总部的经营目标和战略分别制定本部门的经营计划。在部门的划分上，企业可以从两种角度加以考虑：一是按不同产品的类别设立部门，二是按产品的不同加工程度或不同加工工序设立部门。全球性产品分部结构如图 7—9 所示。

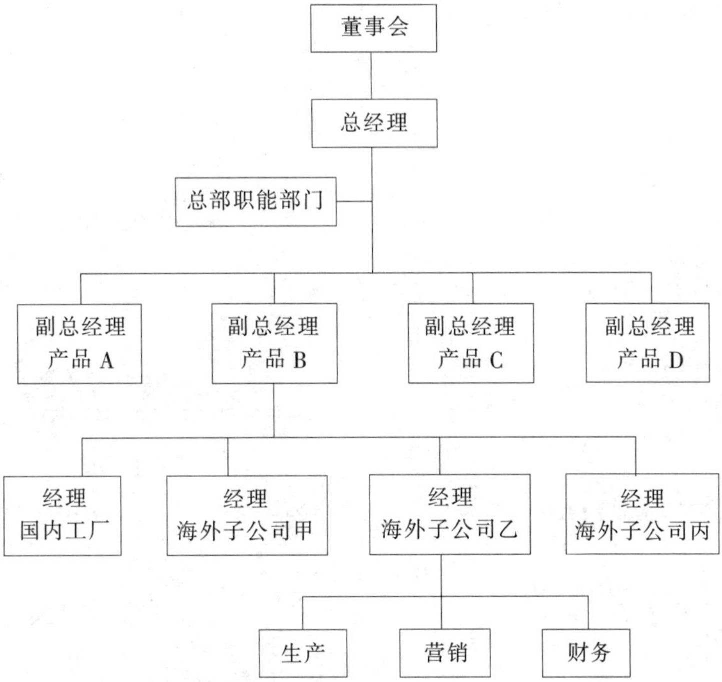

图 7—9 全球性产品分部结构

全球性产品分部结构的优点是：

(1) 使企业的内部化程度加深，促使企业把全球作为目标市场，在全球范围内降低产品的生产经营成本；

(2) 有利于跨国公司在全世界进行同类产品的标准化生产，有利于在不同地区间同一产品生产技术的内部转移，促进新产品的研究与开发，提高产品的技术优势，促进产品生产与市场营销的统一；

(3) 有利于跨国公司实现产品的全球销售，提高企业各种产品在全球范围内的竞争优势。

全球性产品分部结构的缺点是：

(1) 由于国际经验中心库不复存在，在企业内部容易造成国际专业技术知识的分割；

(2) 为避免不必要的基础工作重复进行，协调同一市场中的各种产品群变得更加重要；

（3）如果产品管理者对国际形势缺乏正确的判断，可能会仅仅关注较大的市场或国内市场，而忽视长远规划。

一般来讲，全球性产品分部结构适用于产品多样化程度高、生产技术要求高、市场范围较广、技术研究开发较多、消费市场较为分散，并且具有全球性生产经营活动经验的跨国公司。

4. 矩阵结构

矩阵结构是一种具有高度适应性、能灵活地应对市场变化的“方格”式组织结构，采用矩阵结构的大多数企业或者以产品和地区为主线；或者以业务和职能为主线；或者在一个矩阵结构中包含产品、地区和职能三条主线。矩阵结构一般比较复杂，方格间有很多管理线，管理线的交点为众多战略事业单位（Strategic Business Unit，SBU）。矩阵结构如图 7—10 所示。

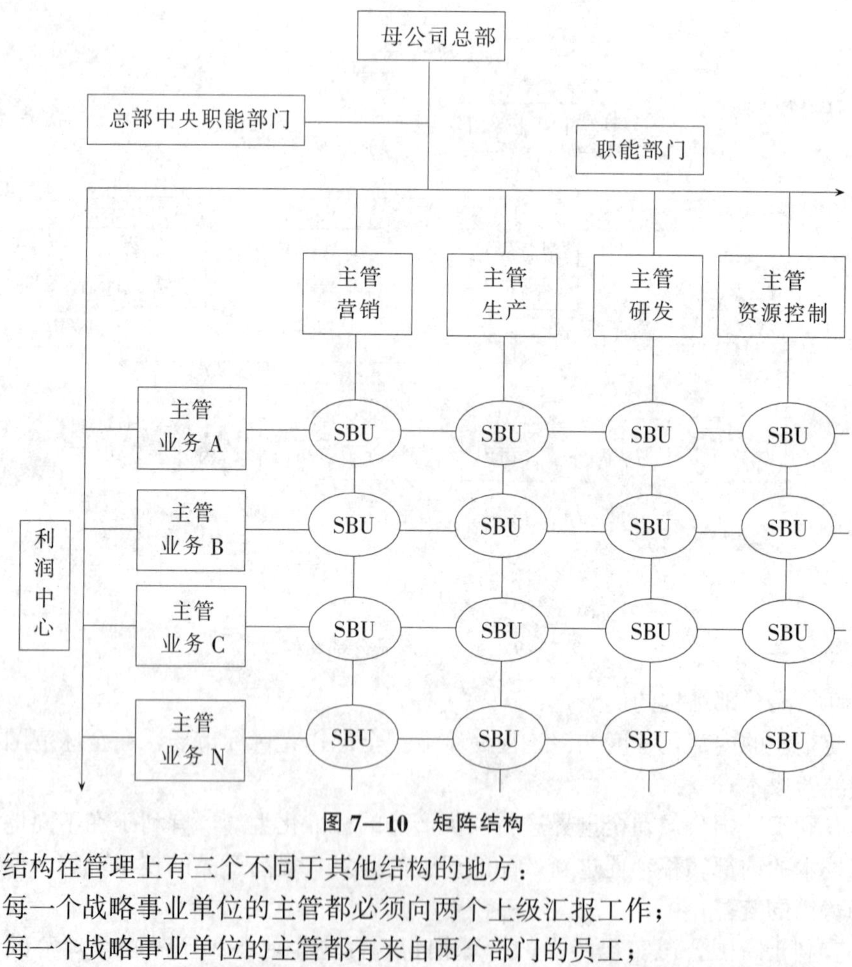

图 7—10 矩阵结构

矩阵结构在管理上有三个不同于其他结构的地方：

（1）每一个战略事业单位的主管都必须向两个上级汇报工作；

（2）每一个战略事业单位的主管都有来自两个部门的员工；

（3）最高层管理人员面临双重结构，必须平衡来自职能部门和业务部门两方面的压力，处理它们之间的矛盾与不协调等问题。

跨国公司采用矩阵结构的主要原因是希望用一种更先进、复杂的组织结构，把按产品、地区或职能划分结构的优点吸收进来，同时也尽可能减弱或消除按产品、地区或职能划分结构的缺点，如机构、人员的重复设置，不协调以及缺乏全局观念等。因此，当企业承受来自多方面的压力，或经营达到一定规模后，采用这种结构的倾向就比较明显。

矩阵结构的优点是：

（1）矩阵结构具有较高的效率与灵活性，战略事业单位的人员拥有两个部门的信息与知识经验；

（2）不同专职部门可以根据业务开展的需要派出合适的人员；

（3）战略事业单位可在需要时适时适地组建或撤销。

矩阵结构的缺点是：

（1）结构比较复杂，双重主线管理带来双重领导，一个下级要同时对两个上级负责，这与管理的基本要求相冲突；

（2）主线主管出于权力与利益的考虑，希望控制战略事业单位，这时就容易产生不平衡，相互的责任与任务就难以分清与落实，妨碍跨国公司整体决策。

5. 全球性混合结构

在实际中，很少有跨国公司采用纯粹的一种组织结构。一些大型跨国公司在设计组织结构时，会倾向于采取两种或多种组织结构，形成全球性混合结构。原因在于绝大多数跨国公司采取的战略既包括对当地利益的调整，也包括对全球整体利益的考虑。如在日本的索尼公司总部，虽然国际产品组的管理人员对其业务实施广泛的监督，但是，索尼公司仍然强调地区方面的需要，将公司的全球经营划分为日本、北美、欧洲和世界其他地区四大区。生产消费品的巨型公司联合利华拥有在非洲/中东、拉丁美洲和东亚/太平洋三个地区的区域性组织结构，分别设主地区经理。宝洁公司是为数不多的仍采用国际部结构作为主要组织形式的大型跨国公司之一。宝洁公司按照产品分部形式来构建其在美国的公司，同时按照国际部的形式来组织其他国际生产。简化了的宝洁公司全球性混合结构如图 7—11 所示。

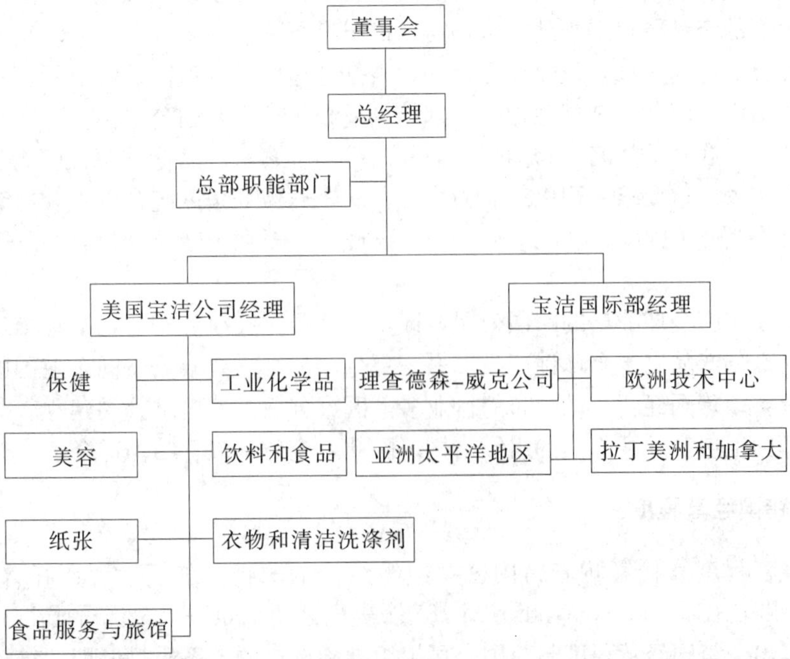

图 7—11 宝洁公司全球性混合结构

全球性混合结构的优点是：可以根据企业的特殊需要，灵活地调整组织结构，弥补单一结构在经营管理上的不足。

全球性混合结构的缺点是：组织结构不规范，容易产生双重管辖的矛盾，部门之间差异过大，难以协调与管理，增加了企业总部协调的复杂性。

第三节　跨国公司组织结构的选择

一、影响跨国公司组织结构选择的因素

各种组织结构形式各有侧重，各有利弊，跨国公司究竟选择哪种形式要从多方面考虑。影响跨国公司组织结构选择的主要因素有跨国经营战略、跨国经营程度和国际市场与技术环境等。

（一）跨国经营战略

跨国公司组织结构是保证其跨国经营战略有效实施的一个重要条件。钱德勒认为，组织结构跟随公司战略，公司战略决定组织结构。跨国公司选择的组织结构形式必须与其制定的跨国经营战略一致。

（1）处于跨国经营初级阶段的跨国公司，其海外子公司数量少、规模小，国外业务在整个公司中所占比重较小，只需设立一个专门部门管理和协调国外业务。因此，国际部结构适合于这类跨国公司。

（2）实施多国战略的跨国公司，即多国公司，其海外子公司数量多、区域分散，在不同东道国生产的产品要根据当地的市场需求情况进行适应性调整。这要求公司按地理位置把国外业务分成不同区域，设立地区分部，根据各地区各东道国的特点管理和协调地区内的生产经营活动。因此，全球性地区分部结构适合于这类跨国公司。

（3）初步实施全球战略的跨国公司，其产品品种多，产品标准化程度高，多数产品已具有全球性市场。这要求公司以产品为核心，从全球市场角度统一管理和协调跨国经营活动，按产品设置部门可以满足这种要求。因此，全球性产品分部结构适合于这类跨国公司。

（4）全面实施全球战略的跨国公司，即全球公司，其海外子公司数量多、规模大；产品品种多，部分产品属于全球性产品，另一部分产品则需要根据不同东道国的市场需求进行适应性调整；跨国经营活动分布的行业多，区域分散。这要求公司建立较为复杂的、既包含产品部门也包含地区部门的组织结构。因此，全球性混合结构适合于这类跨国公司。

（二）跨国经营程度

跨国经营程度直接影响着跨国公司组织结构的选择。美国学者斯托普福德（J. M. Stopford）和维尔斯（L. T. Wells）对 187 个美国公司 1900—1963 年的情况作了广泛的调查研究，提出了跨国经营程度与跨国公司组织结构选择的关系模型，即“结构发展阶段模型”，参见图 7—12。这两位研究者认为，影响组织结构选择的最重要因素有两个，一是跨

国经营的产品品种数量，即企业提供给国际市场的产品的种类多少；二是国外销售额占总销售额的百分比，即企业的国际业务对企业总业务的重要程度如何。[①] 根据这两个因素可以把组织结构的发展划分为三个阶段。

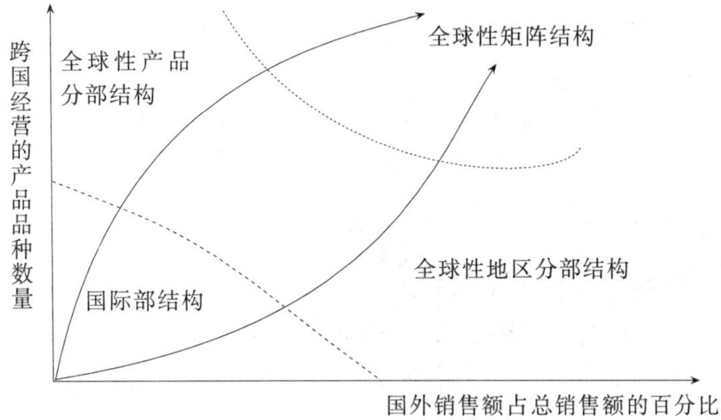

图 7—12 结构发展阶段模型

在组织结构发展的第一阶段，企业刚刚开始从事跨国经营，还没有跨国战略发展方案和国外经营经验，因此企业只是建立自治子公司，无须为了从事跨国经营而调整和改变已有的组织结构。当企业的国际业务扩大、跨国经营经验增多后，企业的组织结构就进入发展的第二阶段，企业在已有组织结构的基础上设立了主管国际业务工作的国际部。组织结构发展的第三阶段是全球性组织结构，由于企业国外业务占总业务量的比例和国外产品多样化程度大大提高，已有的组织结构已经不能再适应企业跨国经营发展的需要，企业开始采用全球性组织结构。全球性矩阵结构是全球性组织结构的高级形式。

结构发展阶段模型的意义是使跨国公司把组织结构的决策与对企业跨国经营程度的分析相结合，企业可以根据自己所处的跨国经营发展阶段大体确定应选择的组织结构类型。但是，该模型把影响跨国公司组织结构的选择因素只归结为上述两个因素，对于跨国公司进行组织结构决策显然是不够的。

(三) 国际市场与技术环境

国际市场的需求结构、潜力和竞争情况等影响着跨国公司的多样化经营，进而影响其组织结构的选择，而竞争的程度又决定着跨国公司对组织结构变革的程度和速度。

例如，很多跨国公司在中国的分支机构主要负责在中国的运营和在当地展开竞争，其母公司的采购部门或是业务部门也许在美国、欧洲或日本，这些全球采购业务或业务部门跟中国是密切相关的，但它们的位置离中国非常远，因此需要在组织结构上进行调整，横向地区结构往往比纵向产品结构在组织架构里更加重要。目前，很多中国的外资企业一方面向美欧的业务总部汇报，另一方面向中国的业务总部汇报，形成双重汇报的结构。而未来的一个趋势是，它们可能越来越多地只向中国的业务总部汇报，这个趋势会随着跨国公

---

① See J. M. Stopford & L. T. Wells, *Managing the Multinational Enterprise*, Organization of the Firm and Ownership of Subsidiaries, New York, 1972.

司不断将更高层的经理人员派到中国来担任负责人而加强。很多公司把亚太总部移到中国来，也会使中国业务总部的权力越来越大，今后可能更多地独立决策，不需要经常向欧美的业务总部汇报。

二、跨国公司组织结构的新发展

跨国公司的组织结构随着环境的不断变化而不断发展，近年来出现了一些新型的组织结构，如控股公司结构、国际网络结构、虚拟企业结构和无边界企业结构等。

（一）控股公司结构

控股公司结构是由一个核心控股公司和若干个法律上和组织上独立的子公司组成的组织结构。核心控股公司为该组织结构的战略领导核心，各子公司则独立处理各自的经营业务活动。子公司可以是跨国公司原有的国外子公司，也可以是跨国公司后来并购的国外企业。控股公司结构如图 7—13 所示。

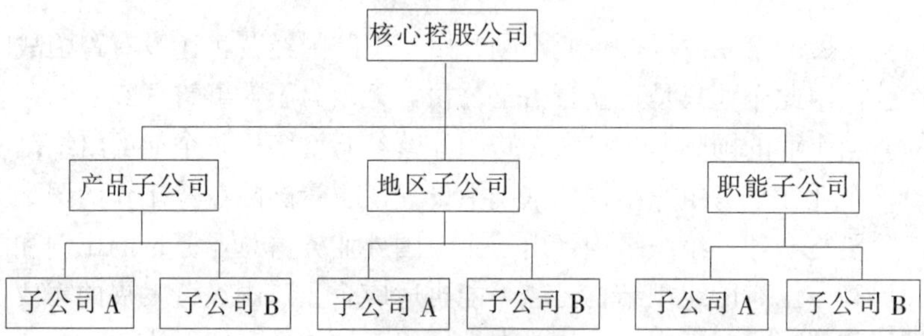

图 7—13　控股公司结构

核心控股公司通过参股、吸收子公司管理人员参与高层管理、签订合同，以及建设企业文化和有效沟通等方式来协调和控制其与子公司之间的关系。控股公司结构包括两种主要形式：财务控股和管理控股。前者主要限于对子公司财务资金的管理；后者承担控股公司的总的战略管理任务，而具体经营任务仍由各子公司独立实施完成。

与传统组织结构相比，控股公司结构的优点主要有：

（1）核心控股公司与子公司的合作与协调关系变得简单、明了；

（2）使跨国公司具有高度的灵活性，子公司具有高度的自主权，使决策速度大大提高；

（3）可以通过并购、参股新的国外公司而使企业快速扩张；

（4）便于发挥优势，实施企业总体战略；

（5）由于企业的管理幅度大，核心控股公司不需要直接参与子公司的经营管理活动，从而减少跨国公司的管理费用支出。此外，该结构还能通过年度财务报表等形式增加母、子公司之间关系的透明度，以及可以享受一些国家在税率方面的优惠待遇等。

控股公司结构的缺点在于：

（1）子公司之间缺少正式的沟通和协调机制，会导致子公司之间沟通和协调困难；

（2）存在子公司完全独立化的风险；

（3）当子公司与母公司的利益发生矛盾或冲突时，会限制公司总体战略的有效实施；

（4）核心控股公司管理层的确定，以及企业文化建设等方面都容易遇到较大困难。

（二）国际网络结构

随着经济全球化的发展和互联网在国际商务活动中的广泛应用，跨国公司特别是拥有众多子公司和股东的大公司的结构也呈现出网络化发展的趋势。

国际网络结构可以分为企业外国际网络结构和企业内国际网络结构两种。前者是跨越企业界限与企业外部其他组织之间形成的网络关系；后者是企业内部各部门之间形成的网络关系。

国际网络结构要求联合体中要有一个能起战略领导者作用的企业或分部，即核心企业或分部，来扮演网络管理员的角色，目的是保证网络正常、高效地运行。

国际网络结构的优点是：有利于解决全球化与分权化、地区化与多样化的矛盾，因为它能够把大企业和小企业各自的优势有机地结合起来。其缺点主要是协调难度大。

（三）虚拟企业结构

虚拟企业结构是指决策权高度集中在少量的管理者手中，围绕核心能力，利用计算机技术、网络技术与通信技术和全球企业进行互补互利合作的一种组织结构。这些数量不多的管理人员是组织的核心，他们以合同为基础协调和控制与组织有关的外部关系，发挥着商业职能。

虚拟企业的主要特征有以下四个方面：一是虚拟企业的成员可以共享对方的核心能力，相互支持和相互补充；二是虚拟企业掌握现代信息和通信技术，通过网络连接实现合作；三是虚拟企业不设立专门的协调机构，而是以程序为导向，根据企业合作发展进程对组织结构进行调整；四是虚拟企业以顾客为导向，企业根据顾客消费需求组建相应的虚拟联合体。

虚拟企业的优点有：

（1）表现出高度的适应性和灵活性；

（2）能够更迅速地开拓和进入新的市场；

（3）可以节省设立组织机构和协调机构的费用以及管理费用。

虚拟企业的主要缺点有：

（1）难以形成和实施企业总的发展战略；

（2）难以形成企业总的价值观和进行企业文化建设；

（3）存在着企业核心技术扩散或虚拟企业成员单方面获取和利用其他合作伙伴的核心技术，而设法保护自己的核心技术的风险。

（四）无边界企业结构

无边界企业又称为无缝组织，它是建立在打破组织内外部边界基础上的一种松散合作型组织结构。

与传统组织中母公司与子公司之间、各子公司之间以及公司与客户之间存在正式规范联系的特征不同，无边界企业致力于淡化和消除企业边界的限制。这类组织结构以团队为基本单位，企业内部部门之间和员工之间的团队合作方式得到肯定和发展，这种团队还跨越企业本身的界限与企业外部的其他团队组成联合体。

无边界企业结构的优点有：

（1）具有极大的灵活性，可以更好地适应企业国际业务多样化发展的需要；

（2）可以利用企业外不同团队的各自优势，加快新产品研究与开发和开拓市场的速度；

（3）可以通过加强企业内外部人际沟通与交往，促进生产效率的提高；

（4）可以减少管理层次，降低管理成本。

无边界企业结构的缺点有：目前还缺乏有效的跨企业的团队管理方法，这种组织结构通常更适合于以产品和市场为导向的企业，而难以形成企业的全球战略和实行全球一体化经营。

关键概念

出口部结构	母子公司结构	国际部结构
全球性结构	矩阵结构	控股公司结构
国际网络结构	虚拟企业结构	无边界企业结构

复习题

1. 简述跨国公司组织结构设置的原则。
2. 简述跨国公司组织结构的演变。
3. 简述企业组织结构的基本形式及适用情况。
4. 跨国公司组织结构有哪些基本形式？
5. 简述全球性结构的主要内容及优缺点。
6. 简述跨国公司组织结构选择的主要影响因素。
7. 跨国公司组织结构有哪些新发展？

第八章

跨国公司财务管理

本章要点提示

◎ 与国内企业财务管理相比，跨国公司财务管理面临新的风险和新的机会。资金筹措和运用是跨国公司财务管理的两个基本职能，这两方面的管理分别为融资管理和投资管理。

◎ 跨国公司资金的来源主要有来自公司内部的资金、来自母国的资金、来自东道国的资金以及来自国际社会的资金。跨国公司通过多种方式筹措生产经营和发展的资金。

◎ 对经营活动中所持有的资金（即对资金的运用）进行管理，即跨国公司投资管理是跨国公司财务管理的另一个重要方面。其内容包括对流动资金的管理和对非流动资金的管理。

◎ 外汇风险是指由于汇率变动而引起跨国公司在经营中遭受损失的可能性。对跨国公司来说，这种风险会影响公司资产、负债、交易值、现金流量及目前和未来的盈利。

导入案例

瑞士斯沃琪集团避税案

瑞士斯沃琪集团（Swatch Group）总部位于瑞士伯尔尼，是世界上最大的手表生产跨国公司，其零售额占全球份额的25%。斯沃琪集团总部在全球拥有160多个产品制造中心，主要分布在瑞士、法国、德国、意大利、美国、维尔京群岛、泰国、马来西亚和中国。

据斯沃琪集团亚洲分部前财务经理埃得（J. Ede）和潘瑟拉（M. Phanthala）透露，斯沃琪亚洲分部办公地设在中国香港，却在英属维尔京群岛登记注册。英属维尔京群岛成为其操纵转移定价和非法避税的中心地。在香港的亚洲分部将销往海外子公司的所有产品的价格人为地大大提高。

斯沃琪此举的原因在于，亚洲分部的办公地和注册地都是低税区，比起其他有关公司所在地的税负要低得多。从低税区将产品提高价格销往高税区，即可人为地将利润的大部分留在低税区，通过转移定价降低了斯沃琪的整体税负。

由于转移定价是跨国公司母公司和国外子公司以及国外子公司之间根据整体利益和经营意图，由公司上层决策者人为确定的，因此随意性很大，这就为跨国公司任意操纵转移定价、非法逃避税收提供了巨大空间。

第一节　跨国公司融资管理

跨国公司财务管理是对跨国公司资金筹措和运用及其体现的各种经济关系进行管理的一系列活动。与国内企业财务管理相比，跨国公司财务管理面临新的风险和新的机会。资金筹措和运用是跨国公司财务管理的两个基本职能，这两方面的管理分别为融资管理和投资管理。

一、跨国公司资金的来源

跨国公司通常要根据其生产经营对资金的需求量，通过一定的金融机构或金融市场，采用适当的融资方式，争取以低成本、低风险获取所需的资金，建立合理的全球资本结构。

跨国公司从事国际经济活动，筹集资金是一项重要的业务活动。跨国公司需要的资金不仅数量庞大，而且涉及众多国家和多种货币。一般说来，跨国公司有六项主要的业务活动经常需要国际资金融通。它们是：借入短期资金融通国际贸易；借入短期资金以敷日常业务开支；借入中长期资本购买固定资产；借入中长期资本用以兼并其他公司；在全球范围内借贷资本，以使资本收益最大化；在外汇市场买卖外汇，以谋取汇率差异收益。

跨国公司资金的来源主要有来自公司内部的资金、来自母国的资金、来自东道国的资金以及来自国际社会的资金。

（一）来自公司内部的资金

来自跨国公司内部的资金是指母公司与子公司之间或子公司与子公司之间相互提供的资金。母公司通常为其国外子公司提供大量所需资金，尤其是投入足够的股本以保持对企业的所有权和控制权。其主要形式有：

（1）母公司向国外子公司提供贷款，贷款可以采用货币形式，也可以采用实物形式，诸如提供机器设备、原材料、最终产品，以及资本化的专利、工艺和管理等。采用这些贷款形式的目的在于减少纳税，并避免对股息汇回的限制。因为大多数国家计征税收时，将股息算作利润，而利息则不算利润，从而可以减少纳税。此外，当东道国外汇紧缺并实施外汇管制时，偿付利息比汇回利润享有优惠。

（2）母公司大量投资购买国外子公司的有价证券，以保证对国外子公司的所有权和控制权。这种投资资金来源于母公司的未分配利润和折旧基金，或者在公司母国资本市场上发行债券，也可以到国际金融市场借款，或者由其他子公司调拨资金。

跨国公司内部的资金，已成为跨国公司重要的资金来源，其比重约占其全部资金来源的50%。国际金融市场利率的提高，使跨国公司更加依赖于国外盈利的再投资。

（二）来自母国的资金

跨国公司吸收外部资金是其筹集资金的又一项重要措施。母公司可以利用其与母国经济发展的密切联系，从母国银行、金融机构和有关政府组织等获得资金。具体途径有以下三条：

（1）从母国银行和金融机构获得贷款，这是公司外部资金的主要来源。特别是在世界经济不景气的时候，银行和金融机构对跨国公司的贷款的重要性更为突出。例如，1982年英国工业公司80%的外来资金由英国银行提供。

（2）在母国资本市场上发行债券，这是公司传统的集资方式。传统的证券集资往往通过专门金融机构进行，如美国的投资银行和投资信托公司以及英国的商业银行等。

（3）从母国有关政府机构或组织获得贸易信贷，或对外直接投资等专项资金，这一资金来源随着贸易保护主义的增长而与日俱增。子公司从母国采购机器、设备、原材料和零部件等，可以获得母国银行提供的出口信贷。另外，母国政府为了鼓励公司到国外投资，设立专门机构，并拨给专款，支持在发展中国家的子公司。如美国海外私人投资公司（OPIC）的主要任务是向设在发展中国家的美国子公司发放贷款。通常这类金融机构所提供的专项资金的利率低于商业贷款的平均利率。

（三）来自东道国的资金

当来自跨国公司内部和跨国公司母国的资金来源不能满足子公司的资金需求时，子公司所在的东道国资金是补充来源。它们包括东道国银行和金融机构的贷款、子公司在东道国发行股票和出售债券等。由于跨国公司子公司遍布全球，各东道国经济状况差别很大，有的国家金融环境好一些，有的国家差一些，有的国家根本难以在当地集资。因此，跨国公司利用当地资金的情况不尽相同。

在发达国家，跨国公司因各国金融环境的差异而采取不同的集资方式。在美国和加拿大，证券市场是最重要的资金来源；在德国和英国，银行业是信贷资金的主要来源；在日本，银行业和证券业的职能分离，银行是对公司提供短期和长期贷款及贸易信贷的机构。

子公司在发展中国家集资往往都比较困难，因为那里没有资本市场，或者说资本市场不发达，银行通常只提供短期贷款。因此，子公司在发展中东道国获取的资金较少。

（四）来自国际社会的资金

当上述资金来源仍不能满足跨国公司的资金需要时，公司还可以利用国际资金来源。除跨国公司内部、母公司母国和子公司东道国以外的任何第三国或第三方提供的资金，都可称之为国际资金。国际资金来源主要有以下三种途径。

1. 向第三国银行借款或在第三国资本市场发行债券

向第三国银行借款往往只限于跨国公司子公司从第三国购进商品时，设法取得出口信贷。大多数发达国家都有类似于美国进出口银行那样的为出口融资的机构。一些发展中国家也开始为它们产品的出口提供融资业务。

向第三国资本市场筹集资金主要采取发行外国债券的办法，但是采用这种方法筹措资金的跨国公司需要承担外汇风险。当前世界上主要国际债券市场有美国的美元债券市场、日本的日元债券市场、瑞士的瑞士法郎债券市场和欧洲美元债券市场等。

2. 向国际资本市场借款

跨国银行是国际资本市场贷款的主要提供者。跨国公司向国际资本市场借款主要是以债券形式筹集中长期资金。其主要特点是，公司发行多种形式的债券，有传统的固定利率债券，也有浮动利率债券。在各种债券市场中，欧洲债券市场愈来愈显示出它的重要性。

3. 从国际金融机构获得贷款

对于在发展中国家进行投资活动的外国子公司而言，国际金融公司的贷款是另一个资金来源。国际金融公司（International Finance Corporation，IFC）是世界银行集团的一个成员，是一个由 100 多个国家政府参加的国际组织，其宗旨就是向成员国，尤其是向在经济落后国家或地区重点建设项目投资的私人公司提供无须政府担保的贷款和投资，以促进国际私人资本流向发展中国家。国际金融公司鼓励私人公司投资的方式有三种：（1）直接向当地企业投资，分享利润。（2）向这些私人公司贷款，期限为7～15 年，利率略高于世界银行贷款。（3）以上两种方法兼而有之。国际金融公司最多承担项目总成本的25％～30％，而且不介入项目的管理，以便调动私人公司的投资积极性。

二、跨国公司融资方式

在国际市场上，跨国公司作为市场主体，必然也是投资主体。通过多种方式筹措公司生产经营和发展的资金，谋求公司的生存和发展，是跨国公司的重要经营活动。根据融资期限不同，跨国公司的融资方式可分为长期融资、中期融资和短期融资三种。

（一）长期融资

跨国公司长期融资的方式主要有发行股票、发行公司债券和长期借款三种。

1. 发行股票

股票是拥有公司股份，即公司部分所有权的书面凭证。它是有价证券的一种基本形式。跨国公司依法定程序向社会公众发行股票，筹集资本，通常分普通股和优先股两种。普通股是股票最普通的一种形式，其股本构成股份公司资金的基础部分，其股息随公司利润的变动而相应变化。普通股集资是股份公司最为稳定的资金来源，也是吸收其他方式投资的重要保证，跨国公司可按盈利状况和现金运用状况灵活安排股息和红利的发放，有利于公司顺利发展。优先股的持有者比普通股股东享有优先权。优先股集资是一种介于普通股集资和举债集资之间的筹资方式。优先股的股息率固定不变，股东可优先领取股息，并且在公司解散时可优先分享公司净资产。

跨国公司往往在创业阶段和扩张时期发行股票，筹集资金，使用这种方式的优点在于：通过发行股票能够在短时期内把分散在社会上的大量货币资金聚集到一起，以满足公司大规模生产对资金的需求，同时，扩大公司营业规模不受公司自身积累能力的限制。

2. 发行公司债券

公司债券（Corporate Bonds）是指公司按照法定程序发行，约定在一定期限内按票面额还本付息的一种有价证券。证券持有人可定期获得利息并在期满时收回本金，而发行证券的公司可一次获得长期资金的使用权。两者之间是借贷关系，而非股权关系。因此，债权人不参与公司管理，不承担经济责任。

公司债券在筹集长期资金方面具有下列优点：债券面额小、流动性强、筹集范围广、规模灵活；债券利率略低于银行贷款利率，又高于银行存款利率，债权债务双方都能接受；债权人不过问公司的经营，使债务人能较好地行使自主经营权。

3. 长期借款

公司经营大型投资项目或进行其他工程建设，需要从国际金融市场上筹集巨额长期借款（Long-term Loan）。公司通常从以下几个渠道获取长期借款：一是银团贷款，即由一家跨国银行牵头，有若干国家的银行参加，专门组成一个贷款银团共同发放贷款。这种贷款的特点是费用比较高，但灵活性较大。二是在成员国政府的担保下，私人公司可以获得世界银行的长期低息贷款。而世界银行下属的国际金融公司也会向低收入国家的生产性企业发放无政府担保的贷款。

（二）中期融资

国际金融市场上通常将1～7年期限的融资叫做中期融资。其主要形式有中期借款、出口信贷和国际租赁。

1. 中期借款

跨国公司需要不断增添固定资产，也需要补充长期营运资金的不足，各国商业银行、金融公司和人寿保险公司可以提供这种中期借款。

2. 出口信贷

出口信贷（Export Credit）是指由出口国银行对本国出口商、外国进口商或进口国银行发放的贷款。由于大型机械、成套设备贸易成交额巨大、周转期限很长，因而需要较长期限和较大金额的信贷支持。这种一年以上的贸易信贷，可分为卖方信贷和买方信贷两种形式。

卖方信贷（Supplier's Credit）即由出口国银行提供给出口商的信贷。卖方信贷实质上是出口商以银行信用为凭借，再向进口商提供的分期付款的商业信用。各国卖方信贷的具体做法不尽相同，一般做法是进口商在签订买卖合同后先支付相当于货款的10%～15%的金额作定金，再分批交货、验收，在保证期满时，再分期支付10%～15%的货款，余下的70%～80%的货款在全部交货后的若干年内分期偿付，并一并偿还延期付款期间的利息；出口商与其所在地银行签订贷款协议取得银行贷款，再向进口商提供延期付款的商业信用，然后从进口商偿还的贷款中把借款和利息等费用偿还贷款银行。采用卖方信贷有利于进口商资金融通，其代价是进口成本和费用较高，一般比现汇进口价高3%～4%。

买方信贷（Buyer's Credit），即出口国银行直接向进口商或进口国银行提供贷款，并要求此项贷款只能用于购买出口国的商品。进口商利用买方信贷及时向出口商支付货款，出口商能迅速收回资金，加速资金周转。买方信贷的具体做法是在与进出口商签订合同后，进口商支付相当于货款的15%的现汇定金，并以贸易合同为基础，在进口国银行担保下与出口商所在地银行签订贷款协议；出口商所在地银行根据贷款协议规定，凭出口商提交的发货单据，代进口商付货款给出口商，同时将款项记入进口商借款账户内；按贷款协议的条件，进口商向出口商所在地银行分期偿还本金并支付利息和其他费用。

此外，出口信贷还有福费庭（Forfeiting）方式，即在延期付款的大型机械设备交易中，出口商将经进口商承兑、进口商往来银行担保的半年至五六年的远期汇票，无追索权地出售给出口商所在地银行或金融机构办理贴现，提前取得现款的一种资金融通方式。

3. 国际租赁

租赁是指出租人把某种物品出租给承租人在一定时期内使用，并按合同规定收取租金的活动。租赁业务种类繁多，主要有经营租赁（Operating Lease）和融资租赁（Financial Lease），还有维修租赁（Maintenance Lease）、杠杆租赁（Leverage Lease）、售后回租租赁（Sale and Leaseback）和综合租赁等。

国际租赁是指不同国家当事人之间的租赁活动。对承租人来说，国际租赁是一种筹措外资的方式，其优点是灵活性大，受通货膨胀的影响小，且有利于尽快更新机器设备，因而使用很普遍。

国际租赁融资（International Leasing Finance）的具体操作程序是，在不同国家公司之间，先由租赁公司（银行）出资把机器设备购入或租进，然后出租给承租公司，并按合同规定收取租赁费。国际融资租赁一般合同期限较长，签约后不能随意解约，租赁物的修理、保养等均由承租公司负责。租赁合同期满后，承租人可按合同规定把设备退还给租赁公司或继续租赁，也可以按合同规定以象征性价格把租赁物购买下来，并办理产权转移手续。

（三）短期融资

短期融资通常是指期限在一年以内的融资，融资的目的一般是用于解决经营中的流动资金不足问题，主要有短期借款、应付账款等。短期融资主要用于满足筹资者的短期资金使用和周转的需要。

第二节　跨国公司投资管理

对经营活动中所持有的资金（即对资金的运用）进行管理，是跨国公司财务管理的另一个重要方面。其内容包括对流动资金的管理和对非流动资金的管理，其目的是减少资金运用的成本和风险，取得最佳财务效果。

一、跨国公司流动资金管理

（一）跨国公司外部现金流量管理

跨国公司现金流量管理，即对跨国公司流动资产和流动负债的管理，主要是控制跨国公司资产负债表中的短期流动或准流动账户，如应收账款、应付账款等。现金流量包括现金在跨国公司内部转移和跨国公司外部转移两种形式。现金在跨国公司外部的国际流动，形成了跨国公司外部的现金流量。

1. 应收账款

赊销是跨国经营中常用的方法，由此也就产生了延期支付和应收账款的问题。应收账款是需要一定时期才能收回的货款。

应收账款的多少取决于赊销数量和收账期限，但这都与跨国公司的信用政策有关。信用政策涉及信用标准、信用时间、折扣及收款政策等方面。制定信用标准，要考虑客户的品德（Character）、还款能力（Capacity）、资本（Capital）、抵押品（Collateral）和条件（Conditions），即所谓的5C因素。信用时间的长短会影响销售量的多少，但同时应收账款占用的成本和风险也会随之增减。折扣有利于加速收回应收账款，但成本会提高。收款政策规定了收回过期欠款的程序，但也要对增加的收益与增加的成本进行对比。总之，跨国公司制定信用政策的基本依据是信用成本和收益的对比。

跨国公司对应收账款的管理，常常面临着许多复杂的问题，如距离、货币价值变动和资本管制威胁等，而这些问题对于在国内的应收账款是没有的。企业对外的应收账款管理涉及两个基本因素：一是支付的币种；二是支付的条件。币种的选择有三种，即出口商货币、进口商货币和第三国货币。通常，出口商愿意用最坚挺的货币标价开票，而进口商则愿意用最疲软的货币支付，其结果可能是在支付条件和支付币种之间作出妥协性选择。影响支付条件的最重要的因素是标价货币的软硬。如果支付货币以软货币进行，应收款应尽快收回；如果支付以硬货币进行，收款期可略作延长。

及时收回应收账款，对跨国公司具有重要意义。应收账款如不能及时收回，则意味着损失资本利息，甚至会危及资本本身。此外，还可以通过国家出口信贷担保、合同条款、远期市场、期权市场、期货市场以及运用代理收款等方式，减少应收账款的风险和损失。

2. 应付账款

跨国公司因赊购而尚未支付的款项，形成了应付账款。跨国公司处于债务人的地位。与债权人不同，债务人一般都尽可能地延缓付款时间，以便得到更多的利益。

跨国公司支付职能的管理在许多方面与其国内经营相似，支付债务需要通过一定途径去筹集资金，有时可能代价很高。因此，精明的管理者在万不得已时才去偿还债务。虽然过期不付会失去信用，导致今后付款条件更加严格，但是延迟支付是十分普遍的现象，利率很高的时期尤其如此。延迟支付现象往往并不是因为债务人缺少资金，而是出于财务管理上的考虑。

（二）跨国公司内部现金流量管理

跨国公司现金流量管理的重点，是资金在跨国公司内部的转移或流动。一般来说，跨国公司内部的债权人和债务人不具有冲突性质。母公司通过集中或分散的组织形式，运用净额结算、集资经营等方法，对不同子公司（分公司）之间的应收账款和应付账款加以控制。

1. 净额结算

除了将资金集中在一个中心点以外，跨国公司还可以利用净额结算来处理公司内部的交易活动。净额结算，顾名思义是指对于各分支机构的往来支付，只将所需的净值加以转移。这种净额结算基本上是一种确认每个子公司净流入和流出的内部票据结算系统。当跨国公司内部不同的子公司或分公司经常有交易业务时，运用净额结算方法可以节省服务和交易费用，有效地避免政府对外汇和资本的管制。

净额结算有双边和多边两种形式。例如，某跨国公司在德国的子公司将价值 100 万美元的商品卖给该公司在意大利的子公司，接着，后者又将价值 200 万美元的商品卖给前者，全部现金流量是 300 万美元。但从净额角度看，在德国的子公司只需将 100 万美元支付给意大利的子公司。这种结算即为双边净额结算。事实上，双边净额结算用得较少，这主要是因为跨国公司内部的交易往往呈现出更为复杂的结构，两个子公司之间不会同时向对方购买商品，又同时将商品售往对方。换言之，跨国公司内部的买卖活动常常形成一种多边结构，在这种情况下可采取多边净额结算，如图 8—1 所示。

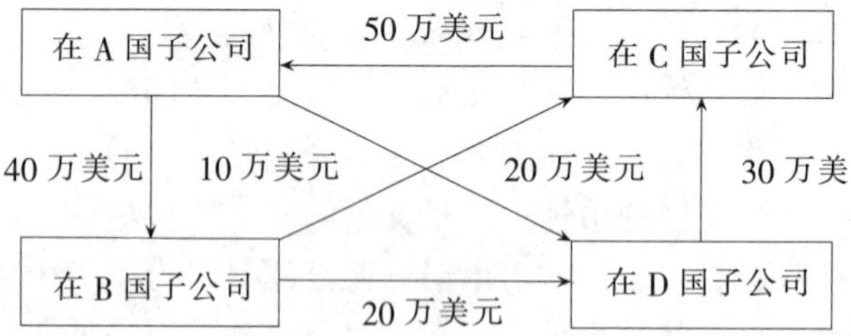

图 8—1 多边净额结算

从图 8—1 中可看出，每个子公司的现金流入量和流出量相等。从多边角度看，全部转移的净额为零。当涉及子公司之间大量跨国界的往来用户时，跨国公司可运用数学规划设计净额结算系统，以使总成本最小。

多边净额结算一般要求有一个控制中心，即中央结算中心。它与各子公司的账户联系在一起，统一进行净额结算，如图 8—2 所示。

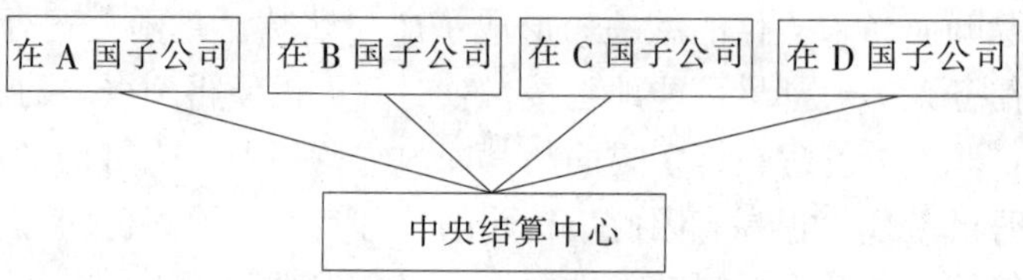

图 8—2 以中央结算中心进行多边净额结算

将图 8—1 与图 8—2 进行对比，显然收支渠道大大减小，而且都是单一的净支或净收。

2. 集资经营

跨国公司内部现金流量管理的另一种常用方法是集资经营，又称累积账户。所谓集资经营，即将额外现金或准现金资产集中在公司内某个分支机构统一支配，其目的是提高使用这些资产的效率。这种方法有利于内部融资，还可避免或减少由资本和外汇管制及货币贬值而引起的风险，也便于利用过剩资金向外投资，以取得规模效益；此外，集资经营还增强了母公司对海外子公司的控制。设在金融市场不发达国家的子公司，常常资金短缺，这在资本和外汇管制存在的条件下尤其如此。通过集资经营能向这些子公司提供资金。

集资经营成功的关键，是设立一个控制财力的中心机构。这个机构不需要将跨国公司所有的流动资金都集中起来，而只是集中各子公司过剩的资金。资金短缺的子公司，不是向中心机构转移资金，而是从中心机构取得所需的资金。因此，中心机构不仅要收集有关过剩资金的信息，而且应该收集各子公司资金需求的有关资料。集资经营对整个公司和每个参与集资的子公司都是十分有利的。

由于合营的资金是现金和有价证券，涉及不同的货币，因此负责跨国公司集资经营的管理者，在进行对内、对外投资时，必须首先进行货币决策，一旦决定在公司内部进行放款，借贷双方就要共同承担外汇风险。

二、跨国公司非流动资金管理

跨国公司非流动资金管理是指跨国公司对在跨国经营活动中所持的非流动资金的管理。跨国公司非流动资金管理的职能是：从整个跨国公司立场出发谋求最佳财务效果，减少跨国公司资金的总体成本及资产的总体风险。其内容包括长期投资、证券投资和长期放款等。

（一）长期投资

长期投资（Long-term Investment）涉及长期投资财务决策分析及比较不同投资计划的预期报酬。制定长期投资财务决策一般分三个步骤：第一步，评估不同投资计划所涉及的各项交易的预期汇率，确定融资计划和预期投资风险；第二步，预测不同投资计划利润汇回金额、汇率及纳税额；第三步，比较不同投资计划的效益。通常采用的标准是净现值(Net Present Value)，即投资方案在实施年限内的总收益现值与总费用现值之差，也可以表示为使用期内逐年收益现值之总和。其方法为：（1）采用单一目标贴现率（Target Rate)，即从全球观点出发，决定跨国公司的资金来源和运用，哪里借款最有利即从哪里借款，哪里最需要资金即向哪里投资；（2）按不同的国家或不同的计划，采用各管各(Let Every Tub Stand on its Own Bottom）的资本成本及贴现率。

（二）证券投资

证券投资（Portfolio Investment）是长期投资战略的一个组成部分。跨国公司采用证券投资形式向外提供贷款，同时，也可以该形式作为重要资金来源。这种投资形式可能会增加投资项目的盈利性。通常规模大的投资项目要求在它们的金融机构中有大量的证券资本。但是，能否获得大量证券资本的前提条件是，保证贷款者即使在价格下降或其他不利情况下，所有借款能够得到如数偿还。因此，在世界经济出现回升势头后，各国资本市场上的股票及有价证券就会相继活跃。

一般说来，一项大的投资项目，如筹建一个大的采矿项目，可能需要5亿～10亿美元的投资，其中40%～60%为证券投资，这样大笔金额的投资很难指望一家跨国公司单独承担，而需要形成一个贷款集团。但是，将抱有不同目标和期望的证券投资者组合在一起，为一个项目提供证券资金，其中的管理工作将是十分复杂和困难的。

（三）长期放款

长期放款（Long-term Credit）是跨国公司非流动资金管理的又一项内容。跨国公司将闲置资金投放市场进行长期放款生利。跨国公司利用跨国银行转手贷款，事先将资金存入此类银行，再由银行出面贷款。若贷款给国外子公司，还会起到避免或减少风险的好处。因为东道国政府为顾及本身形象，并不限制当地的外国子公司向国际性银行支付贷款利息。相反，东道国政府往往以种种借口限制此类子公司支付贷款本息给母公司。

第三节 跨国公司外汇风险管理

一、跨国经营中的外汇风险

跨国公司在经营中，由于使用多种货币，经常面临因汇率变动而遭受损失的可能性，这种可能性即外汇风险，通常也称作外汇暴露（Foreign Exchange Exposure）。外汇风险是一种资产的不安全因素，因而外汇风险管理是跨国公司财务管理中的一个非常特殊而又重要的组成部分。

外汇风险不仅涉及跨国公司，任何公司只要应收或应付账款涉及外币，都会产生外汇风险。对跨国公司来说，这种风险会影响公司资产、负债、交易值、现金流量及目前和未来的盈利。跨国公司因条件不同而受外汇风险影响的程度也不相同。

外汇风险主要有四种类型：交易风险、换算风险、经济风险和税收风险。

（一）交易风险

交易风险（Transaction Exposure）是指在汇率变动后，跨国公司对以往债务关系必须进行清结，由此引起的损益的可能性。包括以外币计价的商品或劳务的买卖，以外币表示的借款或贷款，尚未履行的期货外币买卖合同以及以其他方式所取得的外币资产或所发生的外币负债。当一家跨国公司以一种外币表示的未收回债权超过它的负债时，该公司就处于“积极”暴露状态。

（二）换算风险

换算风险（Translation Exposure）也称为转换风险、汇集风险。换算是指以外币度量的国外子公司资产负债表的数字必须用跨国公司母国货币来重新表示，以便能使跨国公司账目统一起来。在这种换算中遭受损失的可能性即换算风险。

目前许多大型跨国公司采用 1982 年 12 月美国财务会计标准局（Financial Accounting Standard Board，FASB）所制定的规则——结算日汇率法，即对收入、支出、利得及损失等损益表中的各项目，按表中所指的时期内的平均汇率，经适当加权进行折算；对资产负债表中的各项目根据现时法（Temporal Method）换算，所有的货币资产和负债将按新汇率换算；其他账户则仍按它们最初入账时的汇率转换。经上述各种方法折算后的利得或损失计入“主权资本折算调整账户”。

（三）经济风险

经济风险是指预测或对付汇率变动对以母公司货币衡量的跨国公司现金流量的长期影

响。这种测度不是来自会计程序，而是来自经济分析。其目标有两方面，一方面，力求使汇率变动对跨国公司海外开支和营业活动的风险最小化；另一方面，使跨国公司现金流动的现值最大化。经济风险分析实际上等同于长期战略计划，它要求跨国公司管理者在考虑到国际经济环境变化诸多因素的同时，也应考虑汇率变动对跨国公司未来现金流动产生的深远影响。

（四）税收风险

税收风险是指汇率波动对跨国公司所得税的影响，外汇贬值时即减少税负，外汇升值时则增加税负。为此，跨国公司力求使它的全球性外汇损失所享受的税收利益最大化，使它的全球性外汇利得应缴纳的税收额最小化。

二、跨国经营中的外汇风险管理

跨国公司组织全球生产经营活动，使用许多国家的货币，面临种种外汇风险，因此外汇管理至关重要。从跨国公司财务角度考察，其会计账目可分为两大类：一类为不承受货币变动风险的项目，如股本、存货、固定资产和长期贷款等；另一类为承受货币变动风险的项目，如现金、流动资产、流动负债和长期负债等。当跨国公司预测东道国货币将要贬值时，可以采取相应的措施，减少承担风险的资产，增加承担风险的负债。具体做法包括：延期偿还公司内部按当地货币计算的欠款；突击增加进口，防止东道国货币贬值引起的进口货价上涨；增加库存量，以便在货币贬值后调整存货价格；向东道国银行大举借款等。如果跨国公司预测东道国货币将要升值，则可以采取相反的措施。

跨国公司要经常预测汇率变化对公司收益稳定性可能产生的影响，并采取必要的措施避免或减少风险造成的损失。跨国公司可以采用调整生产经营战略和加强外汇风险管理两个方面的措施。

（一）调整生产经营战略

跨国公司为了避免或减少外汇风险给企业经营造成的损失，在生产经营上可以采取以下具体措施。

1. 生产经营分散化

通常跨国公司在许多国家和地区组织生产经营活动，在汇率变化的情况下，跨国公司可以以一个市场上的子公司的收益弥补另一个市场上的子公司的损失，从而使正负影响抵消，从总体上保持跨国公司收入的稳定性。

2. 财务活动多样化

跨国公司谋求从不同的资金市场和资金渠道获得货币资金，在汇率变动情况下，通过货币多样化组合中不同货币价值的此消彼长，来避免或减轻风险。20 世纪 90 年代以来，各国跨国公司调整生产经营，普遍实施分散化、多样化的政策措施，以减少相应的外汇风险。

（二）加强外汇风险管理

跨国公司加强外汇风险管理可以从长期风险管理和日常风险管理两方面入手。

1. 长期风险管理

长期风险管理的目标是确保跨国公司资产的保值增值、业务经营的持续和股东利益的长期最大化，因此，它不是到期货市场上去操作来对付业已出现的资金风险，而是在资金风险刚刚露头，还未变得很大之前，就采取适当的对策使这种风险最小化。跨国公司常用的对策有三种：第一，预测若干年内汇率变动的有效范围，以便有针对性地采取保护措施；第二，估计若干年内外汇流入和流出之间的差额所引起的净风险；第三，对预期风险进行抛补（Cover），即“保值”对冲，以便减少或消除可能的风险。跨国公司利用其财力雄厚、情报信息灵通的优势，对影响汇率的诸种因素如一国经济发展情况、国际收支的变动趋势、通货膨胀的变动规律等进行早期情报分析和预测，并及时作出“货币风险报告”，采取必要的措施，防患于未然。

2. 日常风险管理

日常风险管理的目标是，减少跨国公司日常性业务活动中由交易及折算引起的外汇风险，以求实现短期内每股税后盈利最大化。它是跨国公司资金风险管理中最重要也是最基本的业务。具体措施包括：

（1）套头保值。套头保值是指在外汇市场上经由期货合同先行买进或卖出未来外汇期货，以备到期时有确定数额的外汇（或者能够收到确定数额的本国货币）以支付对方；或者经由外汇现货市场先行借进外币，将其换成本国货币加以运用或生息，当预期的外汇收入到期时，即以其归还此笔外币借款。在期货或现货外汇交易中，两种不同合约的标的数量必须吻合，才能免去汇兑损失风险。它用抵消性安排来避免或减少风险，使某一外汇合同所失去的，能由另一外汇合同所收回，所以也称为“对冲”。在远期市场上的套头保值，是最典型的套头保值。例如，某跨国公司在以现行汇率购进美元的同时签订合同，于三个月后在远期市场卖出同样数量的美元。如果美元贬值，公司持有的美元会遭到损失，但在远期销售时，可以把这笔损失赚回来；如果美元升值，则公司在远期交割时亏损，但手中持有的美元却得益。总之，不论哪一种情况，公司都不会遭受损失。

（2）货币互换。跨国公司在许多国家设有分支机构，可以利用货币互换作为套头保值的一种形式。货币互换的典型做法是两种货币相互交换，并在一定时期后再重新换回。初期的货币互换，根据现时即期汇率进行；随后的货币再互换也依据同样的货币比价，而不考虑其间外汇汇率的变动。这种方式的优点是完全消除了外汇风险。这种安排可能涉及一些边际成本，主要是反映差别利率的差别费用。交易双方以确定的本金交换，并按议定的利率，以未偿还的资本金额为基础进行利息支付，由此会产生成本。

（3）外汇储备。跨国公司保留合理的外汇储备，然后再利用这种储备去抵消外汇市场上无法预料的影响。与一般套头保值不同，外汇储备不是在市场上套头保值，而是利用本公司的资金，进行自我套头保值，以平缓外汇波动的不利影响。外汇储备在某些国家不失为好方法。有些国家资本市场不发达，没有远期外汇市场，且通货膨胀较严重，货币易贬值，因此调节外汇储备就成为保护收益的主要手段。

（4）提前和延迟。在预测汇率将要变动时，提前或推迟应收款和应付款的收付，可以减少风险，增加收益。例如，母公司预期某国货币将贬值，就要求在该地的子公司增加当地借款，并提前偿付母公司或其他硬货币地区的子公司的应付款；同时，母公司和其他子公司，对货币可能贬值的国家的子公司的应付款则予以推迟支付。这样，跨国公司可以减少在软货币国家的外汇风险。

关键概念

跨国公司融资管理　跨国公司融资方式　跨国公司投资管理
出口信贷　国际租赁　净额结算
集资经营　外汇风险　套头保值
货币互换

复习题

1. 跨国公司资金的来源主要有哪些？
2. 跨国公司的融资方式主要有哪些？
3. 简述国际租赁的具体操作程序。
4. 简述跨国公司流动资金管理的主要内容。
5. 简述跨国公司非流动资金管理的主要内容。
6. 跨国经营中的外汇风险主要有哪些类型？
7. 跨国经营中的外汇风险管理主要有哪些内容？

第九章

跨国公司人力资源管理

本章要点提示

◎ 跨国公司人力资源管理是指跨国公司通过选聘、评价、培训与开发管理人员和员工，以保证经营活动正常进行和实现既定目标的活动过程。

◎ 与国内企业人力资源管理相比，跨国公司人力资源管理内容更复杂，难度更大。跨国公司人力资源管理包括管理人员管理和员工管理。

◎ 跨国公司人力资源管理的重点是建立一支具有跨国经营能力的管理队伍，特别是驻外管理人员队伍。跨国公司必须高度重视驻外管理人员的选择与培训工作。

◎ 跨国公司员工管理的基本内容包括员工的选聘和晋升以及培训和发展等。

导入案例

西门子公司在中国的人力资源战略

在中国，西门子公司已经有125年的历史。到1998年，西门子公司在中国投资达到10亿美元，员工增加到1.8万人。作为一家著名的跨国公司，西门子在中国采取了富有远见的本地化战略。

西门子实施了一系列本地化的具体措施。在人员选拔过程中，业务部门和人事部门同应聘人员一起谈话，业务部门侧重考查学识、工作经历及业绩等，人事部门考查资格、思维方式等；依据表现、动力和认同三个标准选拔人员。在人员工资待遇上，西门子以市场为出发点，制定一套标准参照执行，福利方面执行中国的劳动法，在外企中属样板单位。同时，西门子注重将个人创造性融于部门整体的工作中，要求员工有很高的团队意识、协作精神，并以德国职业教育为样板，为中国员工设计综合的培训方案，为他们提供职业培训和继续教育。

西门子是一个富有吸引力的雇主，其人事政策有利于员工奋进并安于工作，大多数员工愿意终生为西门子工作。

第一节　跨国公司管理人员管理

跨国公司人力资源管理是指跨国公司通过选聘、评价、培训与开发管理人员和员工，以保证经营活动正常进行和实现既定目标的活动过程。与国内企业人力资源管理相比，跨国公司人力资源管理内容更复杂，难度更大。跨国公司人力资源管理包括管理人员管理和员工管理。

一、跨国公司管理人员管理的主要内容

（一）管理人员应具备的素质和能力

从事跨国经营活动的管理人员，由于其所处经营环境和管理环境的特殊性，对其素质和能力的要求高于只从事国内经营活动的管理人员。一般说来，从事跨国经营活动的管理人员应该具备以下基本素质和能力。

1. 必要的跨国经营知识

必要的跨国经营知识包括跨国交流的语言知识、有关国际产品市场和资本市场的知识、有关国际业务的知识、有关东道国经营环境的知识及有关国际惯例的知识。掌握这些知识，跨国公司的管理人员才能胜任跨国经营环境中的经营管理工作。

（1）语言知识与沟通技能。语言是一种有组织结构的、约定俗成的符号系统，用以表达一定地域和文化社群的经验。作为一种传达情感、价值观念、信仰和规范的基本文化手段，语言使得人们与本文化群体其他成员能够进行思想和信息交流。每个民族都有自己独特的语言，如特有的发音、拼写规则、符号和语法规则等。这使得具有不同文化、使用不同语言的人们无法通过语言相互交流和理解。

翻译是克服语言障碍的重要手段。然而，在跨国经营的沟通中，将一种语言翻译成另一种语言，并不像很多人想象的那么简单，有些词语无法准确翻译。词义来自社会经验，当一种文化不存在相应的社会经验时，就难以找到能够恰当表达这些经验的词。在这种情况下，跨国公司的管理人员掌握并能有效运用跨国沟通所需要的语言知识就显得十分重要，尤其是母公司派往国外子公司的管理人员，掌握东道国语言和一门国际通用语言，是必要的任职条件。为了达到沟通的目的，仅仅“会”语言是不够的，重要的是懂得如何“用”语言，即真正体会语言的精髓。

（2）有关国际市场的知识。首先是跨国经营产品的国际市场知识，包括市场供需关系、价格水平、质量标准和服务特色等。采用多国战略的企业，其管理人员必须了解各东道国市场中竞争对手的情况。采用全球战略的企业，其管理人员需要掌握有关全球市场的结构、增长趋势、主要竞争对手的生产能力、竞争优势和战略动向等方面的信息。

其次是国际金融市场的知识，包括融资成本的高低、汇率的变化、外汇管理政策和税收政策等。当企业的跨国经营规模扩大到一定程度，必然会涉及在国际金融市场筹集资金的问题。掌握在国际金融市场上融资的知识，会大大降低融资成本。例如，各国的税制、税率差别很大，通过选择适当的融资类型、融资货币和融资地点可以避免或减轻纳税负担。跨国公司在融资过程中，还可以充分利用东道国政府提供的各种优惠贷款，如出口信贷等。跨国经营涉及不同货币的兑换和业务结算，掌握外汇市场和各国外汇管理政策的知识，可以减少汇率变动造成的损失。

（3）有关国际业务和国际惯例的知识。国际业务主要包括国际贸易业务和对外直接投

资业务。国际贸易业务知识涉及具体的外贸业务操作，以及工商、税务、商检、审计、海关、保险、海运和外汇结算等方面的知识；对外直接投资业务知识涉及东道国的自然条件、厂址选择、谈判和签约等方面的知识。

国际惯例是各国企业在跨国经营中逐渐形成并在国际上共同遵守的一些准则或做法。熟悉国际惯例，有助于企业跨国经营活动的顺利进行。

2. 制定和实施跨国经营战略的能力

由于跨国经营环境的复杂性，跨国经营战略的制定要比国内企业战略的制定复杂得多。制定好的跨国经营战略，首先要求管理人员具备很强的信息收集、分析和预测能力。影响跨国经营环境的因素种类繁多，千变万化，要把握跨国经营环境的变化规律，必须系统、全面地收集有关这些因素的信息，并作出准确分析。其中，有关竞争对手战略动向和东道国政府政策变化的信息对制定跨国经营战略十分重要，但往往很难获得。

不同类型跨国经营战略的制定，对不同层次管理人员有不同要求。国际战略和全球战略基本上由母公司的高层管理人员制定，子公司的管理人员只是战略的实施者。制定这两种战略，管理人员通常站在母公司立场上，根据母公司的优势和弱点，考虑国际战略目标或全球战略目标的实现。多国战略的制定需要国外子公司管理人员更多的参与。在各东道国，如何发展业务、占领当地市场，是子公司管理人员实施战略时考虑的主要问题。因此，母公司的高层管理人员需要具备较强的战略制定能力，而国外子公司的管理人员需要具备较强的战略实施能力。

实施战略对管理人员的要求更高。战略是一种根据竞争对手情况制定的中长期发展规划。在制定战略时，有许多因素可能没有考虑在内，而且也不可能准确预测出各种因素的变化。这需要管理人员在实施战略时能够对各种突发的偶然事件或之前没有考虑到的变化作出准确判断和及时反应。例如，宝洁公司的液态洗涤剂在20世纪80年代初打入欧洲市场时，没有考虑到欧洲洗衣机不能使用液态洗涤剂这一因素，结果没有销路。该公司对洗涤剂及时进行调整后，销售状况很快得到改善。技术进步、产品生命周期缩短和竞争条件的变化都会对战略实施提出要求。

实施不同的跨国经营战略，管理人员必须具备的能力是不同的。实施多国战略，要求国外子公司的管理人员具备企业家的开拓精神和独立决策的能力，能够在东道国陌生的环境中尽快打开局面，建立正常运行的经营系统。实施国际战略，要求管理人员在跨国经营活动中充分利用母公司的技术和产品开发能力，在产品寿命周期的不同阶段，把技术有效地转移到国外子公司中。实施全球战略，要求母公司的管理人员具备有效地协调和控制全球经营活动的能力，保证战略方案的贯彻和执行。子公司的管理人员则要领会母公司制定的战略，并能够创造条件保证战略的实施。①

跨国经营环境的变化会迫使企业对其总体跨国经营战略进行重大调整。例如，全球经济一体化的发展使一些多国公司放弃多国战略，转向制定和实施全球战略。这种总体战略的转变会在公司内部引起权力和利益的重新分配，从而导致母公司和子公司之间以及子公司与子公司之间的摩擦。管理这种战略的变化，也是管理人员应具备的重要技能。

---

① 实施跨国战略对管理人员能力的要求更高。管理人员既要从全球角度对跨国经营活动进行有效的协调和控制，又要考虑各东道国市场的差异，对不同环境有较强的适应能力。

3. 跨文化管理的能力

企业从事跨国经营活动，必然要接触到不同国家的文化，理解不同文化对管理行为和事件的影响对于进行跨文化管理的管理人员来说十分重要。当跨国公司的管理人员到具有不同文化的东道国工作时，往往会遇到很多困难。东道国特有文化的语言、价值观念和思维方式等因素在跨文化管理中会形成障碍，产生矛盾，从而影响跨国经营战略的实施。理解文化差异是跨文化管理能力的一个重要方面。理解文化差异有两层含义：一是理解东道国文化如何影响当地员工的行为；二是理解母国文化如何影响母公司派去的管理人员的行为。只了解东道国文化的差异而不了解自己文化的差异是不够的。

文化敏感性是跨文化管理能力的一项重要内容。例如，可口可乐公司的市场营销人员认为，他们的成功可归因于对下列文化要素的理解：可口可乐公司的文化，产品品牌文化和消费者的文化。作为世界最著名的品牌之一，可口可乐产品销往世界几乎所有国家，不同国家消费者具有不同文化。正是理解了这种文化差异，可口可乐公司的营销人员才能在不同国家的营销活动中采用合适的营销手段，赢得消费者的喜爱。

适应能力是跨文化管理能力的另一项重要内容。适应能力包括工作适应能力和社会适应能力。工作适应能力是指从事跨文化管理的管理人员能在东道国子公司的新环境中很快建立新的工作关系，得心应手地处理日常经营管理问题。社会适应能力是指管理人员对工作环境以外的社会环境，包括社会风俗、生活习惯、社会关系和人情观念等有很强的适应能力，能应付外部环境的各种人际关系和复杂的政治经济问题。

4. 组织结构设计与管理的能力

跨国经营对组织结构的设计与管理的要求大大提高。单一的组织结构形式往往不能满足在复杂的跨国经营环境中协调和控制各种生产经营活动的需要，因此，组织结构的设计与管理能够保证跨国经营战略的有效实施，是管理人员的一项重要工作。

在跨国公司中，管理人员的组织结构设计与管理的能力主要表现在以下几方面：(1) 组织结构设计中更高水平的创新能力；(2) 快速学习、及时作出反应及高效率工作的能力；(3) 在不断的组织更新中及时发现和采纳不同管理理念的能力；(4) 有效协调复杂的财务、人事、市场营销和生产等部门活动的能力；(5) 及时发现不同国家子公司在生产、组织、营销等方面存在的问题，并提供有效解决问题的办法的能力。

5. 相互学习和转移知识的能力

跨国公司的跨国经营活动分散于多个国家的公司中，母公司与子公司、子公司与子公司之间的管理人员相互学习和转移知识，是跨国经营成功的关键。对单个管理人员来说，成功地开展跨国经营活动要求其具有广泛的兴趣，能够虚心学习和吸取各种不同的跨国管理经验，勇于实践和冒险。对整个跨国公司来说，把一个子公司的成功经验传授给其他子公司，通过组织各子公司互相传授跨国经营的成功经验，是母公司高层管理人员应具备的能力和责任。

在信息网络和信息系统日益普及的时代，建立管理信息系统并利用各种信息网络获得信息、汲取新知识，并把技术和管理技能等跨国经营所需要的知识，通过信息系统发送给在其他国家工作的管理人员，是跨国公司管理人员应该掌握的技能。成功的跨国公司应十分重视这些管理人员的跨国经营经验，并通过各种形式，如培训和研讨会，向没有国外工作经历的管理人员传授这些跨国经营经验。

6. 与不同国家管理人员配合工作的能力

跨国公司中的管理人员来自不同国家，这些具有不同国籍的管理人员能否有效地配合工作，是决定跨国经营成败的一个重要因素。企业的跨国经营活动加强了管理人员和技术人员专业化分工的程度，一些管理人员只负责某一国家和地区的生产经营活动，另一些管理人员可能只负责与某一类产品有关的跨国经营活动，这就更需要管理人员具备团队精神和相互协助、相互配合的能力。许多跨国公司采用项目组、委员会和任务小组等形式，促进管理人员之间的合作。

在不同的职能管理中，管理人员配合工作可能采取不同形式。例如，会计和审计工作，由于不同国家的会计准则不同，不同东道国子公司中审计的任务也不尽相同。一国审计的任务可能是保证会计数据的准确性，另一国审计的任务则可能是保证子公司的会计实践不违反东道国的法律规定。在这种情况下，跨国公司需要把不同国家子公司的审计人员召集到一起，制定出大家能普遍接受的国际审计标准。

西方学者对 30 家大型跨国公司的调查表明，管理人员的团队工作在以下三个方面发挥着重要作用：第一，将集体智慧普遍用于提供建议、咨询和沟通，越来越多的企业在跨国经营决策中运用团队工作方式；第二，全球性的团队工作不仅会加强市场和技术力量，还可以产生更灵活的经营计划，以及在战略实施中更紧密的合作；第三，团队工作的含义已扩展到公司的外部，如采用跨国战略联盟形式与合资伙伴、供货商及顾客之间进行合作。

（二）驻外管理人员的选择与培训

跨国公司人力资源管理的重点是建立一支具有跨国经营能力的管理队伍，特别是驻外管理人员队伍。因此，跨国公司必须高度重视驻外管理人员的选择与培训工作。跨国公司在聘用海外管理人员时，常常基于各种相关变量的考虑。根据这些考虑，跨国公司着手进行国际经营人才需求预测，即在一定时期内需要多少管理人员，应该在哪些国家采用新人员，采用的决策应该由母公司作出还是由国外子公司作出，如果在企业母国以外采用，应作何准备。在预测的基础上，跨国公司应制定国际经营人才规划，这样才有利于实现国际经营人才需求目标。国际经营人才规划的实施，需要跨国公司每年制定一个具有交叉文化色彩的培训计划。通过企业内部和外部的培训，使雇员尽可能多地获取国际经营方面的知识、经验。同时，跨国公司应在总部建立一个人才库，以发现和储备人才。

1. 驻外管理人员的选择

一般来说，一位已在国内工作岗位上显示出杰出才能的人，在国外获得成功的可能性往往较大。驻外管理人员不但应具有一般国内管理人员所应具有的技术和管理能力，而且还应具备一些特殊的重要才能，因为被派往海外的子公司管理人员，在国外常常扮演着四重角色，即对跨国公司总部来说是雇员，对母国来说是一位“大使”，对东道国子公司来说是高层管理者，对东道国来说又是一位临时国民。驻外管理人员应具备如下素质。

（1）管理能力。它包括制定既经济又高效的计划的能力；合理有效地组织利用所有生产要素的能力；发挥他人作用的能力；激励员工士气的能力；有效地交往能力和控制所有生产要素的能力。

(2) 业务能力。它包括灵活处理职责范围内的工作的能力；履行多种工作职责的能力；处理分外工作的能力；在专家顾问很少或没有的情况下能顺利工作的能力；在没有监督情况下能作出令人满意的成绩的能力；当机立断的能力和与国外市场联系的能力。

(3) 责任感和创造性。驻外管理人员在国外独立负责某项工作，应具有高度的责任感和创造性。为此，驻外管理人员必须明确总部的目标，对完成任务充满信心。由于需要与所在国政府官员、当地企业的高级管理人员进行谈判磋商，因此驻外管理人员在各方面应该比较成熟，不但了解东道国的政治、历史和文化，而且善于灵活地、创造性地化解困难，具有随机应变、恰如其分地处理问题的能力。

(4) 适应性。一个人在一种新的文化环境中生活，时常会遇到一种现象，即对这种新的文化环境迷惑不解或感到不适，这就是所谓的"文化冲击"。同样，还有"政治冲击"和"经济冲击"。驻外管理人员及其家属，对此应有足够的思想准备和调节能力，以增强适应性。此外，在健康、婚姻关系、个人偏好、年龄、社会的可接受性，以及对语言、食物、气候等方面应有较强的适应性。

(5) 个人特质。它包括对赴外任职的兴趣、热情；对人的理解；情绪稳定；坦率而无偏见；善于分析；宽容耐心；有自信心；能与不同背景的人融洽相处；有创造力，足智多谋；有外交手腕，善于社交；身心健康；有远见。

在挑选驻外管理人员时，可利用量化指标，通过标准化程序进行，见图9—1。

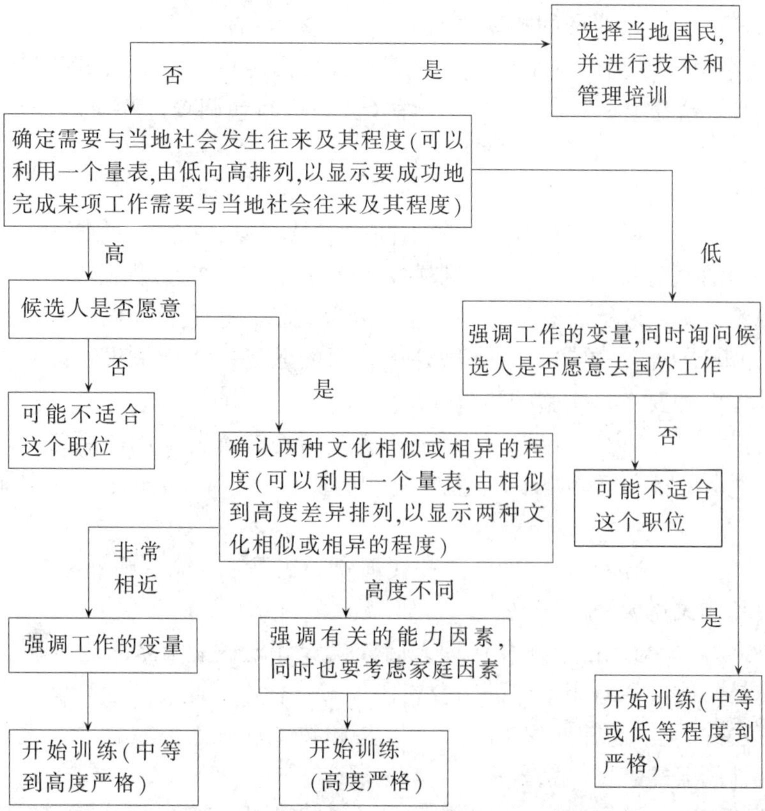

图9—1 挑选驻外管理人员的标准化程序

2. 驻外管理人员的培训

（1）培训的主要目的。对驻外管理人员的培训，是为了让他们获得国际经营管理的知识和经验，而最主要的是提高他们对不同文化的敏感性，使他们具有文化差异意识，使他们既明白自己的文化背景和文化状况，又具有对别国文化特征的理性和感性分析能力，从而了解影响人们行为的文化因素。驻外管理人员应对不同文化背景的人员拥有极强的敏感性和精确的观察力，与客户和有关人士打交道时，具有很强的理解力，同时具有促进文化协同的技能，能推动不同文化背景的人员协调工作，在发挥本企业文化和对付文化差异方面得心应手；能充分应用行为科学理论，从事国际商务活动和管理，善于减少因雇佣外籍人员而带来的不同文化的冲击。

（2）培训的过程。对物色、选拔好的驻外管理人员，跨国公司要根据他们的能力差异，在其任职前后，有步骤地进行如下有针对性的培训：

1）一般文化培训和地区性研究。其目的是：通晓文化形成的因素及本国文化的特征，获得异国文化的感受，领悟总部的人事方针和政策。

2）特定文化和语言培训。其目的是：学习东道国的语言，了解东道国文化、国情，特别是熟悉东道国的社会禁忌和制度、风俗习惯，会晤来自东道国的同事，获悉最新情况。

3）导向培训和了解东道国的经营环境。了解对方的客户和关键人物，了解工作计划、程序与合同管理，熟悉当地的物资采购、劳资关系、工作人员的雇佣方式，以及当地居民、政府对跨国公司经营业务的态度等。

4）海外监督和给予指导与帮助。驻外管理人员出国后，总部人事部门应督促其同东道国文化和当地环境融合；定期对驻外管理人员进行问卷调查，并对调查资料进行分析、研究，给驻外管理人员以指导与帮助。

（3）培训的主要内容。

1）管理方面。适应文化上的差异和不同的经营原则；解决一般管理、技术、财务、市场营销等方面的通信联络问题；做好那些对母公司经营方法不熟悉或持有异议的雇员的管理工作；熟悉外国的政治、经济、一般法律及公司法；适应长途旅行的需要。

2）会计和审计方面。换算和统一国外子公司的账目；实行报告制度和控制制度；适应外国的会计程序和要求；实施国际审计制度。

3）财务方面。能从银行筹到出口资金；能找到外国资金来源；能与外国银行取得联系；熟知外汇业务；能妥善办理国外金融资产的保护事宜；熟知资本和利润转入国内的程序。

4）市场营销方面。能与外国经销商和代理商一起工作；能了解外国市场和销售情况；熟知关税壁垒和非关税壁垒的情况。

5）投资方面。能与外国政府和代理人商谈投资计划；能与未来的外国合作者商谈投资和许可证交易；能选择有胆略的外国合资伙伴与其合作；能处理国有化一类的问题等。

6）生活条件。了解前往国家的商店、医药和教育设施，以及食物、气候、习俗、当地货币、对待外国人的态度、宗教和政党等情况。

（4）培训的方式。跨国公司培训驻外管理人员的方式很多，但总括起来不外三种：外部培训、内部培训和在职培训。每种方式各有其优点。

1）外部培训。外部培训计划是进行外部培训的指南，包括外国语言与文化的培训。该计划不是为某一特定的组织设计的，其目的在于拓展管理人员的眼界，而不是直接涉及他们各自的组织；该计划对增强文化敏感性是极有价值的，但却不涉及某种特殊业务的术语与习惯。然而，人们可能会发现，外部培训计划是专门为那些处于类似情况的人设计的，所以可以从别人的经验中得到借鉴。某些外部培训计划，能让管理人员了解某个领域最新的发展，从专家那里得到启发。此外，一般的管理培训计划是相当多的，不少跨国公司喜欢把经理们送到他们即将赴任的国家去接受这样的培训。当地的培训计划，能给经理们提供集中于某一特定国家的业务和文化的培训。

2）内部培训。内部培训方式是为了满足某个跨国公司的需要而设置的。它能根据受训者的学习情况及企业遇到的不同问题而灵活地改变计划。一般来说，这种培训的效果更为明显和直接。从具有不同国家与文化背景的组织中挑选出来的参加者，能聚集在一起，用同样的语言描述共同的问题。精心设计的内部培训计划能克服不断出现的问题，这是因为在培训期间讨论的问题有较强的普遍性。内部参加者相互认识、相互了解各自的观点，且很可能把焦点放在各单位之间有争议的问题上。实施内部培训计划，参加者会更感兴趣，因为所讨论的问题与他们自己的工作和目前组织中存在的问题关系甚为密切。

3）在职培训。在职培训一般是为个别管理人员及其特别工作需要而设置的。在职培训的优点是由更有经验的上级监督受训者在实际工作中的表现。这种培训强调实践性，管理人员能学到某些理性知识，而且还具有时间上的优点。内、外部培训通常具有一定的时间限制，而文化敏感性的培训实际更需要花费较长的时间，在职培训方式恰好适应了这一客观要求，能够长时间进行，因此在职培训又是一种实用性很强的培训方式。

二、跨国公司管理人员管理的主要政策

（一）跨国公司人事政策

正确的人事政策，不仅可以提高工作效率，还可以增进人们对整个组织的信任和尊重；否则，会使工作遭受损失，并失去人们对组织的信任和尊重，使组织陷入危险的境地。一般来说，跨国公司人事政策有以下三种方案可供选择。

1. 民族中心政策

民族中心政策是指跨国公司在世界各地的子公司的重要职位的管理人员都由母国人员担任的政策。这些重要的管理职位，通常是子公司的总经理或财务经理，以及与技术转移和反馈活动有关的主管部门经理。这种人事政策的好处是：子公司管理人员与母国公司不存在文化差异，能在国外显示母国公司的存在；同时，有利于经营活动中技术诀窍的保密。

在企业国际化的初期阶段，总公司要向子公司转移资金、技术或管理方法，而母国人员对这些内容是最熟悉的，而且在这一阶段，转移的内容是取得经营成功的关键因素。所以，在这种情况下，让母国人员担任子公司的要职是最佳的选择。在 20 世纪 60—70 年代，跨国公司多采取这种人事政策。据一项调查显示，美国最大的 150 家工业跨国公司，在近 4 000 名高级主管中，只有 59 名（占 1.5%）外国人，而在这 59 名外国人中，又有

一半是加拿大人。

随着跨国公司各子公司的不断发展，民族中心政策暴露出很多缺点：

（1）这种政策会妨碍公司总部派出的管理人员的晋升，特别是当企业在海外拥有许多子公司时，很多在国外任职的母国人员必然会意识到，他们为公司从事的海外服务，可能会使他们丧失跻身于总公司高层职位的机会。

（2）实施这种政策需要付出高昂的代价，这包括外派人员的额外津贴，以及家属和本人在国外工作和生活能否适应等。

（3）母公司的管理风格和母国文化进入子公司后，可能引起摩擦或冲突。这集中表现在子公司的高级管理人员对当地人不开放，一方面会打击当地管理人员的积极性，另一方面会导致子公司高级管理人员在东道国生搬硬套母国的管理观念和方法，形成文化上的偏见，不接受东道国的管理观念和方法，从而不受东道国政府的欢迎。

2. 多中心政策

多中心政策是指跨国公司聘用东道国当地人员担任子公司的管理要职，而总部的要职仍由母国人员担任的政策。雇佣当地管理人员管理子公司有如下优点：

（1）可以消除语言、文化上的障碍，不必对雇佣人员进行语言、文化方面的培训，不存在管理人员及其家属的跨文化调整的问题；

（2）能够降低国外子公司在当地敏感政治环境下所受的影响；

（3）可以利用东道国低工资的优点来吸引高质量的人才；

（4）当地雇员往往不会调到总公司或其他海外企业工作，从而在一定程度上保证了该子公司管理人员的相对稳定。

然而，雇佣当地管理人员管理子公司又有如下缺点：

（1）当地人员往往不了解整个公司的国际化经营战略、产品和技术，从而在合作和协调方面会由于不同的业务实践、不同的价值观念等因素，而将自己国家的观念与跨国公司的精神与优势对立起来。

（2）当地人员不容易把该子公司与企业系统的其他部分沟通起来。由于教育程度、业务经验和文化环境不同，他们有可能不想成为整个企业系统中的一员。

（3）在升迁方面，一旦当地人员在子公司被提拔到最高职位时，他们便不能再提升了。这就是所谓的当地人员的不可移动性。这种情况往往会影响他们的士气，并且妨碍他们的下属的提拔。反过来说，由于当地人员在子公司中被提升的可能性受到限制，跨国企业就难以招聘和留住一些最有经营管理才能和经验的当地人员。此外，一些东道国（尤其是发展中国家）的人员，把在外国公司工作当做一种培训，一旦获得经验就另谋他职。

（4）人员的当地化不利于总部、国外子公司的管理人员到母国之外的其他地区去工作，使他们难以获得跨国经营的工作经验和知识，因而难以培养他们沟通、协调和有效地监督跨国公司业务的能力。这种政策不大可能造就出能胜任公司各个单位工作的国际管理人员，可是又要求他们负责制定那些由当地人员主管的子公司的经营策略，调拨分配他们之间的经营资金。

由母国人员控制公司总部高层管理具有一定的优点，这就是管理人员具有类似的文化背景，相互间也易于沟通。他们可能在母国各单位接受过培训，具有一定的管理技能，熟悉跨国公司管理的工作方式。然而，从长远看，用这种人事管理政策的跨国公司，最终会成为实际上独立的各个子公司的集合体，其总部的责任仅仅是传递信息和把母国各单位的管理人员组织起来。

3. 全球中心政策

全球中心政策是指跨国公司只考虑任用最适当的人选来担任最重要的职务，而不考虑其国籍的政策。这种人事政策与跨国经营中跨国公司的优势相一致。如果跨国公司能在全球范围内合理利用自然资源、资金、技术等，就有可能在国际市场上合理利用人力资源。为什么必须在全球范围内实行管理人员的最优化组合呢？这是因为，对于由母公司派驻国外担任子公司要职的管理人员来说，在一定时期，由于没有充分了解各国特别是子公司所在国的文化、政治和经济状况，而往往使自身所具有的能力和经验有所抵消；另一方面，只有减少或避免对整个公司系统内不同单位管理人员国籍歧视的倾向，才能使公司更好地挖掘其潜力，充分发挥其各方面的优势。

然而，这种人事政策的实施会受到许多因素的限制：

（1）东道国的人事政策往往要求外国子公司雇用当地人做管理人员，如印度政府就把部分雇用当地人员作为外国企业入境办公司的条件之一。

（2）在世界范围内分散招聘，须进行语言和文化的培训，加之家庭在不同国家间流动，所需费用很大，且其工资水平也明显高于各国的水平。

（3）这种方式需要对人员及其职业进行高度集中控制，要削弱当地管理人员选择自己部下人员的特权。

（4）要完善此项政策需要很长的时间。

因此，对希望培训一批管理骨干的跨国公司来说，提拔政策与实践应该使应聘者认识到跨国服务对企业是非常重要的。为了使出色的管理人员能在子公司工作，企业应让他们有晋升到高层的机会，而不应有国籍歧视的现象。

（二）跨国家调动

所有的跨国公司，不论其对管理人员的人事政策如何，都要在一定范围内，对其雇员作跨国家或跨文化的调动。有些调动可能是长期的，有些则可能是暂时的需要，也可能是国际人才开发计划的一部分。长期被派往国外工作的经理，可能会遇到适应国外不同的文化氛围，以及如何与母公司保持良好关系等一系列问题，因此对这种职位人员的选拔要非常慎重。

1. 受调人选

拥有大量的、能胜任在国外工作的管理人员的企业确实不多。因此，跨国公司需要建立一套复杂的选拔制度。国外子公司管理人员的职位所需要的素质，与作为一名经理所应具备的素质很相似，但无论怎样，对受调人的要求，是依不同的情况和国家而有所不同的。有关研究资料表明，尽管跨国管理的成就与个人的素质和经验有关，但仅用这样的标准来选派人员是不充分的。

2. 工作适应

调往国外的管理人员，要在一个与已经习惯的文化环境大为不同的新岗位中重新建立工作关系。因此，管理人员在制定政策、发布指令或接受指令及日常的管理与业务等方面，应注意文化的差异。他们必须与具有不同背景、语言、态度或价值观念的当地人员合作，以适应陌生环境下的技术与管理，适应陌生的、且比国内更为复杂的经济与政治环境。

事实表明，移居国外的管理人员刚开始工作时会遇到一些阻力，但当他们适应新的环境后，这种情况就会逐渐改善。例如，由母公司派出去领导已建立的子公司的管理人员，开始时通常采用个人的管理风格，不向下属透露其决策的过程和依据。这在其他环境下可能是成功的，然而却不适合在当地环境下进行管理。这种做法可能是出于试图显示他在新职位上的管理才能，说明他优先于其属下的当地人员而当选的理由。这种做法同样反映了新管理人员不希望其下属看到他对新情况的了解十分有限。可以想象，该管理人员与当地人员的关系会受到限制，从而产生互不信任的情绪而影响士气。随着时间的推移，管理人员加强了对新文化的理解，密切了与其成员之间的关系，使上任初期这些差异的敏感性得到了缓和；同样，随着在海外工作时间的增长，管理人员对自己与下属之间能力差异的感觉就会不断淡化。

3. 社会适应

除了工作适应之外，国外管理人员及其家属还会碰到社会环境上的差异，这比工作差异更为明显。例如，如果一位派往国外工作的管理人员的夫人不会讲当地语言，她的社会联系可能会大大减少。当地的企业领导及社会名流的夫人，除了讲当地语言外，大都不会讲其他语言，因而就不大可能超越语言障碍与其夫人建立起密切的关系。

曾经有人对约 2 000 名被派往国外工作的跨国公司人员进行调查，其中有 20%是美国人。结果表明，男性职员对派往国外工作是否满意，主要取决于他的妻子是否适应国外的生活。美国人往往把妻子的满足列为最重要的因素。

管理人员与其家属跨国流动的压力，不利于他们开展工作。在东道国，很多外国管理人员采取了抵制当地文化的态度。这会导致在国外的本国人员建立起紧密的组织，他们力求在东道国重新创造母国的文化和能适应的“小环境”。

4. 人员调回

除非跨国公司在国际上的人员调配是有计划的交叉制度（即基于管理发展的目的，在国外子公司之间调动潜力较大的专家）的一部分，否则，被派往国外的管理人员，会产生没有保障的感觉，对他们的前途产生忧虑。他们离开公司总部的时间越长，距离越远，“背井离乡”的情绪就越强烈。他们可能会经常自问：“国内的母公司会忘记我吗？我下一步会调到哪里去?”

为了减轻受调管理人员的潜在顾虑，跨国公司相应地制定了有关人员的调回政策。有些企业明确规定，在海外工作的人员，只有当需要他们在企业中担任其他职务时才可调回。其他一些企业则认为，在企业内更有成就、更有经验的管理人员，由于一些他们所不能控制的因素，在外任职可能会失败，因此不论成本多大，这些管理人员是应当调回的。但是，如果企业总是把那些希望回来并在国内找到相当职位的管理人员调回，那么成本将会很高。不仅转移成本大，而且他们所离开的国外单位必须找到替补人员，因此要付出额外的成本，并造成工作缺乏连续性的问题；而且在一个人想回来时，立即给他找到合适的工作岗位也不容易。

人员调回还会产生反向的文化冲击，即调回人员对母国的不适应。跨国公司必须解决好这些问题，否则，就会失去有经验的国际管理人才。

第二节 跨国公司员工管理

一、跨国公司员工管理的基本内容

跨国公司员工管理的基本内容包括员工的选聘和晋升、培训和发展等。

（一）员工的选聘和晋升

人力资源是一个组织重要的投入，因此选聘和晋升员工具有重要的意义。跨国公司在选聘和晋升员工时，应注意以下几个问题。

1. 过程应尽可能系统化和正式化

所谓系统化和正式化，是指整个过程有规定的程序和客观明确的标准。而特殊化、非正式化的现象，在海外企业中可能会常常发生，应注意克服。

2. 应与当地劳动立法和社会环境相一致

跨国公司海外子公司在招收、选聘和晋升员工时，会发现当地缺乏技术工人和熟练工人，而非熟练工人又供过于求。此外，许多国家制定了更加自由的劳动法规，同时支持工会的活动，其结果是工人的期望增加，也要求有较高的工资。员工的个人能力和社会地位，往往是其家庭背景、财富、性别、教育水平、种族、国籍、宗教信仰和政治倾向等各种复杂因素的综合。因此，在强调系统化和正式化的同时，也应把东道国的劳动立法和社会环境等因素考虑进去，尽可能实现两者的统一。

3. 应注意雇佣和提拔当地人

几乎所有国家的法律都要求雇佣和提升当地人。例如，欧盟国家允许工人自由流动，但对欧盟外国家的移民，则要求有居留许可证或工作证。日本也对除技师和管理人员以外的外国人的入境加以限制。大多数国家都要求外国企业起初必须雇佣一定比例的当地人，经过一段时间后，则必须百分之百地雇佣当地人。

（二）员工的培训和发展

由于东道国社会经济发展水平的限制及必须雇佣当地人的规定，跨国公司通过内部培训提高员工的素质，使之符合企业发展的需要就显得十分重要。

跨国公司内部培训的方式可以是在职培训，也可以与学校合作进行培训。培训的内容主要是专门的技术。在生产过程中，一个复杂的过程可以分解成若干个简单的工序。对这类简单工序的操作，即使是没有技术或经验的员工，经过培训也能掌握。这种要求员工掌握专门技术或简单操作的培训成本低，见效也较快。

在培训和发展工程中，对员工进行激励也相当重要。激励主要是设法满足员工生理上、社会上或精神上的需要。但激励方式很难统一，甚至一种方式在某一个国家或地方对某些人能取得成效，但在另一个国家或地方对另一些人则毫无成效。

二、跨国公司员工管理的新变化

（一）员工管理的新方式

跨国公司的员工多持有新的价值观念，他们与国内企业中较多地持有旧的价值观念的工人相比，更强调自我，更有自信，生活方式服从于自身心理、精神上的追求，对规章等级制度常常提出疑问，要求重视实绩，考虑能得到什么报酬，自负感较强等。因此，他们希望了解情况，希望在决策中有发言权，希望在工作中得到成长，拓展前途。另一方面，跨国公司在不可能给每个员工经常晋级、提升的情况下，又要求员工努力工作，提高生产率，这就需要对不同国籍的员工采用不同的管理方式。除了用规章制度进行严格管理外，还需要采取一些新的方式。

1. 工人管理

工人管理又称自我管理，是指在理论上工人的权力要高于管理人员的权力。由工人定期选举工人委员会，然后由工人委员会提名委员长及管理委员会成员。管理委员会由工人委员会委员和不属于工人委员会的工人团体成员组成，执行监督的职能。

2. 共同决策

共同决策要求在董事会中，管理人员和工人代表各占一半，由他们共同决策。决策的内容不仅包括日常的诸如改善工作条件等具体问题，也包括战略性问题。一些跨国公司的管理人员最初认为共同决策不利于发挥他们的管理权威和决策能力。但是，共同决策能够减少罢工，有利于企业经营。目前，共同决策的观念愈来愈被欧美一些大公司所接受。

3. 少数参与权

少数参与权是指在董事会里有少数的工人代表参与其活动。共同决策和少数参与权对于改善劳资关系起到了一定的作用。

4. 工作审议会

工作审议会是由工人代表和管理人员组成的团体，通过这个团体，将公司管理人员和工人之间的关系制度化。工作审议会具有合法地位，它或者根据法律而强制建立，或者由全国各行业工会和雇主组织协商产生。

5. 工作丰富化

工作丰富化是指给工人或工人团体以更大的自主权，如实行弹性工作时间、工作轮换等。弹性工作时间是工作丰富化的一种方式。企业允许工人自己决定每天和每周的工作时间表；允许工人预支时间，同时在保证工作质量、数量和期限要求的前提下，自主安排补偿时间，或者将时间存起来以便休假时集中使用。

工作轮换，也是工作丰富化的一种方式。通过工作轮换，让职工能干别人所干的工作，增加知识和技能；通过工作扩大化，激发员工的责任感、竞争意识和独立性，增强自尊感和成就感；通过工作丰富化，克服职工对单调工作的厌倦感和不满情绪等。

此外，在工作时间内定期集会以讨论改善产品质量，提高效率，增强工人团体的士气，也是工作丰富化的方式之一。

（二）劳资关系的新变化

跨国公司必须处理好与工会的关系。工会原本是劳动者的联合组织，是劳动者为维护并实现自身利益与资方抗衡的代表。但实际上，各国工会所扮演的角色有很大差别。例如在美国，工会是按行业组织的，可以用来控制雇主对职工滥用权力。一个企业内，由大多数工人所选举产生的工会，在与雇主议价时，具有法律上的独立地位。换言之，其他组织无权与雇主议价。集体议价在美国通常只限于企业或当地子公司，所达成的协议也只能对参与谈判的工会和企业具有约束力。雇主与工会所达成的集体协议，凌驾于任何个人与雇主签订的合同之上。日本工会大部分是按企业组织的，往往充当劳资双方的调解人，有的甚至成为资方的附庸。

近年来，许多跨国公司的劳资关系由于劳工运动趋于国际化及其对公司成长的直接影响，逐步从分权化模式向集权化模式转化。

所谓分权化模式，通常是指根据不同国家的独特文化、法律与社会制度、不同的价值观、工人的精神需要和特殊的行业关系，由跨国公司授权给国外子公司管理人员，承担劳动力管理的任务。在劳资双方的协议中，由于当地管理人员更了解情况，因此在实施这些协议的管理时，他们更能对最后的安排负责。

所谓集权化模式，则是指公司总部为实现其全球目标或国内目标，倾向于降低当地管理人员的地位、实权和作用，将所有主要事情的决定权实际控制在自己手中，却声称处理劳资关系的权力完全控制在当地子公司手中，从而回避与子公司工会的直接接触。

许多跨国公司有多个生产基地，在发生罢工时还可以由其他国家的工厂向消费者提供商品。采取这种双重的资源政策，可以减轻罢工影响和削弱各国工会的谈判能力。此外，跨国公司可以不把现有的经营活动转移到其他地方，而是实行“投资罢工”策略，即拒绝在该地增加任何投资。这样，不久后工厂就会变得过时和不景气，对劳动力的需求也会减少，这是劳资关系完全破裂时的策略。

总而言之，跨国公司处理好与东道国工会关系的总原则是：关心和改善工人的生活和工作条件，注意与工会组织的沟通，协调与工会组织的关系。此外，应避免与受政治团体或宗教机构控制的工会打交道；如有可能，尽量与当地工会而不与全国性工会议价；同时，应与国际劳工组织保持沟通和联系，以了解有关信息和国际惯例。

第三节　跨国公司国际报酬政策

国际报酬政策的实施往往会在跨国公司中产生一些尖锐的矛盾，也会影响公司管理人员的价值取向。例如，国外职员们的报酬过高，就会把优秀的经理从对企业发展更为重要但报酬却较低的职位上吸引过去，更糟的是，他们以后可能不希望再从事原先那种关键性的工作。所以，国际报酬政策应受到跨国公司高层管理者的重视。

一、驻外管理人员的报酬

（一）驻外管理人员报酬政策

跨国公司要制定适宜的国际报酬政策是非常困难的，这主要是由于各国的工资水平和报酬期望不同，支付报酬的方式不同，管理的动机表现也不同。例如，一般而言，在英国企业中，实际的绩效比潜在的成就报酬更高，因而高水平管理的目标就是争取上乘的工作表现。而法国企业就与英国企业有所不同，报酬更多地取决于工作人员进入该企业前的受教育程度，更多的管理工作是为了获得企业外的知识。因此，跨国公司在制定报酬政策时，必须适合各国文化及其管理期望。

报酬政策只是实现跨国公司目标的手段，它本身并非目的。通常，对派往国外工作的人员，其有效的报酬政策应满足以下各方面的要求：

（1）能够吸引到能在海外工作的雇员；

（2）便于国外机构之间或本国与国外机构之间的人员流动；

（3）对有关人员的报酬问题，任何单位都要建立并保持稳定合理的联系，不管是在国内还是国外，或者在子公司之间；

（4）针对主要竞争对手的做法，在各个地区采用合理的报酬政策。

（二）驻外管理人员报酬的构成

目前，多数跨国公司支付给驻外管理人员的报酬由三部分组成：基本工资、奖金和津贴。

1. 基本工资

多数被跨国公司派往国外的人员开始时都在本国工作，领取国内的工资。当他们跨国流动时，基本工资仍然是他们在国内的工资。这样做的理由是为了方便他们返回国内工作。

然而，当把管理人员调往其他国家，其所在职位相应的薪水比基本工资高时，继续保持原来的工资水平就会带来一些问题。大多数企业的做法是提高工资水平。同时，继续保留基本工资作为调回时的参考。也有少数企业把基本工资调低至当地水平。结果，不同国籍的派出人员可能会发现，他们在一起工作但取得的报酬却不同。但是每个人的工资率都比东道国工作人员要高。

当汇率波动时，保持基本工资不变同样会产生一些问题。如果本国货币比东道国货币的汇率低，他们就会发现，实际收入降低了。如果他们国内工资的一部分以本国货币支付，那问题就变得更为复杂了。用本国货币支付工资，通常是为了使希望能以本国货币储蓄的人员摆脱东道国税收与外汇管制的限制。

2. 奖金

跨国公司通常使用两种形式的奖金：一是流动工作奖金，这是为了鼓励职员到海外工作而设立的；二是给在条件差的地方工作的人员以补偿。一般来讲，必须给予补贴的地方并不多，所以用于这方面的奖金数量很有限。奖金最主要的功能是用来鼓励职员到海外工作，这种奖金一般是基本工资的一个固定比例（通常为10%～20%），并且只是在海外工作期间支付。

被派往国外工作的职员，都可取得流动工作奖金。但这种奖金形式也有缺点，一方面，职员从一个国家转移到另一个国家时，没有经济上的刺激；另一方面，人员返回母国，意味着收入的大幅度下降。为解决这些问题，提高国际管理人才的流动性，跨国公司纷纷采纳以下几种奖金发放方式：一种是“递减奖金”，即在若干年（通常是5年）后停发这种奖金，而用增加数代替；另一种是一次性支付的“流动奖金”，它不与工作人员海外委派时间挂钩，而与流动挂钩。这两种方式的奖金都是在工作人员每次流动时发放的。对于跨国公司而言，如果公司想让职员长期在海外工作，那么发放连续性奖金是有意义的。若公司的目标在于流动性和快速流动，则适宜采用一次性支付流动奖金。

3. 津贴

津贴是用于帮助派往海外的人员维持正常生活的费用。大多数海外工作人员将津贴用于生活、住房、教育和税收等方面。

在税收方面，很多跨国公司的做法是：扣除职员在本国应缴纳的所得税，然后再支付实际的纳税额。然而，对在海外期间收入的免税待遇，会使一些国家的在外居住超过一定年限的人支付比国内很低的所得税，甚至完全不用交国内税。与本国税收水平看齐的做法，实际上会给予海外人员可观的额外津贴。如果出现双重课税问题，企业应通过控制人员流动的时机，对其职员负责，并尽量减少职员的税收负担，使得他们在不同国家时的税收水平基本相当。

对于其他津贴，多数美国公司按美国国务院的津贴发放。然而，在对作为津贴基础的生活费进行国际比较就会发现存在很多问题。例如，汇率变化的问题。另外，当公司国外机构聘用第三国人员时，母国的津贴计划就变得不大合适了。一些公司往往根据联合国津贴制度，处理后一个问题。这种制度是为驻扎在世界各地的外国专业人员规定的。

二、员工的工资和福利

跨国公司在对东道国员工进行培训、发展和激励的同时，还应选择适当的工资福利策略和利润分享策略。

（一）工资福利策略选择

跨国公司在工资和福利方面有多种策略可供选择。例如，以现金方式付薪，或采取非现金的福利方式；报酬可以立即付清，或将部分报酬延后支付；可以采取固定工资或计件工资制；奖金依个人的表现或根据团体的表现发放，或与整个企业的经营状况相联系。此外，管理者还应考虑是否采取同工同酬的国际政策，将跨国公司与当地企业同工种的工资率进行比较。一般来说，跨国公司的工资率应高于当地企业的工资率。

跨国公司有关工资和福利的策略选择是多种因素作用的结果。主要因素有：东道国的法律和政策；能招收和留住素质较高的工人所需的工资水平；工会的压力；公众的压力；东道国当地企业对外国企业高工资所表现出来的不满及其在政治上和经济上的重要性；在邻近或类似地区和国家跨国企业工资水平对比的压力；跨国公司的目标以及工人的表现等。

（二）利润分享策略选择

利润分享是指跨国公司除了给工人的基本报酬外，还根据企业的获利情况另外支付报酬，其目的在于扩大管理人员和工人的共同利益。分享利润、分享股权与参与管理在世界上已成为一种管理的潮流。在意大利、日本及其他一些国家，某些企业每半年或一年加发一次相当于一两个月工资的报酬。这种报酬实际上不是利润分享，而是基本工资的一部分，有点类似于强迫储蓄。但是，日本人将它看作利润分享，认为这是增加收入，是推动日本经济增长的重要因素。在墨西哥、秘鲁、巴基斯坦、印度、埃及和法国等国家，法律规定某些工业的利润必须分享。而美国则不把迟分给员工的利润当做股利，而当做课税成本。

利润分享以企业生产率的提高为基础，而不以权力关系为基础，因而对公司有利。但是各国对利润的定义不一，财务会计制度也不尽相同，因此跨国公司在实施利润分享时，会遇到复杂的税收、会计和控制问题。特别应该注意的是，由于收入具有刚性，当利润减少而分享的部分也相应减少时，有可能引起劳资之间剧烈的摩擦。

关键概念

管理人员管理	跨文化管理	民族中心政策
多中心政策	全球中心政策	工人管理
工作审议会	国际报酬政策	利润分享

复习题

1. 跨国公司管理人员应具备的素质和能力有哪些?
2. 如何选择合适的驻外管理人员?
3. 如何对驻外管理人员进行有针对性的培训?
4. 管理人员管理的主要政策有哪些?
5. 员工管理的基本内容是什么?
6. 员工管理的新方式有哪些?
7. 驻外管理人员的报酬由哪几部分构成?
8. 员工的工资和福利策略应如何选择?

第十章

跨国公司营销管理

本章要点提示

◎ 在国际生产分工不断深化、市场竞争日益激烈的条件下，跨国公司必须将有限的资源集中用于最有竞争优势的、盈利潜力最大的市场，为此，就要实施目标市场营销策略。

◎ 目标市场一旦确认，跨国公司就要为之设计市场营销组合策略，以满足目标市场的需要。其中包括产品策略、价格策略、渠道策略和促销策略等。

◎ 跨国公司内部贸易是指一家跨国公司内部的原材料、技术、产品与服务等在国际间流动，主要表现为跨国公司的母公司与国外子公司之间以及国外子公司之间的交易活动。

◎ 跨国公司的内部贸易一般采用转移价格的定价策略。采用转移价格可以减轻税负、配置资金、调节利润、逃避价格控制以及避免外汇风险和管制等。

导入案例

宝洁公司的品牌策略

美国宝洁公司（Proctor & Gamble Co.，P&G）创始于1837年，从普洛克特（Proctor）和盖博（Gamble）开始，制作、销售肥皂和蜡烛。随后，宝洁公司不断创制新的产品和品牌。宝洁公司是世界最大的日用消费品公司之一，所经营的300多个品牌的产品畅销世界各地，其中包括洗发、护发、护肤用品，化妆品，婴儿护理产品，妇女卫生用品，食品，饮料，家居护理及个人清洁用品等。宝洁公司在《财富》杂志全球最大的500家公司排名中名列前100名，是500强中历史最悠久的跨国公司之一。

宝洁公司以其品牌和名牌在中国和世界各地与其他公司开展激烈的竞争。在中国市场上，宝洁公司根据中国消费者的需求和中国文化的特点，相继推出各种品牌。香皂用的是“舒肤佳”，牙膏用的是“佳洁士”，卫生巾用的是“护舒宝”，洗发液用的是“飘柔”“潘婷”和“海飞丝”，洗衣粉用的是“汰渍”“洗好”和“欧喜朵”等。要问世界上哪个公司的牌子最多，恐怕非宝洁公司莫属。分类品牌的频频出击，带来了品牌效应，宝洁公司在消费者心目中已成为实力雄厚的企业。

第一节　跨国公司目标市场营销管理

一、跨国公司目标市场营销的目的和动因

（一）目标市场营销的目的

跨国公司目标市场营销是指跨国公司在充分调查研究消费者需求与市场竞争格局的基础上，根据自己的经营特长与竞争优势，选择有利可图的、且有能力去满足的消费者需求作为服务对象，以此为依据进行产品设计、生产、定价、市场分销、市场沟通及销售服务等服务活动。

跨国公司为使自己的商品快速地、大量地、以合理的价格出售出去，就必须深刻了解市场，使自己的商品适合消费者的需求。但是，在国际生产分工不断深化、市场竞争日益激烈的条件下，跨国公司必须将有限的资源集中用于最有竞争优势的、盈利潜力最大的市场，为此，就要实施目标市场营销策略。

（二）目标市场营销的动因

目标市场营销的动因主要来自于以下三个方面。

1. 消费者需求的多样化

跨国公司实行全球市场营销，是为了实现生产和消费的有效结合。然而在国际市场上，往往出现两者结合不佳的现象，究其原因，主要是消费者的需求在不断变化。消费者的需求是多方面的，就个人生活而言，其分布范围包括衣、食、住、行、用等许多方面。绝大多数的个人需求属于社会性需要，即这些需求来自于社会实践，来自于学习与模仿。随着社会实践的不断丰富和人们收入水平的不断提高，可以形成市场需求的社会性需求变得内容更多，范围更广，而且在不断更新。

跨国公司总是为较多的消费者（包括多国乃至全球的消费者）服务的。由于人们的个性、爱好、观念、动机、生活方式、经济状况及家庭情况等存在差异，因此个人之间需求的内容和范围都不相同，即使对于同一类产品，不同的消费者也会有不同的需求，即消费者需求呈现出多样化、差异化的趋势，因此跨国公司的产品、价格、销售地点和促销要因人而异。例如，服装制造业通常根据消费者穿着服装的时间、场所和要求的差异，将服装市场细分为家庭服装市场、旅游服装市场、社交礼服市场、运动服装市场、学生服装市场和流行时装市场等。每一个市场又包括多种款式、布料、颜色、规格等。为进入这些市场，跨国公司必须有适合每一类人需要的产品及其市场营销策略。

2. 企业资源的有限性

即使跨国公司发现许多消费者的需求尚未被满足，也不可能将这些消费者需求都作为服务对象，原因是企业拥有的资源量是有限的。对于某些消费者需求，跨国公司可能因为缺乏必要的、有效的技术去生产相应的产品；对于另外一些需求，跨国公司又可能因缺乏资金与人力、物力而不能满足。资源的限制使得跨国公司只能选择少数几种消费者需求作

为服务对象。因此，服务对象的选择是否正确，将影响到跨国公司经营的成败。要使资源得到充分利用，服务对象的选择就一定要贯彻“技术上可行，经济上合理，竞争上见长，发展上有利”的原则，既能发挥跨国公司的竞争优势，又能给企业带来利润。

3. 激烈的国际市场竞争

随着生产力和科学技术的发展，国际市场竞争日益激烈。对于一定的消费者需求，经常会出现众多竞争性企业同时提供商品给予满足的情况。在满足某种消费者需求的市场上，虽然有可能由最先提供商品的企业所垄断，但只要提供新颖的产品，或者以更低的价格销售，或者提供更为周到的服务，或者有更可靠的质量保证，进入市场的可能性就越大，原来垄断者居垄断地位的时期就越短。在跨国公司选择服务对象时，往往会出现与其他跨国公司或竞争对手选择相雷同的情况。服务对象过分集中必然会引起过度竞争，使跨国公司的生产能力或资源得不到有效利用。为避免不必要的资源浪费，跨国公司必须弄清哪些是尚未被满足的消费者需求，选择有服务价值的未被满足的消费者需求作为服务对象。

二、跨国公司实施目标市场营销策略的程序

市场营销组合策略是指将能够满足消费者需求、可以影响消费者购买动机的有关因素与企业可以设计和控制的有关因素有机结合起来，予以综合设计和利用，以便形成最大的营销力量的策略。跨国公司为了有效地实施目标市场营销策略，应该依次做好以下各个环节的工作。

（一）国际市场细分

市场细分是根据消费者需求的差异特征，将不同的消费者需求分类，以便针对不同类别的消费者需求提供不同的产品，制定不同的价格，使用不同的分销渠道或实施不同的促销活动。经过市场细分得到的结果是若干消费者需求类别的资料，包括这些消费者的特征、分布、最愿意购买的产品以及他们之间的差异程度分析。每一类别的消费者或消费者需求的总体，通常被称为子市场或细分市场。

（二）选择目标市场

所谓目标市场是指企业选择作为服务对象的消费者或消费者需求。选择目标市场，关键在于选择标准的合理性和被选择子市场的透明性。一般的选择标准涉及子市场需求量大小，子市场需求的稳定性（或可持续性），公司的满足能力，竞争的可能性及可能的格局，子市场需求之间的相似性以及对某种产品的兼容性，政治、法律因素的前景好坏等多种因素。对于大宗交易的、重要的顾客，要建立“顾客档案”，以便专门设计营销策略。

（三）选择营销模式

在所选定的目标市场上，如果同时包括几个子市场，则产品、价格或渠道类型的设计可以是统一的，称为无差异性营销策略，其动机是利用消费者需求差异较小而且较稳定的条件，谋取规模经济效益；也可以是有差异的，称为差异性营销策略，它着重强调对每一

类消费者需求的针对性服务，提高产品的适销对路性，通过让消费者感到需求得到了切实的满足而产生对企业的感情，继续购买该企业的产品。

（四）设计与实施市场营销组合策略

一般说来，市场营销组合策略涉及的因素包括产品、商标与包装、价格、付款方式、折扣与折让、销售渠道、网点分布、人员推销、广告、营销推广和公共关系等，通常分为产品策略、价格策略、销售渠道策略和促销策略四大类。市场营销组合策略即是对这四大类策略的综合运用，即所谓4P组合（Product，Price，Place，Promotion）。

在无差异性营销策略中，只有一个市场营销组合体系，即不管消费者之间需求的细微差异有多少，企业只提供一种产品、一样的价格、一样的销售网点和一样的促销方式，按一套统一的标准化的操作程序来满足消费者。在差异性营销策略中，企业则要根据消费者需求的差异性，争取在适当的时间、适当的地点，以适当的价格和服务方式，向每一类消费者提供适合其需求的产品，这样就要设计和实施多个市场营销组合体系。

第二节　跨国公司市场营销组合策略

一、跨国公司市场营销组合策略的制定

目标市场一旦确认，跨国公司就要为之设计市场营销组合策略，以满足目标市场的需要。其中包括产品策略、价格策略、渠道策略和促销策略等。

（一）产品策略

产品作为满足消费者需求的基本手段，在营销组合中处于核心地位。

1. 产品概念

在市场营销中，“产品”一词应从广义上来理解。它包括在交易过程中消费者付钱购买的所有有价值的东西，如某种物品、物品的功能、物品的权利、无形的知识、保险、运输、服务或其他相关的权利。一般将广义的产品视为由核心产品、形式产品和附加产品三个层次所组成的整体。

（1）核心产品是指提供给消费者的基本效用或利益。消费者购买产品无一不是为了满足需求。跨国公司必须充分了解不同国家、不同社会经济环境中消费者需求的差别，并使产品提供的基本效用或效益与之相符合。例如，在工业化国家小汽车主要作为交通工具来使用，但在许多发展中国家小汽车主要被当做小型运输工具或者客货两用车。

（2）形式产品是指用于实现核心产品的客体。它包括有形的产品，如汽车、洗衣机、衣服、钢笔等，还包括无形的产品，如建议（俗称点子）、计算机软件、维修、信息等。不论是有形的还是无形的产品，都有具体的内容、品质或式样，有的还包括商标和包装。调整和改进形式产品的设计时，要注意使用国际标准，如产品质量的国际标准。此外，要注意商标、商标标识、包装及标签等的国际化要求。

（3）附加产品是指在形式产品之外为使顾客能得到可靠的和足量的基本效用和利益而附加的服务，如产品使用与维修说明书、质量保证承诺、安装维修、使用指导、备品附件等。有些国家对附加产品的内容有明确的规定，如保修的范围、保修期的长度等。跨国公司在这些国家开展营销时，必须依照规定提供足够多的附加产品，以保证消费者需求切实得到满足。

2. 产品市场生命周期

产品市场生命周期是指一种产品从被开发出来投放到市场开始，逐渐成熟，到最后被市场淘汰为止的销售变化过程。一般来说，产品市场生命周期可分为四个阶段，如图 10—1 所示。在各阶段，营销策略应有所不同。

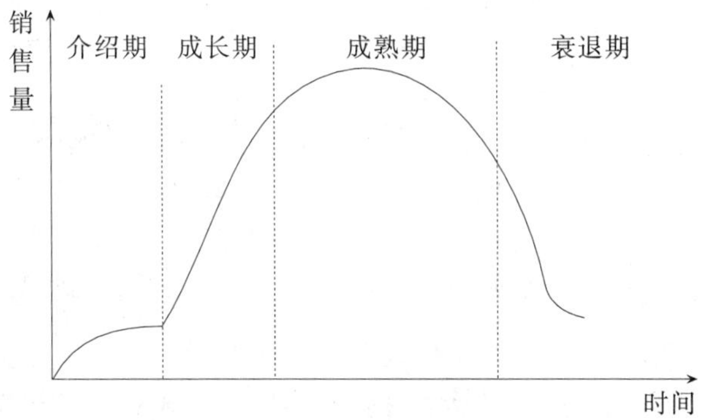

图 10—1　产品市场生命周期

（1）介绍期指新产品投入市场初期，其特征是消费者不熟悉产品，销售量增长缓慢，生产成本和销售成本都很高。让消费者了解并接受新产品，打开市场销路是这一时期企业的主要任务。企业应着重促进销售，广泛宣传产品。

（2）成长期指消费者基本了解新产品后，开始形成新产品消费潮流的时期。其特征是销售量增长速度快，生产成本和销售成本逐步下降。在这一时期，企业要设法扩大生产能力和销售网点，巩固或进一步提高消费者购买欲望和热情。

（3）成熟期指产品产销量达到最大，并成为人们生活中主要用品的时期。其特征是销售增长率很小，近似于停止增长状态，竞争激烈，技术革新和产品创新的成果颇多。这类产品在国内市场上盈利能力不断下降，但在国外市场上的盈利潜力日益明显。因此，跨国公司一方面要调整和改进产品设计与市场营销组合，谋求维持国内市场份额；另一方面要打入国外市场，吸引新顾客，延长产品的生命周期。

（4）衰退期指由于消费者购买力转移到其他产品，老产品销售量逐步下降，直到完全退出市场为止的时期。在这一时期，跨国公司的任务是合理组织老产品向新产品让渡市场，使产品更新平稳地完成。由于利用国外资源在国外生产销售成熟期产品，既能继续得到超额利润，又能继续保持垄断地位，因此跨国公司不断寻求在国外生产和销售的机会。这样，产品生命周期变化就拥有了国际生产和销售变迁的特征和内容。

3. 产品国际市场生命周期

由于各国在科技和经济发展水平上的差异而形成同一种产品在各国开发、生产、销售、消费上的时间差异，形成产品的国际市场生命周期。

根据世界贸易形势和不同国家的投资方式可将产品的国际市场生命周期划分为三个阶段：

（1）新产品介绍期。发达国家根据消费需求开发出新产品在国内销售，当生产量超过销售量后，开始出口到其他国家的市场。

（2）成长期和成熟初期。随着新产品出口的不断扩大，新技术不断扩散并为其他发达国家所掌握，其他国家经过改进生产出有差异的产品参与竞争，使最先出口这种产品的国家的出口量逐渐下降。

（3）成熟后期和标准化期。这一阶段产品经过不同国家的创新和改进，达到了标准化。发展中国家在进口产品的基础上，应用引进的先进技术，以较低的成本投入生产，生产出标准化的产品出口到发达国家和最先发明新产品的国家。而最先出口这种产品的国家因失去竞争优势，逐步放弃市场上已趋于饱和的产品，转向开发更新的产品和更新的技术，而从其他国家进口原产品。

产品国际市场生命周期三个阶段的特点可用三个模式来表示：（1）发明新产品的国家——最先的产品出口国——后成为该产品的进口国；（2）发达国家——开始是该产品的出口国——后来成为该产品的进口国；（3）发展中国家——开始是该产品的进口国，后来成为该产品的出口国，即将产品返销到最先出口该产品的国家或出口到其他国家。

4. 国际产品开发策略

跨国公司向各国不同类型的消费者提供产品时，有三种产品开发策略可供选择。

（1）生产和销售母国已生产过的同样的产品。采用这种策略所需要的研究与开发费用极少，而且速度极快，但产品的设计有可能对东道国的适应性较差，主要适用于母国产品出口销售的场合。

（2）改进现有产品。这种策略研究与开发费用比较少，开发时间比较短。改进的目标是使产品适合于东道国市场的需要，但改进程度有大小之分。

（3）开发全新产品。即在调查分析东道国市场容量的基础上，抓住盈利机会，通过开发新产品占领国际市场。采用这种策略主要是以东道国特殊的盈利机会为依据，但研究与开发费用高、周期长、风险较大。

跨国公司选择哪一种产品开发策略，主要应根据经济上是否合理、产品的基本效用和质量与东道国消费者需求之间的差距大小、政府有关规定、社会文化因素的影响等来作出。

（二）价格策略

价格是市场营销组合中最活跃的因素，它总是受顾客价值观和竞争的影响而发生最直接、最迅速的变化。它又是市场营销组合中唯一能给企业直接带来收入的因素，跨国公司需要给予高度重视。

1. 影响价格制定的因素

价格是否合理，一方面影响到商品销售，另一方面又影响到企业的盈利。合理的价格应当适合各种因素的要求。这些因素包括以下四个方面：

（1）成本。成本是公司为生产和销售产品而付出的必要劳动或费用。对于跨国公司来说，这些费用包括生产成本、销售成本、储运成本、关税与其他税收、融资成本、风险成本等。跨国公司要长期生存和发展，必须将价格定得高于成本，以便对各种耗费加以充分补偿。这一要求表明，成本是企业价格决策中的最低界限。

（2）市场供求关系。市场可行价格是由供求关系决定的。在某个市场上，当商品供不应求时，其价格就会上涨；当商品供过于求时，其价格就会下降。供求关系对价格变动的推动作用，是以市场竞争为中介的。在任何市场上，买方与卖方之间的竞争是最基本、最激烈的，但买方内部与卖方内部的竞争往往随供求状况的变动而变动，并对买方与卖方之间的竞争产生影响。在供不应求的市场上，买方内部竞争激烈，卖方不愁销路缺乏竞争，因而整个市场竞争格局对卖方有利，价格上升；在供过于求的市场上，卖方内部为争夺市场而激烈竞争，买方不愁货源而缺乏竞争，因此总体竞争格局对买方有利，价格下降。

（3）企业定价目标。企业通常要通过价格这个营销手段，来达到某些经营目标。不同目标下价格水平的高低不尽相同。例如，从增加利润的角度看，价格应该根据边际收支平衡原则来制定；扩大市场份额的目标则要求按照消费者乐于接受的价格来定价；为应付和防止竞争，企业制定的价格应适当低于竞争对手的价格水平；而要想平安地度过经营不景气时期，企业就要按照盈亏平衡原则或边际贡献规则来定价。

（4）政府干预措施与法规。跨国公司在各国市场上销售产品时，会遇到各国政府控制价格的各种措施和法规，如反倾销、反补贴法规等对利润率的限制，或者政府规定的价格上限与下限等。这些政策与法规实质上划定了价格的法定合理的变动范围。

2. 跨国公司常用的定价方法

跨国公司制定价格必须以国际市场为导向，综合考虑各种因素的要求。但是，具体定价的方法有多种。例如，公司可以在几个目标市场上采用同样的定价方法，也可以针对不同的目标市场采用不同的定价方法，还可以随着时间的推移改变定价方法。一般来说，跨国公司常用的定价方法有以下几种：

（1）成本加成定价法。即以产品平均成本为基础，加上一定毛利润，算出产品价格。毛利润通常可以用成本利润率来表示，因此有：产品价格＝平均成本×（1＋成本利润率）。这种定价方法计算简单，能保证公司利润，但忽视市场行情和消费者的购买能力，所定的价格可能在实践中并不合理。

（2）边际贡献定价法。边际贡献是指在一定生产和销售水平下，再增加生产和销售单位产品所带来的净收入增加量，它等于边际收入（即价格）与边际成本（通常视之为平均变动成本）之差。边际贡献定价法是指价格应包含大于零的边际贡献，即：价格＝边际成本＋边际贡献（>0）。这种定价方法的重要前提是产品的固定成本可以不被考虑，例如，固定成本为零，或者可由其他批量的产品承担，或者可以推迟予以补偿。

（3）需求弹性定价法。商品的销售量与其价格存在着密切联系。一般来说，价格降低时，销售量会上升；而价格上涨时，销售量会下降。但对于不同的商品，或在不同的市场上，对应于同样的价格变动量，销售量的变动幅度有很大区别。一般将销售量变动幅度称为需求弹性。如果目标市场上商品的需求弹性大，价格的微小变动会引起销售量的大增或锐减；加之如果新产品开发技术简单，存在发生激烈竞争的威胁，或者生产中存在规模经济效益，公司就应该把价格定得尽可能低一些，让绝大多数的消费者都买得起，觉得合算。如果目标市场上商品的需求弹性小，价格变动了但销售量没有明显变化，而且新产品技术复杂，不易被潜在竞争者所利用，公司就可以把价格定得尽可能高一些，使公司可以实现较多的超额利润。

（4）配套产品定价法。某些产品如 CD 机与 CD 光盘，在使用中是相互配套、缺一不可的，但在销售中又是分开的。跨国公司在垄断生产这两种配套产品的情况下，就要考虑两种产品价格的配套问题。假定产品 A 与产品 B 是相互配套的产品，其中产品 A 是主体产品。一般来说，购买了产品 A 的消费者必须购买产品 B，而且可能要购买多件产品 B，但若未购买产品 A，他也不会购买产品 B。在这种假设情况下，跨国公司通常将产品 A 的价格定得很低，接近甚至低于其成本，让消费者觉得便宜而购买，但将产品 B 的价格定得高出其成本许多。这种配套产品定价法，实质上是以产品 A 的低价为诱饵，促进高利润的产品 B 的销售，由此增加公司的总利润。

（5）低价倾销定价法。跨国公司刚进入一个目标市场时，为了击垮在该市场上已存在的竞争对手，实现对该市场的独占，会实施低价倾销定价法，即将价格定得低于目标市场上通行的价格水平，也比跨国公司在其他国家销售同类商品的价格低，有的甚至低于公司平均成本，借以吸引顾客，实现产品大量销售。

采用这种定价法需要具备以下前提条件：所销售产品的质量不低于现有竞争对手的质量；目标市场受到严格控制，以至于低价倾销的商品不会被倒卖到其他不受倾销影响的市场；跨国公司有庞大的垫底资本；该产品生产中存在着规模经济潜力，垄断者可继续利用成本优势维持其地位；该产品缺乏有竞争力的替代品，而且技术生命周期较长；东道国政府缺乏有效的反倾销措施等。

实践中，这些前提很少成立，因此低价倾销的风险较大，尤其必须注意各国政府反倾销法规的影响。

（三）销售渠道策略

生产者完成产品制造过程后，商品还必须经过一定的销售网络送达目标市场，以方便顾客的购买。销售网络是由销售渠道和实物分配渠道组成的传送体系，对商品有很大影响，因而在市场营销组合中占有重要地位。

1. 销售渠道类型及其选择

销售渠道是指商品从生产者转移到消费者所经过的通道。生产者和消费者分别是这个通道的两个端点，其中流转的客体是所转让的商品，流转过程由购销环节构成。根据承担流转销售职能的主体情况，销售渠道可分为三种类型。

（1）直接销售渠道。是指生产者直接向最终消费者销售产品的渠道。这里，生产者承担全部流通职能。一般来说，只有当涉及大宗交易，成交额很高，需要为用户提供技术性较强的服务；或者产品数量很少而且用户比较集中；或者通过销售活动来收集市场信息时，采用直接销售渠道才合理。如果对渠道运用不当，会限制产品的销售范围和数量，也会削弱生产力量。

（2）间接销售渠道。如果在生产者和消费者之间加入经销商，由经销商来承担商品流通职能，这样的渠道被称为间接销售渠道。这里，经销商是取得商品再将之转卖出去的商人或商业机构，包括批发商和零售商。采用间接销售渠道，可以利用经销商网络来扩大市场交易活动，促进生产和扩大销售。当消费者数量多、分布广、商品价格低、购买频率高、生产或销售具有季节性时，应当采用间接销售渠道。

（3）代理销售渠道。如果在生产者和消费者之间加入代理商，代理商受委托销售产品或采购产品，但并不取得商品所有权。这样形成的渠道被称为代理销售渠道。采用代理销售渠道主要是利用代理商消息灵通、联系面广的条件扩大商品销售，并能控制商品价格。

销售渠道的选择与建立关系到对经销商和代理商（统称为中间商）的利用。公司整合全部销售渠道一起构成销售网络，其中各个中间商将成为企业销售网络上的购销节点，一般称为分销网点，是销售渠道策略的核心问题。

2. 分销网点密集度策略

在选择了目标市场以后，跨国公司需要根据顾客的数量与分布、商品的性质与购买频率和竞争对手的分销网点分布等因素制定覆盖目标市场的销售网络规划，并制定该网络中分销网点密集度策略。一般来说，在一定的目标市场上，分销网点密集度策略有三种类型，即密集型分销策略、精选型分销策略和独家型分销策略。

（1）密集型分销策略。如果商品适用于每一个家庭或个人，公司就可以采用密集型分销策略，即利用尽可能多的商店来销售。这类商品多为家庭或个人必需的日常消费品，强调地点效应，如牙膏、冰棒、面包、干电池等，销售的商品的种类越多越好，使分销网点的市场覆盖面达到最大，同时便于消费者购买。

（2）精选型分销策略。在目标市场上，跨国公司只选择那些有经验、信誉好、销售力量强的商店来经销其产品，所建立的销售网络就由这些商店所构成，这种策略就是精选型分销策略。这样的销售网络适合各种各样的商品，尤其是那些选择性较强的日常消费品、专用性较强的零配件及技术服务要求较高的商品。

（3）独家型分销策略。独家型分销策略是指在目标市场上只选择一家商店来销售公司的产品。这种做法大多用于推销新产品，或技术相当复杂因而需要提供大量技术服务的商品。跨国公司采用这种方式的目的是激励商店积极地推销产品，并且对中间商在售价、促销、信贷等方面的政策加强控制。

分销网点的疏密直接影响商品销售量。这里主要需要研究消费者购买商品可接受的空间范围。一个商店处于多少消费者的购物空间范围之内，决定了该商品的销售辐射范围和销售能力。分销网点密集度与每个商店平均辐射范围成反比，即如果每个商店平均辐射范围大，则分销网点可适当少些；反之，如果每个商店平均辐射范围小，则分销网点就必须多一些，因而密集度高一些。合理的分销网点密集度决策能够用较少的中间商，并使其辐射范围覆盖整个目标市场。

3. 出口贸易渠道的建立

当决定将一个国家生产的商品出口销往另一个国家时，跨国公司要设计和选择出口销售渠道模式。从整个商品流通过程来看，出口销售渠道由出口国部分渠道、进口国部分渠道和出口国与进口国之间的转口贸易渠道三个部分构成。如果没有转口贸易渠道，则出口国部分渠道与进口国部分渠道两者一起又被称为直接贸易渠道。

仅就直接贸易渠道来说，可以有六种不同的模式，如图 10—2 所示。前三种模式中没有利用出口商，是生产者自己将商品出口销售给进口国的消费者或进口商，因而又称为直接出口方式；后三种模式都是以利用出口商为基础的，生产者只将商品销售给本国的出口商，如国际贸易公司、跨国公司、专业进出口公司、出口管理公司和外国企业设在本国的采购机构，具体的出口销售业务由出口商完成，这些模式一起被称为间接出口方式。直接出口方式与间接出口方式的主要区别在于产品生产者（制造商）与国外市场有无直接联系。直接出口方式以直接联系为特征，公司设有出口部或国际部，向国外的中间商出口销售其产品，或与国外的零售商（如大百货公司）甚至用户直接联系，或在国外设立分支机构就地销售。而间接出口方式则缺乏这种联系。

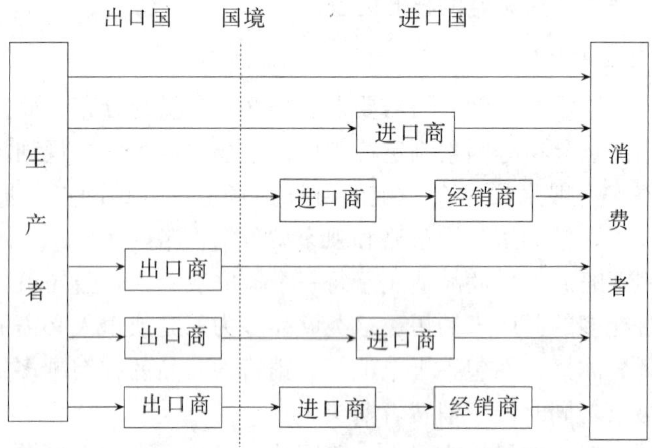

图 10—2　直接贸易渠道模式

跨国公司选择国际市场中间商（包括经销商和代理商）是一个至关重要的决策，选择中跨国公司应着重考虑以下因素：中间商的可用性；中间商的服务成本费用；中间商履行职责的能力与效率；生产商对中间商活动的可控制程度。为此，跨国公司在选择前必须对拟选择的中间商进行信誉调查，考核其销售能力与服务水平，掌握有关对方的必要信息，以保证决策的正确性。

（四）国际市场促销策略

跨国公司选择一定类型的消费者作为服务对象，必须让这些消费者知道并且接受跨国公司的服务。如果没有让消费者知道，他们就不能作出接受服务的积极反应，那么，跨国公司的“满足消费者需求”的愿望就会落空。所谓促销，就是公司通过人员接触或非人员联系等各种方式，向消费者传递公司和产品的信息，并说服和引导他们购买企业产品的营销活动。

促销活动的方式多种多样，而且在不断创新。促销方式一般分为四类，即人员推销、广告、营业推广和公共关系。

1. 人员推销

人员推销是指公司派出自己的推销人员，直接向消费者或用户推销商品或服务的做法。一般来说，推销人员都经过职业训练，并且掌握潜在顾客的有关资料，因此他们在与可能的顾客交谈时，就可以吸引并说服顾客，达成销售。与其他促销手段相比，人员推销是一种特别有效的方法，其促销特点是：可灵活运用谈话策略，引起对方注意和重视交谈的内容和意义；推销人员与顾客的亲切交谈及以礼相待，有利于培养友谊，建立长期的购销关系；集宣传说服、商务谈判与签订合同甚至销售服务于一体，促销活动效率高；可收集市场信息，实现“双向信息沟通”。

但是，人员推销效率对推销员素质依赖性大，而社会上缺乏快速培养优秀推销员的机制。此外，人员推销的费用很高。

2. 广告

广告是指企业运用一定的媒体向消费者传播产品或服务信息的促销手段。根据媒体的不同，有许多不同的广告，如电视广告、报纸广告、广播广告、互联网广告、杂志广告、路牌广告、霓虹灯广告、旗帜广告、气球广告、橱窗广告和传单广告等。与其他促销手段相比，广告的特点是：广告内容可灵活设计，如语言设计、文字设计、画面设计、音响设计等；广告媒体多，可根据消费者的特征和分布灵活选择；广告沟通面广，传播速度快，平均每个信息接受者的广告费用很低。但广告只能实现单纯的“向消费者传递信息”的职能，一般不能引起消费者马上采取购买行动。

3. 营业推广

人员推销和广告是持续的、常规的促销活动，主要功能在于传递信息。为了使已接受信息的消费者迅速采取购买行动，就要在人员推销和广告之外，开展新的促销活动。营业推广是一种不同于人员推销、广告和公共关系的、能迅速刺激需求、鼓励购买的促销形式。

根据激励对象的不同，营业推广有三大类：(1) 针对消费者的营业推广，如随商品附赠纪念品、价格优惠券、发送样品、有奖促销、分期付款、现场试用、特别服务和示范操作等；(2) 针对出口商、进口商和其他中间商的营业推广，如赠送样品、赠送展览品、购买折让、补贴运费、赠送传单广告、合作广告和开展推销竞赛等；(3) 针对国际推销人员的营业推广，如在红利、利润提成、差旅费与生活补助方面给予优待，实行推销竞赛、目标管理和分工轮换等。

一般来说，营业推广费用较高，时效性较强，因而是一种无规则的、不经常使用的促销活动。

4. 公共关系

任何一个企业都是整个社会机体中的一分子，只有与社会保持良好的关系，才能为社会所欢迎。而要做到这一点，企业就必须做好公共关系的调整、培养和维护工作。

所谓公共关系工作就是跨国公司在搞好经营管理和生产优质产品的基础上，为增进社会各界的信任与支持，树立良好的声誉和形象而采取的一系列决策与行动。调整公共关系的传统形式是通过新闻媒介对企业和企业的产品进行宣传报道，为企业扬名。现代的公共关系虽然同样重视大众媒体对企业声誉和形象的影响，但是最为关心的还是消费者的评价。由于社会交际的日益频繁和形式的多样化，消费者获得一个跨国公司公共关系信息的途径已变得多种多样。因此，越来越多的跨国公司非常重视在声誉与形象建立中的“言行一致，表里如一”，重视企业内部文化和外部关系的改善，通过多种形式沟通企业与公众、企业与顾客的信息，融洽感情，增进理解和支持。由于消费者在市场采购中经常受情感因素的影响，因此良好的公共关系具有促销的作用。

二、国际市场营销组合设计的要求

产品策略、价格策略、销售渠道策略及促销策略必须相互配合，形成一个有机的、彼此紧密联系的整体营销手段。在国际市场营销中，跨国公司的国际市场营销组合设计必须注意以下几个问题：

（1）跨国公司国际市场营销组合体系必须与目标市场需求与特征相结合，尤其需要注意与目标市场的文化因素与心理因素的适应性；

（2）跨国公司国际市场营销组合体系必须与现代交易规则、国际惯例相适应，尤其应当注意产品策略这个龙头与现代交易规则的适应性；

（3）跨国公司要利用国际市场资源这个基础来设计和实施国际市场营销组合策略，例如，利用发达国家的技术资源提高产品先进性和适应性，利用发展中国家的劳动力资源和原料资源来降低产品成本，借以支持价格策略和促销策略的实施；

（4）跨国公司国际市场营销组合体系的总体特征应当易于觉察，而且有新意，与其他市场营销组合体系不同，也比过去的市场营销组合体系更先进、更完善、更受消费者欢迎。

必须注意的是，目标市场不是一成不变的。随着消费者收入的增长、科学技术的进步和社会交往的扩大，消费者的需求在或快或慢地变化着。这就要求跨国公司必须不断关注市场动向，经常调整目标市场及其市场营销组合，在适应变化中求生存、求发展。

第三节　跨国公司转移价格策略

一、跨国公司内部贸易

第二次世界大战结束以来，世界经济发展的一个重要趋势是经济全球化，主要体现为国家间的经济一体化和跨国公司内部的经营一体化。与后者相对应，跨国公司内部贸易也随之蓬勃发展起来。跨国公司内部贸易（Intra-firm Trade）是指跨国公司内部的原材料、技术、产品与服务等在国际间的流动，主要表现为跨国公司的母公司与国外子公司之间、国外子公司相互之间的交易活动。跨国公司内部贸易虽然导致商品跨越国界的运动，但交易行为主体实际上是同一个所有者。它既具有国际贸易的特征，又具有公司内部商品调拨的特征。

（一）跨国公司内部贸易产生的原因

跨国公司内部贸易产生的原因主要有以下几方面。

1. 内部贸易是技术进步和国际分工进一步发展的结果

技术进步和国际分工的发展使传统的公司间分工相当大的部分转化为公司内部分工，其结果必然使公司内部的贸易量大大增长。同时，跨国公司的发展，促进和健全了公司内部网络的形成，创造了全球范围内生产和市场购销活动进一步一体化的可能性。由于把生产加工的不同环节分设在不同国家，或者由于各子公司专门生产整个生产线的某些特定部件，这就反过来扩大了企业的内部贸易。

2. 内部贸易可以防止技术优势的扩散

内部贸易有助于跨国公司增强其在国际市场上的垄断地位和竞争能力，实现全球利益的最大化。对技术的垄断是跨国公司的特有优势，也是其存在和发展的关键。在公司外部交易中，公司的技术产品有可能被竞争对手模仿而蒙受损失，内部贸易就可避免此类事情的发生。

3. 内部贸易是追求利润最大化的必然结果

公司内部贸易可以大幅度减少通过外部市场交易所付出的费用，节约交易成本，增加利润。

4. 内部贸易可以降低外部市场造成的经营不确定性风险

由于受市场自发力量的支配，跨国公司经营活动面临着诸多风险。例如，投入供应数量的不确定，质量的不确定，价格的不确定。不同生产工序和零部件分别由独立的企业承担，在协调上又有可能产生问题。公司内部贸易可以大大降低上述各种不确定性，实现经营的合理计划和科学安排。

5. 内部贸易可以充分利用转移定价攫取高额利润

内部贸易的产品和服务定价是根据跨国公司的全球战略目标，由公司上层决策人士制定的。公司可以借助转移价格中的转移高价和转移低价，谋取高额利润。

6. 内部贸易是跨国公司避税的一种重要手段

跨国公司通过内部贸易，可以使用内部转移价格，使高税率地区子公司的实际利润减少，低税率地区子公司的实际利润增加；或者通过一地亏损的子公司吸收另一地盈利的子公司的利润，从而达到降低公司总体税负的目的。

（二）跨国公司内部贸易的特征

传统国际贸易中商品和服务的交换发生在不同国家的不同经济主体之间，跨国公司内部贸易是一种特殊形式的国际贸易，它是同一所有权企业内部商品和服务的跨国界流通。它具有以下几个特征。

1. 具有较强的隐蔽性

跨国公司实施内部贸易的目的之一是为了避开外部市场，因而其信息的透明度很低。大部分跨国公司均视其内部贸易资料为公司的经营秘密，所以要获得详细而又准确的公司内部交易数据是比较困难的，就连海关也常常无法区分哪些属于公司的内部贸易，这在一定程度上使跨国公司内部贸易的定量分析变得困难。同时，转移价格的存在由于信息不对称而使东道国财政收入遭受损失。

2. 实行转移价格策略

传统国际贸易中的商品定价原则常常是以商品的生产成本为基础，并参照该种商品在国际市场上形成的价格水平，以及结合市场实际需求作出的。而跨国公司内部贸易则一般采用“转移价格”的定价策略。转移价格作为一种内部贸易价格，与外部市场的正常交易价格即国际市场价格相比存在着较大的差异。内部价格可以不考虑生产成本，它可能远远低于或高于生产成本，在有些情况下它与生产成本甚至没有直接联系。

跨国公司的国外子公司往往采取多样化的股权形式，使得母公司与各个子公司之间形成多样化、多层次的经济利益关系。这种经济利益的差异性必然导致跨国公司的总体利益与各子公司的局部利益之间的矛盾和冲突。跨国公司实行转移价格正是为了克服这一矛盾，使整个公司的经营活动在全球同一战略目标指导下实现内部交换，并在协调的基础上使各自的利益得到满足。

3. 不转移商品的所有权

传统的国际贸易中，随着交易的完成，商品的所有权由卖方转移至买方。但在跨国公司内部贸易中，商品所有权只是在母公司与子公司之间或子公司相互之间进行内部移动，而没有超出跨国公司的体系。从公司的整体意义上说，内部贸易不会出现商品所有权的外向转移问题。

4. 可保持跨国公司的技术优势

实行内部贸易通常与一个公司拥有的技术水平相关，技术水平越高，内部贸易的比重就越大。跨国公司的核心竞争力来自于其掌控的特有的技术优势，这种特有的技术优势产生于公司内部的研究与开发，需严防向外扩散，只能在公司内部运用。因此，跨国公司的内部贸易可以保持其技术优势地位。

5. 在统一的计划管理下进行

内部贸易受跨国公司全球战略的统筹规划，主要表现在内部贸易的商品数量、商品结构及地理流向等要受到跨国公司长期发展战略计划、生产投资计划、市场营销计划和利润分配计划的控制与调节。在内部贸易过程中，子公司或分支机构很少掌握自主权，贸易的数量安排、销售方向、价格制度等均控制在母公司手中。跨国公司实施内部贸易计划性管理的目的是：调节公司内部的资源配置，使之不断适应公司发展战略和外部环境变化的要求，以求在激烈的竞争环境中立于不败之地。

二、跨国公司转移价格策略

转移价格（Transfer Price）又称调拨价格或内部价格，是指跨国公司内部贸易中母公司与子公司之间、子公司与子公司之间买卖商品和服务的价格。转移价格在很大程度上不是根据市场供求关系而是根据跨国公司经营的整体战略和利润最大化的最终目的而制定的。

（一）转移价格的动因

1. 减轻税负

跨国公司子公司分布在世界各地，各子公司要将在业务经营过程中所取得的利润向东道国缴纳所得税，在商品进出口过程中还要缴纳关税，而各国的税法及税率往往存在较大差异。跨国公司通过使用转移价格，以尽可能地减少或逃避有关主权国家对企业所得税和关税的课征，从而增加公司利润。

（1）逃避所得税。企业所得税是跨国公司的最大税负。东道国政府通常根据公司的利润额计算应纳税额。跨国公司使用转移价格把高税率国家子公司的利润转移到低税率国家或避税地子公司，从而可以减少向所在国缴纳的税额。例如，一家美国跨国公司欲将某些中间产品销售到英国的子公司，它先以低价出售给其设在避税地百慕大群岛的子公司，再由该子公司以高价出售给英国的子公司。在实际业务中，货物可由美国直接发往英国，无须经过避税地子公司。而借助转移价格使美国母公司因“低价”出售而无盈利，英国子公司因“高价”买入而无盈利，设在避税地的子公司则在与双方的交易中都获得盈利，从而减轻了整个公司的税负，增加了利润。

（2）逃避关税。跨国公司通过转移价格，将设在高关税国家的子公司进货价格低估，从而降低子公司的进口税。另外，跨国公司可以利用区域性关税同盟的有关关税优惠的规定。例如，欧洲自由贸易区规定，商品如系自由贸易区外生产，由一成员国运往另一成员国时，须缴纳关税。但如果该商品的价值一半以上是在贸易区内成员国中增值的，则在贸易区内运销可免于缴纳关税。因此，如果一家美国跨国公司要把一批半成品运往其设在德国的子公司，制成成品后在自由贸易区内销售，美国的母公司就可以采用转移价格，人为压低半成品的售价，使其在德国制成成品后的价值一半以上是在德国增值的，这样该商品在运销到自由贸易区其他成员国时就不用缴纳关税了。

2. 配置资金

跨国公司从事对外直接投资，进行跨国经营，需要利用众多的资本市场，并实现资金的自由调拨与配置。但是，东道国往往对资金的调出加以种种限制，如限制外资企业汇回利润、实行严格的外汇管制等。因此，跨国公司设法利用转移价格在公司内部配置资金。

（1）由各子公司分担集中研发的费用。公司集中研发新技术和新产品，而产品销售地分布于世界各个市场，于是母公司要求各子公司对集中研发的费用进行分担，采用转移价格调拨内部各单位的资金。

（2）转移资金以求厚利。公司把资金由低利国家转向高利国家，或者当某国外市场出现投资良机便抬高转移价格，以此将资金调往最有利可图的市场。

（3）避免东道国对资金的限制。公司使用转移价格，提前调回资金，或者先投入较少资金，然后利用高利贷款方式将资金以利息方式调回，可规避东道国对资金调出的限制。因为一般说来，各国的外汇管制都不限制贷款和利息的汇出。

3. 调节利润

跨国公司利用高税区与低税区税收的差别，通过对转移价格的调高或调低来影响国外子公司的利润水平。公司通常采用的方法是：以低价向子公司出售商品、劳务和技术，以高价从子公司买进。一般说来，发达国家处于高税区，发展中国家处于低税区。母公司向处于低税区的国外子公司采用调低转移价格，便可以达到降低子公司的进货成本，提高其利润的目的；反之，处于低税区的子公司向处于高税区的母公司出售商品时，采用调高转移价格的做法，便可以达到提高母公司的进货成本，降低其利润的目的。这样，盈利从高税区转移到低税区纳税，从而减轻了整个公司的税负，增加了利润。

跨国公司通过转移价格调节国外子公司的利润，可以取得如下的经济效果：

（1）就跨国公司而言，国外子公司公布的利润过高会引起东道国政府的注意和反感，使其要求与跨国公司重新谈判进入的条件，分享其盈利，或者强迫盈利过多的跨国企业出售股权给当地投资者以分享盈利，也可能导致新的国有化趋势。通过转移定价的方法，把盈利悄悄转移到国外，而只公布较低的利润，可以避免重新谈判。

（2）为了避免由于国外子公司利润过高而吸引更多的竞争对手进入同一市场，跨国公司也会通过转移定价以降低利润的方法，掩盖其获利的真实情况。

（3）在跨国公司与当地合资经营的企业里，如果跨国公司拥有多数股权，它一般希望夸大该合资企业的资产额，减少公布的利润额，从而减少因缴纳所得税和分红造成的损失，在此情况下，转移价格的调整旨在降低合资企业的利润率；但如果东道国的投资所占比重大，按投资比例分红的原则，跨国公司获利较少，因此，跨国公司不希望东道国多分红，也不愿将更多的利润留在合资企业，因此，跨国公司通过转移定价的策略，减少合资企业的总收入。

（4）跨国公司通过转移定价降低公司利润的做法还与东道国工会的影响有关。发展中国家工会组织代表工人利益，要求分享企业盈利，增加工资和福利开支。在此情况下，公司便调低子公司的利润率，使职工应分享的好处减少。

4. 逃避价格控制

东道国政府为了限制和管理跨国公司在当地的经济活动，维护本国市场和居民的权益，实行市场价格控制政策，跨国公司则利用转移价格来逃避这种管理与监督。当东道国政府限制跨国公司以“倾销”价格在当地市场销售时，母公司则采取调低转移价格的策略，以低价将原材料、零部件等卖给子公司，使子公司仍能以低价在当地市场推销商品，击败竞争对手，从而控制当地市场。反之，当东道国政府限制跨国公司以高价销售时，母公司则采取调高转移价格的方式，使子公司产品的成本提高，其结果仍能使整个公司获取较高的利润。

5. 避免外汇风险和管制

通常跨国公司母公司要等其子公司进行年终结算后，方能获得子公司汇回的利润。而在此期间，汇率随时可能发生变动。跨国公司如果发现东道国或母国的汇率即将变动，就可以利用转移价格提早或推迟付款，以减少因货币贬值造成的经济损失，或者获取汇率差价利益。

在实行外汇管制的国家里，东道国政府为了保持外汇收支平衡，对外国公司汇出的利润在时间上或数量上加以限制。如果东道国政府外汇管制过严，或子公司保留利润过高时，母公司可调高中间品的转移价格，提高产品成本，降低子公司的利润，以便间接地调回利润。

总之，转移价格已成为跨国公司弥补外部市场的结构性和交易性缺陷的重要措施。转移价格事实上已成为跨国公司建立内部市场的主要手段，又成为跨国公司内部贸易的强大的支撑点。它在跨国公司的全球经营活动中扮演着关键角色，并为其最终获得高额利润起着重大作用。

（二）各国对转移价格的管理

跨国公司通常会设置两套账目，一套是对外的公开账目，其利润是“应纳税的利润”，主要用以对付税务当局，以此进行纳税；另一套是对内的秘密账目，其利润是真正的“有效利润”（Effect Profit），主要用以公司内部控制和评估经济效益。随着跨国公司多方面使用转移价格，使本国和东道国蒙受经济损失，许多国家的政府不仅不接受跨国公司所宣布的“清白”和想当一个“好公民”，而且采取措施对跨国公司转移价格实行管制。

1. 母国政府对转移价格的对策

母国政府规定以独立、公平交易的价格为标准，要求跨国公司内部交易按“独立竞争原则”办理，也就是说，当母公司向子公司提供商品和劳务时，税务当局可以根据按“独立竞争原则”计算的“局外价格”进行监督，防止跨国公司逃避税负，使母国蒙受税收损失。例如，美国政府于 1954 年就制定了国内税收法（Internal Revenue Code），其中第 482 节对管制公司内部转移价格作了规定。1968 年财政部正式确定国际定价管制措施，根据该管制措施，如果发现母公司和子公司的交易定价低于母公司应收取的价格，税务当局可按“独立竞争原则”的“局外价格”增收母公司所得税，从而提高其纳税金额。正是由于采取这一措施，当年美国政府额外收回税额 7 亿美元。其他发达国家如英国、法国、日本和加拿大也有类似的对策。

2. 东道国政府对转移价格的对策

东道国政府为了维护自身利益，需要对转移价格进行监督和管制，具体措施有：

（1）以“正常价格”为基础，实行“比较定价法”。所谓“正常价格”是指“卖给无关的顾客同样商品的价格”。东道国税务当局以此为基础，审核跨国公司的转移价格，如果发现某一子公司的进货价过高或出货价过低，可以要求按“正常价格”补缴税款，这就是“比较定价法”。

（2）对外资企业实行新的征税方法。这些方法主要有：

1）降低外资企业纳税标准，通常低于跨国公司母国税率。其好处是，既可以减少或避免跨国公司利用税收差异操纵转移价格，也有利于吸引外资。

2）实行税收待遇一体化（Uniformity of Tax Treatment），即东道国政府在一定时间内，统一各种税收的税率，在保证总的税收收入不变的情况下，减少跨国公司使用转移定价的可能性。

3）实行“公式分配法税收”（Formular Apportionment Taxation），东道国向跨国公司课征的税收有投入税、产出税和所得税三大类，其中以所得税最为重要。东道国政府首先按一定公式估算出子公司应纳税利润，然后将该子公司的利润与按其他国家正常利润的一定比例课征企业所得税。

3. 加强海关对外资企业进出口货物的监督

海关是设立在关境上的国家行政管理机构，是贯彻执行东道国对外贸易政策、法令和规章的重要工具。海关一旦发现外资企业进出口货物价格偏高或偏低时，有权要求对进出口货物重新估价和征税。

4. 建立和健全审计制度，严格审核跨国公司财务账目

跨国公司的日常经营状况最终都会在企业财务账目上反映出来，跨国公司使用转移价格也会通过会计账目反映出来，因此，建立和健全严密的审计制度，能加强对跨国公司财务的监督和管理。

总之，跨国公司是从事全球经营活动的企业，限制跨国公司任意使用转移价格，越来越引起世界各国的普遍关注。美国、法国、日本等拥有大量对外直接投资的发达国家都已制定了专门法规，限制跨国公司对转移价格的使用。发展中国家与跨国公司打交道时间短，缺乏经验，要管制转移价格较为困难。目前发展中国家可以从完善法令、法规入手，加强对跨国公司财务报表的审核，并及时了解国际市场价格的变动情况及有关国家的税率差别，了解国际市场同行业利润率水平，及时发现问题，以对跨国公司转移价格进行限制。

关键概念

目标市场销售	市场营销组合策略	产品市场生命周期
成本加成定价法	边际贡献定价法	需求弹性定价法
配套产品定价法	低价倾销定价法	内部贸易
转移价格		

复习题

1. 简述目标市场营销的目的和动因。
2. 简述实施目标市场营销的途径。
3. 简述产品生命周期的四个阶段。
4. 影响价格制定的因素有哪些？
5. 跨国公司常用的定价方法有哪些？
6. 销售渠道的类型有哪些？
7. 跨国公司内部贸易产生的原因是什么？
8. 跨国公司内部贸易有哪些特征？
9. 跨国公司实行转移价格的主要动因是什么？

第十一章
跨国公司经营规范

本章要点提示

◎ 作为国际直接投资的主要东道国，发达国家由于其国内企业在技术、规模等方面具有竞争优势，对进入本国的国际直接投资往往采取自由开放的政策。

◎ 作为国际直接投资东道国，发展中国家出于国家经济安全等考虑，对国际直接投资经常表现出比发达国家更大的限制性。

◎ 20世纪80年代中期以来，发展中国家与发达国家之间围绕投资自由化存在的尖锐冲突以二者共同趋向投资自由化而趋于协调。

◎ 自第二次世界大战结束以来，国际社会一直试图建立国际直接投资的多边投资法制，以推动其发展，但迄今为止尚未确立一个全球性、综合性的多边投资公约。

导入案例

波音兼并麦道案

飞机制造业是一个资本、技术壁垒极高的行业，从20世纪60年代开始，西欧的飞机制造公司因规模太小，无力负担发展新型喷气式客机的巨大投资而陆续退出市场，全球民用客机市场几乎完全被美国的波音、麦道和洛克希德三家公司所垄断。为打破国际大型民用飞机市场上美国飞机制造商的垄断局面，1970年12月，英、法、德、西联合创建了空中客车公司。空中客车公司经营状况良好，逐渐取得了与波音公司平起平坐的地位。于是，美国指责空中客车公司受到欧盟的补贴，在指责不见效果的时候，最终作出波音兼并麦道的决定。

1996年，美国第一大飞机制造商波音公司与第二大飞机制造商麦道公司宣布合并（实际上是前者对后者的兼并）。在只有三家飞机制造商（且第三家公司所占市场份额很小）的美国飞机制造市场上，合并的结果必然使新波音公司处于绝对垄断地位。1997年7月，美国联邦贸易委员会正式批准了这一兼并。此前，这一兼并曾遭到欧洲有关国家的反对，欧洲委员会也曾发起调查，但由于欧洲各方利益冲突和美国施压，最终被迫同意这一兼并。目前，世界大型民用飞机市场被美国新波音公司和欧洲空中客车公司所完全垄断，但新波音公司在规模和政府支持方面远胜于空中客车公司。

第一节 跨国公司经营的国家规范

跨国公司通过对外直接投资和技术转让直接和间接地给东道国带来经济建设所需的资金、技术、管理经验和销售技能等。但与此同时，跨国公司也往往利用内部转移价格、限制性商业惯例等追求最大限度的利润，从而损害东道国的利益。因此，其经营会受到不同层次规范的约束，这里重点介绍跨国公司经营在国家、区域和多边三个层次上的规范。

在当今世界上，大多数发达国家既是对外直接投资的主要母国，又是接受外国直接投资的主要东道国；由于历史的原因，发展中国家主要是国际直接投资的东道国。发达国家与发展中国家出于各自利益的考虑，在对待国际直接投资的态度上各不相同。发达国家作为对外直接投资的主要母国，投资自由化符合它们的利益。发达国家政府必然采取各种措施支持其跨国公司的对外扩张行为。作为国际直接投资的主要东道国，发达国家由于其国内企业在技术、规模等方面具有竞争优势，对进入本国的外国直接投资往往采取自由开放的政策。而主要作为国际直接投资东道国的发展中国家出于国家经济安全等考虑，对国际直接投资经常表现出比发达国家更大的限制性。

一、发展中国家的规范

（一）发展中国家规范的演变

第二次世界大战后，发展中国家对待外国直接投资的态度大体上经历了两次转变，第一次是从开放到限制，第二次是从限制到自由化。20 世纪 50 年代，发展中国家为引进外国直接投资发展民族经济，对外国直接投资没有限制或限制较少。结果，许多发展中国家的重要工业部门受到西方跨国公司的控制，民族工业的发展受到严重阻碍，从而激发了民族主义情绪，引起了对外国直接投资的国有化浪潮。从 60 年代开始，发展中国家转而采取限制性甚至歧视性政策，来抑制外国直接投资的扩张，使外国直接投资流入不断减少。[①] 外国直接投资流入的减少使发展中国家陷入技术引进困难、产品升级换代滞后、经济缺乏竞争力的困境中。

20 世纪 80 年代，发展中国家逐渐认识到外国直接投资是一揽子要素转移，有着间接投资不可替代的优势，于是逐渐修订原有的歧视性政策，不断完善外资立法，出现外资政策的自由化趋势。90 年代以来，发展中国家希望吸引更多高质量的外国直接投资，以利用外部的资金、技术和管理经验等发展本国经济，进一步减少对外国直接投资的限制，加强对外国直接投资的保护，甚至出现了前所未有的单边投资自由化的趋势。[②]

---

① 据研究，限制性外资政策使发展中国家外国直接投资存量占全世界总存量的比重从 1967 年的 31%下降到 1975 年的 26%。参见［英］尼尔·胡德，斯蒂芬·扬：《跨国企业经济学》，28 页，北京，经济科学出版社，1990。

② 参见韩亮：《单边投资自由化——90 年代发展中国家外资发展趋势》，载《国际贸易》，2000（1）。

（二）发展中国家规范的主要内容

一般说来，发展中国家对跨国公司采取限制和鼓励相结合的措施。

1. 限制投资的措施

发展中国家从发展本国民族经济的战略目标出发，通过制定外资企业法，严格审查外国投资项目，控制外国公司的经营活动，以及设置各种规章制度，实施有限制地利用外资的政策。主要限制性措施有：

（1）限制跨国公司投资的部门。在将外资引向发展民族经济的重点目标和重点部门的同时，限制或禁止外资进入战略性和敏感性的部门，一般包括：少数基础工业和重要工业部门；自然资源开采部门；公用事业和国防工业部门，如邮电、通信、广告、电台、电视台、报纸、广播、交通等公用事业及国防科技工业等部门；国内批发和零售商业；易于垄断和兼并的部门。

（2）限制跨国公司参股的比例。发展中国家掌握外资参股比例的原则是，逐步削减外资股权，不断增加当地资本的股权，但并不相应地削减外国公司的经营管理权和利润份额。具体做法是，在合资企业中，除了特许外，外国资本最高只能占49%，当地资本占51%，以保证当地资本对企业有较大的控制权和决策权。规定外资在一定时期内可以持有多数股权或独资经营的部门包括：高技术工业部门，如核能工业、航天工业、电子工业、新材料工业等；出口导向型工业；开拓性工业部门，如石油和稀有矿藏的开采。

外资逐渐退出政策是发展中国家在对外国企业实行国有化的斗争中，对跨国公司股权予以限制的一种形式。发展中国家逐步收回或减少外资在合资经营企业中的股权，通常准许有一个合理的时期，并在股权削减过程结束时，有的允许外国公司股权有一个合理的最低水平，有的允许外国公司失去股权后，仍可采取非股权安排保持对原经营企业的联系和控制。

（3）限制跨国公司资金和利润的汇出。发展中国家对外资的资本金、利润、红利、技术使用费以及管理服务费的汇出都有限制措施。1970年12月，《安第斯条约》组织国通过了世界上第一个区域性组织的限制外资条例，对外国公司资金和利润的汇出加以明确的限制。

（4）对产品的限制。包括对购买投入物的限制；规定外资企业的产品出口量应占总产量的最低百分比；规定外销产品和内销产品不同的优惠待遇，外销比例越大，享受优惠越多。

（5）对技术转让的管理。包括严格审查引进技术的先进性和适用性；防止引进技术只提供硬件，不供应软件的做法；仔细核算技术转让的条件和费用，争取有利的转让条件等。

（6）对投资的监督和管理。主要包括制定和修改外资企业管理法；加强政府对外资企业的宏观控制；利用税收杠杆，进行财务监督和管理；限定企业工资和福利待遇等。

2. 鼓励投资的措施

20世纪70年代以后，大多数发展中国家逐步调整了有关跨国公司经营的政策，表现出较大的务实性、灵活性和成熟性，实行了既限制又利用的政策，即在使跨国公司的经营活动同本国发展目标协调一致的同时，较大程度地鼓励和发挥跨国公司在发展民族经济中的作用。发展中国家认识到，在大多数情况下，投资和经营环境的捉摸不定对外国投资的抑制作用可能会大于投资鼓励措施的吸引力。因此，许多发展中国家已将改善投资和经营环境作为吸引外资的出发点。此外，发展中国家为外国投资提供一系列的优惠措施，主要包括以下几个方面：

（1）避免采取简单的国有化手段。[①] 发展中国家对外资企业国有化，直接触及外国投资者的利益，因而必然遭到外国垄断资本集团的敌视、阻挠和破坏。为了鼓励跨国公司投资的积极性，有的国家如埃及、马耳他、马来西亚等国的法律明文规定，一般情况下不对外资企业实现国有化；有的国家与跨国公司母国签订避免双重课税和保证投资协定，避免对外资企业实行国有化；有的国家规定，如确有必要实现国有化，将会给予合理的补偿。

（2）提供必要的财政和税收优惠。发展中国家对外国公司的投资普遍实行低税率，一般比发达国家低30%～50%，对投资于高科技企业和落后地区的外资企业还提供特殊税收减免和财政优惠的办法。

（3）适当放宽外汇管制。大多数发展中国家准许外资企业的合法利润自由汇出。有的国家还允许在外资企业出口创汇收入大于企业利润时，对外国投资者所得的利润、红利、利息收入等在纳税后均可自由汇出。

（4）鼓励利润再投资。发展中国家对利润再投资实行减税，对在指定部门和地区的投资可以享受延长免税期。例如，新加坡对利润再投资于政府优先发展的地区和投资周期较长的项目免税期可长达10年。

（5）给予外资企业国民待遇。按国民待遇原则给予在其领土内的外国公司在投资管理、维持、使用、享有和收益方面的待遇，不得低于它给予本国国民或公司的待遇。发展中国家已原则上给予外资企业与本国企业同等待遇。

发展中国家在与跨国公司打交道的过程中，逐步认识到既要充分利用跨国公司作为生产要素在国际间流动的媒介所起到的积极作用，又要严格限制它对东道国经济发展和社会政治产生的消极影响。

二、发达国家的规范

（一）发达国家规范的演变

在历史上，当发达国家处在国际直接投资净流入阶段时，一般都对外国直接投资采取严格的管制措施。首先，几乎所有国家都限制外国直接投资的进入，其措施主要有：规定外国直接投资不得进入某些部门，规定外国投资者必须满足某些条件后才能进入某些部门，如规定外资股权的上限和技术转移的要求等。其次，对外国直接投资提出各种履行要求，其中一些履行要求是出于平衡国际收支的考虑，如出口要求和对专利费设置上限等；大多数履行要求则是为了保证本国企业提高技术水平，如当地成分要求、技术转移要求、

① 国有化（Nationalization）一般是指一国政府将私人企业的资本收归国有的过程。对外资企业国有化一般是指发展中国家政府将外国投资者拥有或经营的企业、财产和经营特许权收归本国国家所有的行动。其具体形式主要有：收买外国公司的股份，征收财产，没收财产等。

鼓励采用合资企业的经营方式等。

随着发达国家经济实力的增强，对外直接投资增加，发达国家开始不断放松对外国直接投资的准入限制。20 世纪 90 年代以来，发达国家由于其自身经济利益的驱动，不断提出对国际直接投资的高标准自由化的要求，为其本国资本开辟国际市场创造条件。

（二）发达国家规范的主要内容

发达国家作为跨国公司的主要母国，对跨国公司经营既有积极支持和鼓励的一面，又有加强监督管理的一面。

1. 支持和鼓励跨国公司扩大对外投资

发达国家作为跨国公司的主要母国，一般都支持和鼓励跨国公司扩大对外投资。这类支持和鼓励措施主要有：

（1）对对外投资予以扶植。通过出口信贷，扶植积极向外开拓的高科技跨国工业公司，有意无意地使本国货币升值，刺激企业对外直接投资，加强本国跨国公司的竞争力。

（2）对对外投资提供保护。母国政府同东道国政府签订双边投资保护协定和避免双重课税协定，使本国跨国公司免遭政治风险的损失；享受国民待遇；遇到国有化能得到合理补偿；能够自由地撤出投资的本金和汇回利润；合理解决投资争端等。

（3）建立对外投资担保制度。目前各国实行的对外投资担保实际上是投资保险，即在一定条件下，如果投资项目遭受损失，可以给予一定比例的补偿。

（4）对对外投资提供信息服务。目前，许多国家都设立了一些机构，为对外投资企业提供咨询信息服务。在美国，提供这种服务的机构是海外私人投资公司；在日本是通产省所属的亚洲经济研究所经济调查部、日本输出入银行海外投资研究所。另外，政府还协助民间成立非营利机构进行咨询服务，如美国的“国际经营服务队”、加拿大的“海外经营服务机构”和日本的“世界经营协议会”等。

此外，发达国家还借助提供对外援助贷款之机，要求受援国实行非国有化政策，给本国跨国公司投资创造有利条件；利用反托拉斯法刺激私人资本向国外流动等。

2. 加强对跨国公司对外直接投资的监督管理

（1）对外流资本和技术的审查。短期内大规模对外投资，会对投资国国际收支平衡造成不利影响，因此，各国政府都制定了一些投资审批标准，这些标准因不同国家而异。日本、意大利、澳大利亚等国侧重对外直接投资促进出口贸易或改善国际收支状况。英国、爱尔兰、瑞典等国注意外流资金对国际收支的影响程度。同时，政府担心投资带动技术出口，使本国先进技术被外国利用，尤其是向社会主义国家出口技术，对此更严格地进行审查。实际上，跨国公司只是将一些辅助性生产活动转移到国外，真正具有竞争优势的技术和技术密集型生产项目仍留在本国。这样做只会促进专业化，提高生产效率，增加净出口。同时，母公司巨额研究和开发费用，可以分摊在更大数额的产品上。

（2）防止输出就业。例如，美国工会担心，由于对外直接投资，美国工人的就业机会将被工资成本低的国家夺去。因此，要求政府立法不鼓励向国外投资和输出技术。

（3）防止避税和逃税。由于跨国公司子公司分布在世界各地，因而政府当局很难确定跨国公司的应税利润。跨国公司又利用内部交易和在避税地设立分支机构，进一步加剧了这一问题的复杂性。20 世纪 80 年代，美国率先倡导联合审计，加强业务往来密切的国家之间的情报交流，防止跨国公司偷税漏税事件的发生。

总之，跨国经营的产生和发展，使企业同国家之间的关系复杂化，甚至导致国家之间的摩擦和对立。因此，对跨国公司实行国际监督和控制，已成为一个亟待解决的国际性问题。

第二节　跨国公司经营的区域规范

一、美式双边投资条约及其影响

20 世纪 50 年代末 60 年代初，德国和瑞典率先同发展中国家缔结专门的促进和保护投资的条约。这类条约对投资自由化的要求相对和缓，被称为“德式双边投资条约”或“欧式双边投资条约”。从 70 年代末开始，美国借鉴欧式双边投资条约的经验，并结合美国的实际需要，对外缔结专门的双边投资条约，以加强对美国在海外投资的保护。从 1982 年到 2012 年，美国先后提出了四个双边投资条约谈判范本，虽几经修改，但实质内容并没有变化。1982 年美国缔结了第一个具有美国特色的双边投资条约。由于这类条约较欧式条约在许多方面都提出了更高的投资待遇标准和保护要求，从而成为现代双边投资条约中的一个新的种类，被称为“美式双边投资条约”。近年来出现的多数投资条约都借鉴甚至照搬了美式双边投资条约的核心规则。

美式双边投资条约的条文结构并不复杂，只有十几个条款，但涉及的内容却相当广泛，囊括了投资领域的所有核心问题。美式双边投资条约强调投资待遇的国际法最低标准，推行美国倡导的、适用于国际投资领域的所谓“习惯国际法规则”；强调国民待遇原则的地位和作用，并要求适用于投资准入阶段；禁止东道国采用履行要求；在征收与国有化补偿问题上明确推行“充分、及时、有效”的补偿标准；赋予投资者依据双边投资条约径直提请投资争议的国际仲裁的权利，进一步削弱了“卡尔沃主义”① 的影响，使东道国当地救济作为投资争议解决方法适用的机会进一步减少。因此，从性质上看，美式双边投资条约是一种极力推崇高标准自由化的双边投资条约。它将调整范围扩大到了对外国直接投资的“管理”领域，以最大限度地提高投资待遇和提供投资保护，严重地限制了东道国的外资管辖权。②

对跨国公司经营的区域规范主要分为两类：一类是专门就国际直接投资或其中某些问题所作的政府间安排；另一类是在经济合作和一体化综合性安排中包含了国际直接投资问题。与双边投资条约相比，它们在目标和范围上更广泛、更灵活，而且没有一个统一的模式，内容大多集中在与外国直接投资市场准入和待遇标准相关的问题上，有些已经涉及广泛的和深层次的投资自由化问题。具有代表性的区域规范有：以发达国家为主体的《北美

① 卡尔沃主义是由南美国际法学家卡尔沃（Carlo Calvo）于 19 世纪 60 年代提出的一种学说，该学说主张外国人对于投资或其他商事争议只能在当地寻求救济。

② 参见刘笋：《国际投资保护的国际法制——若干重要法律问题研究》，1～12 页，北京，法律出版社，2002。

自由贸易协定》和以发展中国家为主体的《卡塔赫纳协定委员会决议》。

二、代表性区域规范简介

(一)《北美自由贸易协定》

《北美自由贸易协定》是20世纪90年代出现的一个非常重要的区域性自由贸易协定。虽然该协定以“自由贸易协定”的名称出现，但对投资问题作了详尽的规定，因而也是一个重要的区域性投资条约。《北美自由贸易协定》专列一章即第11章对投资问题作了规定。这些规定具有高度自由化的特征，在某种程度上代表了区域投资自由化规则的发展方向，因而受到积极倡导投资自由化的学者们的广泛赞誉。

《北美自由贸易协定》几乎全部承袭了美式双边投资条约的自由化投资规则，也继承了现有大多数双边投资条约的主要规则。它是在接受现有双边投资条约长期发展演变形成的通行的投资规则的基础上，加入了美式双边投资条约的新要求，形成了更为完备的自由化多边投资规则。《北美自由贸易协定》不仅照搬了美式双边投资条约的相对投资待遇和绝对投资待遇规则，而且其关于征收与国有化的条件及补偿标准的规定、资本转移自由权的规定都有明显的美式双边投资条约的特征；《北美自由贸易协定》不仅将美式双边投资条约中的履行要求禁止条款引入该区域机制，而且也仿效美式双边投资条约的做法，进一步强化了“投资者对国家”的投资争议解决机制。《北美自由贸易协定》被认为是迄今为止美国参与缔结的内容最为全面和规则最为严格的区域投资条约，被视为区域投资自由化的代表性立法。

《北美自由贸易协定》的一个引人广泛关注的方面是，它成功地将一个发展中国家——墨西哥纳入到一个高度自由化的投资规则体系之中，试图表明发展中国家已经愿意而且能够接受一个高度自由化的多边投资条约的约束，因而有可能对其他发展中国家起到“示范”作用。

(二)卡塔赫纳协定委员会决议

1969年，玻利维亚、智利、哥伦比亚、厄瓜多尔和秘鲁五国政府签署了《卡塔赫纳协定》，并依据该协定成立了安第斯共同市场。《卡塔赫纳协定》的主要目的在于确立成员国之间共同的经济发展政策。该协定第27条规定，成员国应当采取关于外国投资待遇的共同制度。这一规定使得作为安第斯条约组织最高权力机构的卡塔赫纳协定委员会得以颁布一系列对成员国具有较强约束力的关于投资决策和立法的决议。

受当时许多拉美国家强烈的保护主义情绪影响，1970年，卡塔赫纳协定委员会通过了第24号决议，该决议以严格管制外资为主要特色。其中第3条规定，限制外资购买效益不好的当地国有企业，除非当地国有企业找不到其他的买家。第17条规定，限制外国投资者进入当地借贷市场。第30条规定了外资股权逐步减少的强制性规定。第37条规定了对利润汇回的限制。第50条规定禁止成员国给予外国投资者高于本国投资者的待遇。第51条规定实际上排除了投资者通过第三方仲裁或寻求以其他形式的外交干预来解决争议的机会。此外，第24号决议还对外国投资进入的领域、外国投资的期限、外资登记和批准的条件等问题作出了严格的规定或限制。总之，这是一部对外资进行严格管制的决议，它过多干预了外资的经营权。

从 20 世纪 70 年代末开始，拉美国家陷入了新一轮外债危机，不仅对外筹措资金的能力下降，而且外国投资者对这些国家的投资环境也信心不足，流入的外资急剧下降。1987 年，卡塔赫纳协定委员会正式废除了第 24 号决议，代之以第 220 号决议。与第 24 号决议相比，第 220 号决议的重要变化是，成员国在诸如外资利润汇回的比例限制、投资部门的限制、争议解决的方式选择等许多方面都获得了相对的自由决定权，卡尔沃主义关于投资争议的东道国解决的规定不再是强制性的规定，各成员国可以自由决定是否允许外国投资者在投资争议解决问题上求助于国际仲裁或外交干预，各成员国可以延长外资逐步减少的期限等。第 220 号决议表明，安第斯条约组织在外资政策和外资立法方面已经能够根据实际情况的变化作出务实灵活的变革。

20 世纪 80 年代以后，在席卷全球的贸易和投资自由化浪潮中，为确保安第斯条约组织成员国不会在日益激烈的全球引资竞争中处于落后地位，卡塔赫纳协定委员会于 1991 年又通过了进一步反映投资自由化趋向的第 291 号决议，以取代第 220 号决议。与第 220 号决议相比，第 291 号决议的第一个重大变化是取消了一贯坚持的严格国民待遇的强制性要求，允许各成员国依据各自的法律自行决定给予外国投资者的待遇。决议第 2 条规定，外国投资者应当享受与当地投资者相同的权利和承担相同的义务，除非各成员国的法律另有规定；决议第 10 条规定，成员国可依据其国内法律，决定如何处理产生于外国直接投资或技术转让方面的争议。这说明在投资争议处理方面，第 291 号决议延续了第 220 号决议的灵活作风。

第 291 号决议的自由化特色还体现在其他诸多方面。例如，决议废除了外国投资的审批要求，而仅要求履行登记手续；决议取消了对利润汇回和利润再投资的限制，外国投资者有权汇出其出售股权或投资项目清算所获资金；外国投资企业可以和当地企业一样享受卡塔赫纳协定（区域）自由化计划所提供的各种优惠；决议还废除了技术转让合同的审批制度，实行此类合同的登记制度等。

第 291 号决议的产生，标志着一个一向被西方国家认为是以敌视的态度对待外资的区域性投资条约的结束，取而代之的是一个相对自由化的区域性投资条约，这个条约已经将放松外资准入限制、保障外资经营管理权、确保资本转移自由和灵活处理投资争议等许多投资自由化要求积极地、全面地反映出来，是发展中国家之间区域投资立法走向自由化的一个重要标志。当然，这个区域投资条约的自由化改革，并不意味着这个区域的国家已经放弃了外资管辖权，也不意味着维护东道国合理外资管辖权的卡尔沃主义的消亡，而是说明发展中国家引导和管理外资的能力在逐步提高。卡尔沃主义的原则精神仍然在发挥作用，因为卡尔沃主义提倡的是对外资的国民待遇，反对的只是外资的特权待遇；承认的是司法拒绝情况下的母国救济，反对的是外交保护权的滥用和无视东道国法律的强权政治和炮舰政策。

第三节　跨国公司经营的多边规范

自第二次世界大战结束以来，国际社会一直试图建立国际直接投资的多边投资法制以推动其发展，但迄今为止尚未确立一个全球性、综合性的多边投资公约。20 世纪 90 年代以前，发展中国家多次借助联合国大会等场所，通过联大决议等形式，确立了一系列维护东道国外资管辖权、制约跨国公司消极影响的反映国际经济新秩序的原则和规则。然而，这些多边立法努力一直遭到一些西方发达国家的抵制。20 世纪 90 年代以后，随着国际投资环境的变化，发展中国家与发达国家由原则对抗转向更注重解决实际问题，产生了一系列自由化性质的多边投资条约，客观上推动了国际直接投资的日益自由化。

一、多边规范的演变

（一）20 世纪 90 年代以前的多边规范

20 世纪 50—70 年代，联合国通过了一些涉及外资的决议，一般都强调东道国应有的权利。1952 年，联大通过了《关于自由开发自然财富和自然资源的权利的决议》的第 626 号决议，建议各国在确保安全、互信和经济合作的前提下对资本流动的必要性给予充分重视。1962 年，联大通过了《关于自然资源永久主权宣言》的第 1803 号决议，规定输入外资应符合必要或应有的规则及条件，产生的收入应当受东道国国内法及国际法的管辖，对征收或国有化给予适当补偿，由此引发的争议应当尽量诉诸国内法管辖。1966 年，联大通过了《关于自然资源永久主权宣言》的第 2158 号决议，重申各国有权参与外资经营企业的管理并有权分享这些企业的利润。

1973 年，联大通过了《关于自然资源永久主权宣言》的第 3171 号决议，规定各国有权决定征收补偿的数量及方式，由此产生的争议应当诉诸东道国国内法来解决。1974 年，联大通过了《关于建立新的国际经济秩序宣言》的第 3201 号决议，规定各国有权对本国资源及其开发实现有效的控制。1974 年，联大通过了《建立新的国际经济秩序的行动纲领》的第 3202 号决议，要求各国制定和通过一项关于跨国公司的国际行为准则，规定各国有权对跨国公司利润汇回行为进行管理。1974 年，联大通过了《各国经济权利和义务宪章》的第 3281 号决议，规定各国有权管理外国投资及跨国公司的活动，有权对外国财产所有权收归国有、征收或转移并给予适当补偿，由此产生的争议应当依照东道国国内法解决。

1980 年，联大还通过了《管制限制性商业惯例的公平原则和规则的多边协议》，旨在消除限制性商业惯例对国际贸易特别是发展中国家的国际贸易及其经济发展可能造成的不利影响。文件对包括跨国公司在内的企业提出了一系列具体要求。另外，联合国还曾提出《跨国公司行为守则》草案。自 1972 年开始实施跨国公司行为守则的制定计划以来，一直受到发达国家的反对和阻挠。1982 年，联合国跨国公司委员会提交了一份关于行为守则草案的报告，但因在许多关键问题上南北之间存在分歧，草案文本未能被联大正式采纳。直到 1992 年谈判中止并搁置至今。该行为守则草案是国际社会多年来对跨国公司问题反复研究和多方协商的产物，内容涉及投资待遇、资本转移、征收及补偿、投资争议解决等，对国际社会今后制定跨国公司国际规则具有重要的借鉴意义。

1961 年，为推动经济合作与一体化，发达国家成立了经济合作与发展组织（OECD）。自从成立开始，OECD 就将减少贸易障碍和推动资本自由流动作为主要目标，极力维护发达国家的利益，与联合国系统的立法努力形成明显区别。OECD 成立第一年就推出了两个投资自由化法案——《资本流动自由化法案》和《经常项目无形资产交易自由化法案》。这两项法案旨在非歧视原则下逐步实现资本的自由流动和现金无形资产交易的自由化。两个法案都具有法律约束力，对推动 OECD 成员国之间资本流动的自由化具有重要意义。1967 年，OECD 出台了《保护外国人财产公约草案》，为跨国投资者提供财产安全方面的保护。1976 年，OECD 又出台了一个旨在调整多国企业行为的《关于国际投资和多国企业的宣言》，对跨国公司及其在东道国的经营条件作出一揽子规定。除宣言本身外，还包含一系列决定和附件，其中，最重要的组成部分有《国民待遇文件》和《多国企业指南》。前者要求成员国为已经在其境内设业的外国投资提供国民待遇，后者承认各成员国有权规定多国企业在其管辖范围内的经营条件。

世界银行的投资安排主要涉及投资争议处理和投资担保。1965 年签订的《关于解决各国和其他国家国民之间投资争端的公约》（即《华盛顿公约》），部分解决了发展中国家因对外资企业实行征收和国有化而与发达国家之间产生的矛盾，规定以仲裁或调节方式解决海外私人投资者与东道国国家之间基于投资而产生的法律纠纷。目前，已有缔约国 140 多个，许多双边和区域投资协议参照该公约制定其争议处理程序。1988 年制定的《多边投资担保机构公约》（即《汉城公约》）是世界银行的另一重要投资安排，它旨在通过提供一种多边投资担保机制，来降低投资的非商业性风险，促进外资向发展中国家流动，并使其成为各种国家、区域和私人投资保险计划的补充。

（二）20 世纪 90 年代以后的多边规范

1991 年，世界银行和国际货币基金组织联合设立的发展委员会认识到，需要制定一个整体法律框架以促进外国直接投资，这一任务由世界银行总裁指派的一个工作组承担。为了避免重蹈以往世界银行集团一些机构的覆辙，工作组认为应致力于制定一个反映国际投资领域可接受的、合意的、标准的、指南性质的文件。1992 年工作组向发展委员会提交了报告，推出《外国直接投资待遇指南》（以下简称世行指南）。从总体上看，世行指南反映的大多是发达国家一贯主张的投资待遇标准，或新近出现在一些双边或多边投资立法中的、具有明显自由化倾向的投资规则，如将开放外资准入作为投资立法的目标，明确要求控制和消除履行要求，对征收及类似措施给予"充分、及时、有效"的补偿，通过包括国际仲裁在内的多种方法解决争议等。当然，世行指南也涉及发展中国家普遍关注的跨国公司责任和义务问题，只是与为东道国确立的责任和义务相比显得分量不足。

OECD 在经过 30 多年构建和完善国际直接投资规则的历程后，从 1995 年到 1998 年，作为主要资本输出国的 OECD 成员国发起了旨在缔结一个综合的、统一的、高水平的，同时又具有法律约束力的多边投资规则的谈判。三年的谈判结果只是起草了一个《多边投资条约》（Multilateral Agreement on Investment，MAI）草案。根据 1998 年的谈判文本，MAI 草案主要有如下内容：（1）投资概念覆盖投资者直接或间接拥有或控制的各类资产，大大超出了传统的投资概念范围，并且适用于所有产业部门和缔约国各级政府。（2）通过国民待遇、最惠国待遇和政策法规的透明度，实现非歧视待遇原则；将非歧视待遇原则扩展到投资的所有阶段，而不仅仅限于投资后的经营阶段，这意味着投资准入的自由化；通过设立"冻结"（Standstill）和"回撤"（Rollback）机制，[①] 逐步取消所有形式的投资措

① 该机制是指一旦条约达成，各国除保留少数符合条约规则的例外以外，不得实施新的投资措施或履行要求。而且，各国加入条约时保留的投资措施或履行要求必须在今后逐步取消。

施或履行要求。(3) 对外国投资及投资者给予美式双边投资条约所确立的各项规则的保护，包括公正和公平待遇、禁止征收或给予充分、及时和有效的补偿以及投资所获利润和资金的自由转移。(4) 投资争议处理程序法规既适用于"国家对国家"的争议处理，也适用于"投资者对国家"的争议处理。

MAI 草案是一个高标准投资自由化条约草案。通过对 MAI 草案及谈判资料的研究可以发现，MAI 草案继承了美式双边投资条约和《北美自由贸易协定》中的许多规则和制度，其主体规则只是二者投资规则的翻版，具有明显的超前性。① 由于各成员方出于自身利益考虑，不愿意全面取消现有的投资限制措施，致使例外清单过长，使跨国公司的支持力度减弱；由于担心社会和环境问题以及跨国公司侵犯东道国主权和利益，多数非政府组织极力反对这一谈判文本；由于广大发展中国家被排斥在谈判之外，多数 OECD 国家希望将这类谈判转到世界贸易组织（WTO）之下。因此，关于 MAI 草案的谈判目前仍处于搁浅状态。

从总体看，有关国际直接投资的法律体系还只是由各种各样的国内法规范和国际法规范织成的"筛子"，具体内容互相重复，相互之间也不协调，还不能视为一个完整的、具有普遍意义的国际直接投资法律体系。20 世纪 80 年代中期以前，发展中国家与发达国家之间围绕投资自由化存在尖锐的冲突，20 世纪 80 年代中期以来，这一冲突以发达国家和发展中国家共同趋向投资自由化而趋于协调。

二、代表性多边规范简介

(一) 世界贸易组织的规范

世界贸易组织（World Trade Organization，WTO）对于与贸易有关的投资问题的规范，直接制约与影响着跨国公司的对外直接投资。世界贸易组织作出这些规定的客观原因，在于贸易与投资具有十分密切的关系。国际直接投资与国际贸易都是为经济发展服务的。一方面，国际直接投资是作为向国外提供货物和服务的主要方法，正在日益影响着国际贸易的规模、方向和构成；另一方面，国家制定的国际直接投资和国际贸易政策通常是各自独立的，而这两套政策在目标和执行方面并不一定总是相互协调或相互支持，其中某些投资措施对国际贸易秩序可能会产生一定的限制或影响。由于国际上尚无调整国际直接投资的普遍性、实体性法律规范，对于某些限制或扭曲贸易的投资举措也无力纠正。在此情况下，产生了由世界贸易组织发起订立的规范与贸易有关的投资问题的一系列协议。

1. 世界贸易组织有关投资的协议

世界贸易组织的投资规则可以追溯到《关税与贸易总协定》(General Agreement on Tariffs and Trade，GATT) 创立之初，未能生效的《关于国际贸易组织的哈瓦那宪章》中已经对征收和外资准入问题作了规定。1955 年，GATT 重提投资问题，产生了《关于促进经济发展的国际投资决议》，建议各国要尽力创造有利于国际资本流动的条件，诸如投资安全保障、避免双重征税、收益转移便利等，并敦促缔约方积极参与与投资有关的双

① 参见刘笋：《WTO 法律规则体系对国际投资法的影响》，58 页，北京，中国法制出版社，2001。

边和多边谈判。此后，GATT将注意力更多地集中于贸易问题。直到东京回合就补贴、技术标准和政府采购等问题达成协议后，GATT又再度涉及投资领域。乌拉圭回合谈判成功后，WTO在投资领域的作用开始显现。在WTO框架内，有关国际投资的规范主要包括在《与贸易有关的投资措施协议》（Agreement on Trade-Related Investment Measures，TRIMs）、《服务贸易总协定》（General Agreement on Trade in Service，GATS）和《与贸易有关的知识产权协议》（Agreement on Trade-Related Aspects of Intellectual Property Rights，TRIPs）等协定或协议中。这些协定或协议对推动投资自由化起到了不同程度的作用。

TRIMs是WTO框架内国际投资规范的核心组成部分，它直接对国际投资作出规范。该协议采用概括式与列举式相结合的方式，对应受禁止的"与贸易有关的投资措施"划定了范围。规定各成员国实施的与贸易有关的投资措施不得违背《1994年关税与贸易总协定》（GATT1994）中第3条（国民待遇原则）和第11条（一般取消数量限制原则）而扭曲贸易；该协议还进一步列举了具体的五种违反上述原则的与贸易有关的投资措施，包括维持对外国投资和投资者的当地成分要求、外汇平衡要求、贸易平衡要求、以当地销售为条件限制企业出口以及以出口为条件限制企业进口等。

GATS的重要性在于将投资与贸易综合起来考虑。由于服务的提供往往是以对外直接投资所建立的"商业存在"（Business Presence）为前提的，这决定了GATS必然有包含投资内容的条款。GATS最核心、最重要的投资促进条款是最惠国待遇、透明度、市场准入和国民待遇条款。最惠国待遇与透明度条款被纳入GATS是国际贸易自由化原则在投资领域的扩展和延伸，从整体上约束了各成员国的服务业法律与政策。GATS第16条虽未对市场准入予以严格界定，但谈判各方已就逐步取消六个方面的市场准入限制措施达成了一致意见。虽然GATS仅涉及服务贸易领域的投资问题，但作为目前为数不多的包含外国直接投资条款的、有约束力的多边协议之一，GATS对于建立全球投资规则仍十分重要。

TRIPs是WTO向投资领域延伸的又一例证。该协议是目前世界上在知识产权领域涉及面广、保护水平高、保护力度大、适用成员多、约束力强的一个国际公约。由于国际直接投资越来越广泛地涉及知识产权的转移和保护问题，因而TRIPs构成了国际投资规则的一部分。该协议覆盖了有关知识产权几乎所有新的领域，对不同类型知识产权的保护制定了最低标准，要求各成员国遵守《建立世界知识产权组织公约》《保护工业产权巴黎公约》和《保护文学和艺术作品伯尔尼公约》等的主要规定，还对公约未提及的或有待补充的内容作了增补，首次在国际法层次上对保障成员国国民有效实施知识产权的程序和补救措施作了具体规定。

除上述三项主要规章以外，WTO与外国直接投资有关的协议还有《补贴与反补贴措施协议》(Agreement on Subsidies and Countervailing Measures，ASCM）和《政府采购协议》（Agreement on Government Procurement，AGP）等。ASCM是一项会对投资鼓励措施产生影响的协议，在其关于补贴的定义中，许多直接和间接鼓励投资的措施都被纳入了限制性补贴范围。1979年生效、1994年修订的AGP是WTO的一项次多边协议，它要求缔约国在政府采购领域不仅不能歧视外国产品，也不能歧视外国供应商，尤其是在当地的外资企业，从而使投资规则触及了敏感的政府采购领域。[①]

2.《与贸易有关的投资措施协议》

《与贸易有关的投资措施协议》即 TRIMs 是乌拉圭回合的三大议题之一，是世界贸易组织第一次就投资问题达成的协议。该协议仅适用于与贸易有关的特定投资措施。作为世界上第一个专门的规范贸易与投资关系的多边协定，它将在世界贸易组织内部长期采用的一些基本的法律原则引入到投资领域，形成国际直接投资的多边规范。TRIMs 的主要内容由序言、正文与附录三部分组成：

（1）序言。TRIMs 的序言部分首先宣告其订立的法律根据——埃斯特角部长宣言的授权，并阐明了该协议的宗旨：避免和取消那些可能引起贸易限制和扭曲作用的投资措施；促进世界贸易的扩大和逐步自由化，并使国际投资便利化，以确保自由贸易；实现所有国家特别是发展中国家的经济增长；考虑发展中国家尤其是最不发达国家在贸易、发展和财政方面的特殊需要。

（2）正文部分。TRIMs 的正文部分主要有以下几个方面：

1）适用范围。TRIMs 第 1 条规定：本协议仅适用于“与贸易有关的投资措施”。与贸易有关的投资措施很多，大体可以分为投资激励、经营要求、限制性商业惯例、母国限制等。对什么是“与贸易有关的投资措施”，协议并没有明确解释，但协议的第 1 条说明了它仅适用于与货物贸易有关的投资措施，不适用于与服务贸易和技术贸易有关的投资措施。同时，该协议也未区分影响现有投资的措施和适用于新投资的措施。

从该规则所规定的适用范围可以看出，在这一规则的约束下，各国必须进一步开放投资领域。虽然 WTO 规则允许各成员在目前情况下保留一些贸易限制措施，但商品出口国可以通过投资，实现以生产能力转移代替商品转移，绕过贸易限制，同样可以达到打开或占领东道国市场的目的。同时，这些适用于投资的规则，对外国企业与国内企业同等适用，这将进一步激化外国投资企业与国内企业的竞争。

2）国民待遇和数量限制。TRIMs 第 2 条是该协议最重要的条款，其第 1 款对该协议所规范的与贸易有关的投资措施作了概括性的规定：在不损害 GATT1994 规定的其他权利与义务的前提下，任何一成员方不得实施与 GATT 1994 第 3 条（国民待遇原则）或第 11 条（一般取消数量限制原则）规则不相符的任何与贸易有关的投资限制措施。该条第 2 款则与附录相呼应，进一步说明第 1 款所指定的与贸易有关的投资措施列于附录的解释性清单内。

3）例外规定。TRIMs 第 3 条为例外条款，规定 GATT1994 的所有例外均适用于本协议的规定。这些例外诸如幼稚工业的建立与发展、国家政治稳定与安全、保障人类及动植物的生命或健康的需要、边境贸易优惠以及为保障国际收支而实施的数量限制等，这些例外措施是 GATT 灵活性的体现，将它们适用于 TRIMs，使该协议易于为众多成员接受，并在实践上更加可行。

4）发展中国家。TRIMs 第 4 条规定：发展中国家根据 GATT1994 第 18 条（关于维持国际收支平衡）、《GATT1994 关于收支平衡的贸易措施规定的 1997 年宣言》规定的范围和方式，有权暂时背离 TRIMs 第 2 条所规定的义务。它认为，各成员特别是那些只能

① 参见刘恩专：《国际直接投资规则剖析》，载《现代财经》，2000（1）。

维持低生活水平、处于发展初期阶段的缔约国的经济逐步增长，将有助于实现本协议的宗旨，为此，它将发展中国家分为两类，并规定了不同的特殊待遇。

第一类是“只能维持低生活水平，经济处于发展初期阶段的成员”。GATT1994 第 18 条第 1 款、第 2 款和第 3 款规定：为加速某一特定工业的建立以提高人民一般生活水平，修改或撤销关税减让表中某项减让；在面临国际收支困难时，为了保护对外金融地位和保证有一定水平的储备以满足实施经济发展计划的需要，采取数量限制方法来控制进口水平；为了提高人民的生活水平，有必要对某一特定工业的加速建立提供政府援助。根据以上规定，这些国家可以实施贸易平衡要求、进口用汇限制、国内销售要求、进口替代要求等投资措施，而无须经成员方全体批准，只需按照第 18 条的规定履行一定的通知和协商程序。

第二类是经济处于发展阶段，但又不属于第一类范围的成员，可经向全体成员申请获得批准后，实施以上第 3 款所规定的投资措施，包括投资激励和制定界限等。

5）通知与过渡性安排。TRIMs 第 5 条规定了各成员取消不符合 TRIMs 要求的投资限制措施的具体期限、步骤和方法。规定在世界贸易组织协定生效后的 90 天内，各成员应向货物贸易理事会通知其所有正在实施但与本协定不相符的措施，在通知此类普遍或特定适用措施时，应随同告知主要特征。发达国家成员应在 2 年期限内取消这类措施，而发展中国家成员的期限为 5 年，最不发达国家成员的期限为 7 年。货物贸易理事会应发展中国家成员请求，可以延长其过渡期限，但要求必须证明执行该协议的特殊困难。

为了防止某些成员在本协议生效前或是在过渡期间加紧或强化实施与 TRIMs 不符合的措施，第 5 条还特地规定了一个“冻结点”，即在过渡期间，任何一成员方不得加强其所通知的那些措施，使得它们与本协议的要求差距加大，同时还规定在世界贸易组织协定生效前 180 天之内开始实施，且与 TRIMs 不符的措施不享受过渡期，应立即取消。

为了不使已有企业和在世界贸易组织协定生效之后建立的新企业，因在 TRIMs 方面待遇不同而处在不公平的竞争地位，第 5 条最后规定成员在过渡期内对新的投资仍可适用已有企业所适用的同样措施，但必须具备两项条件：一是这种投资的产品与已建立的企业的产品同类；二是为避免扭曲新投资与已建立的企业之间的竞争条件所必需。同时，第 5 条还规定，在以上两种情况下采取的投资措施，应当向货物贸易理事会通报，并且要求对已建企业实施的投资措施在同一时间终止。

6）透明度要求。TRIMs 第 6 条规定：有关成员应重申其在 GATT1994 第 10 条（贸易条例的公布与实施）项下承诺的透明度和通知义务，并遵守相关文件规定的通知义务。各成员还应向世界贸易组织秘书处通告可以找到的 TRIMs 出版物，包括各级地方政府所使用的相关出版物。

如果其他成员因有关本协议的任何事项而要求另一成员提供相关资讯，该成员应对此要求给予合理考虑，并应为对方提供充分的磋商机会。但根据 GATT1994 第 10 条的规定，各成员可以不公开有碍法律实施并对公共利益及特定企业的合法商业利益造成损害的信息。

7）建立与贸易有关的投资措施委员会。TRIMs 第 7 条规定，应设立一个对世界贸易组织所有成员开放的“与贸易有关的投资措施委员会”，以强化该协议的执行。该委员会应选举自己的主席、副主席，每年至少集会一次，或根据任一成员的请求随时召开会议。

该委员会的职责是：执行货物贸易理事会分配的任务，并向成员提供咨询机会与服务，以磋商与本协议的运行和执行相关的任何事宜；负责监督本协议的运行和执行，并每年向货物贸易理事会汇报这方面的情况。

8）磋商与争端解决。TRIMs 第 8 条规定，GATT1994 第 22 条、第 23 条，WTO 的《关于争端解决规则与程序的谅解》详细阐述的规则适用于本协议项下的磋商和争端解决。

9）货物贸易理事会的审查。TRIMs 第 9 条规定：在世界贸易组织协定生效的 5 年内，货物贸易理事会应审查本协议的运行情况，并在适当的时候向部长级会议提交文本的修改建议。在审查中，货物贸易理事会应考虑是否需要对有关投资政策和竞争政策做补充规定。这实际上为日后 TRIMs 全面扩大适用于投资和竞争领域埋下了伏笔。

（3）附录部分。TRIMs 的附录部分采用概括与列举相结合的方法，列举了与 GATT1994 第 3 条第 4 款和第 11 条第 1 款不符的明令禁止的五项措施。不管采取这些措施是否造成损害后果，也不管外国投资者是否接受了这些措施，都不允许在成员国内实行。这五项措施是：

1）要求企业购买或使用本国产品或来源于任何国内渠道的产品，具体形式有：规定有关本国产品的具体名称及具体产品类别；规定有关本国产品的数量或金额；规定企业在生产中必须使用本国产品的最低比例。

2）要求企业将购买或使用的进口产品限制在一个与其出口的当地产品的数量或价值相关的水平。

3）普遍限制企业进口其生产所使用的或与其生产有关的产品，或将进口量限于企业出口其产品的数量或价值的水平。

4）通过对使用外汇的控制，限制企业进口其生产所使用或与其生产有关的产品，即将企业用汇额度限定在其出口净值的外汇之内。

5）限制企业出口其产品或为出口销售其产品，不论具体规定产品、产品的特定数量或价值，或是规定其在当地生产的数量或价值的比重。

由此可以看出，以上规定完全禁止当地含量要求，但没有禁止出口义务。协议还禁止对任何原材料或中间产品的进口加以具体限制的外汇平衡要求。但是，成员方政府可以规定，一个公司在规定时期内的外汇收入至少要与该公司在同期内的外汇支付持平。

（二）联合国《跨国公司行为守则》

联合国《跨国公司行为守则》（以下简称《守则》）是由联合国经社理事会所属的跨国公司委员会于 1977 年 1 月正式开始起草的，在此之前已指定所谓“名人小组”（Group of Eminent Persons）等着手研究，1982 年提出初稿，但争议的问题很多，先后于 1983 年 3 月至 4 月、1984 年 6 月、1985 年 6 月和 1986 年 1 月至 4 月召开委员会特别会议，以广泛征求意见。1986 年的特别会议提出草案，汇集了各个问题上的分歧意见，并以此作为附件，还包括各种不同的措辞和描述。此后就根据这个草案文本进行讨论。1992 年 4 月，跨国公司委员会召开了最后一次正式的年会。由于最后一次年会对《守则》文本仍未定案，同年 7 月，经过非正式磋商得出结论：现阶段不可能达成一致意见。从此，《守则》制定工作被搁置。《守则》草案分为 6 章（或称 6 部分），简述如下。

1. 序言和目标

原定在这一章中要明确《守则》是有约束力的抑或可以自愿遵守的，但美、英等国与多数发展中国家未能达成一致意见，故这一章内容暂缺。

2. 跨国公司的宣言和《守则》的适用范围

这一章的内容已大致达成一致意见，明确规定《守则》适用于一切从事跨国经营的企业。不论来自市场经济国家抑或计划经济国家，也不论国营、公营或私营。

3. 跨国公司的活动及其对东道国的态度

这一章篇幅较长，包含三方面的内容：

（1）政治问题。可将有关条款简述如下：

1）东道国政府对跨国公司的活动有宏观管理和监控的权力；

2）尊重东道国的主权，遵守其法规和行政措施；

3）尊重人权和基本自由；

4）不干涉内政和各国政府间事务；

5）防止腐败行为（主要指行贿）；

6）跨国公司的活动应力求符合东道国的发展目标；

7）如因情势变迁，东道国政府与跨国公司过去订立的协议、合同可以重新谈判和修订。

以上内容大致上达成了一致意见，比较突出的分歧是对“永久主权”这一概念的解释：美英等国承认跨国公司应尊重东道国政府对自然资源和财富拥有永久主权，但主权的实施必须符合国际法的规定；而多数发展中国家坚持只要符合其承担的国际义务即可。

（2）经济、金融和社会问题。包含以下条款：

1）在跨国公司的所有权和控制权方面，要求母公司给予子公司足够的自主权，以便公司能够为实现东道国的发展目标而积极进行合作。

2）要求跨国公司对管理人员和技术人员的培养、任用实施本土化，使东道国人民能够更多地参与决策和管理。

3）要求跨国公司支持东道国在外汇、准入方面的立法和政策，特别是要为缓解发展中国家的国际收支困难作出积极贡献，但在涉及如何帮助发展中国家实现出口多元化，以改善国际收支状况时，却未提任何具体措施。

4）转移价格是发展中国家与西方跨国公司历来存在的尖锐矛盾，《守则》有专门针对转移价格问题的条文，但却只有寥寥数行，只是规定“跨国公司的内部交易不应也不得采用不以市场价格为基础的定价政策”，在没有市场价格的情况下，应以“正常交易价格”为基础，但就如何防止跨国公司通过转移价格隐匿利润、逃避税收、抽逃资金等，却只字未提。

5）限制性商业做法和技术转让是发展中国家最关心的两大问题。限制性商业做法（Restrictive Business Practices，RBP）实际上是指西方跨国公司的垄断行为；技术转让则主要指西方跨国公司利用技术优势进行盘剥和控制。所以，这两者都是发展中国家与西方跨国公司经常发生冲突的问题，但《守则》中对此却无实质性内容，而是转移矛盾，规定对这两个问题分别适用 1980 年联合国大会通过的《管制限制性商业惯例的公平原则和规则的多边协议》及当时正在联合国磋商的《联合国国际技术转让行动守则》。

6）关于保护消费者利益和保护环境问题，对此基本上没有对立的意见。

（3）信息公开问题。跨国公司应向东道国公众提供有关其经营和政策方面的信息，包括财务方面的信息，如资产负债表等资料。

4. 跨国公司的待遇

这一章主要包括三个方面的内容：

（1）对跨国公司的待遇。原则上一致同意“跨国公司应在其经营的各国受到公正和公平的待遇”，但涉及具体问题时仍有分歧。

1）国民待遇问题。东道国对跨国公司应给予与本国企业在相同情况下同样的待遇，但必须符合该国宪法，并服从维护公共秩序和保障国家安全的要求，也不得背离与发展中国家发展目标有关的立法措施。虽有这样的原则规定，但在具体表述和措辞上存在分歧，实际上涉及如何解释和界定的问题。根据这些规定，东道国可以不让跨国公司插足某些部门，如电视、广播、电信等，而且也可以在某些方面不给外资企业与本国企业同样的待遇。

2）东道国有关跨国公司的立法和规章应透明而稳定。

3）前面规定跨国公司对东道国政府和社会公众应提供其经营情况的有关信息，但《守则》规定，为了商业利益，某些信息只向政府专门机构提供，而且必须遵守保密要求。

4）跨国公司要求自由地提取、汇出在东道国的收益和其他一切支出，发展中国家要求这必须服从东道国的国内立法，包括外汇管制法规，而美、英等国则只愿接受一般性的原则，即跨国公司应支持发展中国家为实现外汇平衡而采取管理措施，帮助缓解发展中国家的收支困难，所以最终的规定仍有待磋商。

（2）国有化与补偿问题。

规定东道国有权对外国公民和法人的财产实行国有化，但必须提供补偿。争论较大的问题是：西方国家坚持国有化及其补偿问题都应受国际法制约；而多数发展中国家认为，哪些属于普遍接受的国际法原则尚待商榷，只能按照各国同意接受的国际义务来衡量。西方国家要求补偿必须“迅速、充分、有效”，但未被发展中国家所接受。专家们提出的用语是“适宜的补偿”，其含义广泛，可避开上述“国际法”与“国际义务”之争，但双方都未接受这一措辞，故分歧并未解决。

（3）司法权问题。涉及以下几个方面：

1）一致承认东道国对跨国公司子公司有司法管辖权，但对司法管辖权的含义应如何界定却一直存在分歧。

2）对于跨国公司与东道国之间的争议如何解决，许多西方国家（以 OECD 国家为代表）反对提交东道国法院，主张在按照协议、合同规定的方法而仍未能解决争议时，应提交合格国家的法院裁决。但怎样才算“合格”？如何确定是否“合格”？对此均未涉及。这实际上就使西方国家有了将争议不提交东道国而径直提交第三国法院裁决的机会。

3）跨国公司和东道国可在协议、合同中作出关于解决争议的方式和法律选择的规定，但不排除东道国政府为了国家主权和利益，事先对上述选择作出有关限制。

5. 各国政府为实施《守则》而合作

为实施《守则》，各国政府一致同意应在双边和多边的基础上交换意见和进行讨论。

跨国公司与东道国政府之间的争端应尽量使用当地的补救办法来解决，在这些办法未告穷尽时，母国政府不应代替跨国公司采取行动。这就是说，只要当地有补救办法，便不得寻求外交保护。同时又规定，即使母国政府采取行动，也不得违反联合国宪章。

6. 各国和国际上为实施《守则》所应采取的行动

各国在制定有关跨国公司的法规时，应充分考虑《守则》的目标的要求。国际上则应由联合国有关机构予以推动，并开展一系列必要的工作。

关键概念

美式双边投资条约	北美自由贸易协定
卡塔赫纳协定委员会决议	多边投资条约
与贸易有关的投资措施协议	服务贸易总协定
与贸易有关的知识产权协议	跨国公司行为守则

复习题

1. 发展中国家对跨国经营的规范有哪些主要内容?
2. 发达国家支持和鼓励跨国公司扩大对外投资的主要措施有哪些?
3. 简述“美式双边投资条约”的主要内容及影响。
4. OECD 构建和完善的国际直接投资规则有哪些?
5. 世贸组织有关投资的协议有哪些?
6. 简述《与贸易有关的投资措施协议》的主要内容。
7. 简述《跨国公司行为守则》的主要内容。

第十二章 中国跨国公司的建立与发展

本章要点提示

◎ 从20世纪50年代初开始的对外经济技术援助，以及70年代后期开始的对外工程承包和劳务输出，是中国企业跨国经营的萌芽。

◎ 依据中国对外直接投资的增长特征，可以将中国企业对外投资和跨国经营的发展划分为起步阶段、跃升阶段和新的跃升阶段三个阶段。

◎ 中国建立跨国公司具有重要的战略意义。中国企业跨国经营具有自身的优势和劣势，需要扬长避短。

◎ 为了防止中国海外企业的盲目发展，发挥其跨国经营的积极性，限制其消极性，必须加强对海外企业的宏观调控，使海外企业的经营与发展纳入到中国国民经济发展的总体规划。

导入案例

海尔集团的国际化经营

从1998年开始，海尔集团实施国际化战略，目标是把海尔集团建成一个大型跨国公司，把国内名牌建成世界名牌，并力争进入世界500强。1999年，海尔集团在美国南卡罗来纳州投资建立了第一个海外海尔工业园——美国海尔工业园。美国海尔在南卡罗来纳的生产制造中心的工人是美国人，在波士顿设计中心的研究开发人员是美国人，设在纽约的营销中心的经理也是美国人。在美国初步实现了设计、生产、销售“三位一体”的本土化经营模式。2002年，海尔在纽约购买了原格林尼治银行大厦这个标志性建筑作为其北美的总部，在美国树立起本土化的名牌形象。

2001年，海尔并购意大利一家冰箱厂，设立意大利电力股份有限公司。通过这次并购，海尔不但拥有了欧洲的白色家电生产基地，而且还拥有了参与当地制造业组织并获取信息的渠道。2002年，海尔与日本三洋公司建立竞争合作关系，以达到市场互换的目的。三洋海尔株式会社经销的海尔品牌家电全面进入日本家电市场，并以与日本名牌家电相当的价格树立起海尔品牌的美誉。目前，海尔已经在国外设立了30多家生产企业和一批研发中心、销售中心。2004年1月，世界五大品牌价值评估机构之一的世界品牌实验室编制的《世界最具影响力的100个品牌》报告表明，中国本土企业唯一入选者即海尔。

第一节　中国企业跨国经营的实践

一、中国企业跨国经营的历史

中国企业跨国经营是在 1979 年以后开始的。从 20 世纪 50 年代初开始的对外经济技术援助，以及 70 年代后期开始的对外工程承包和劳务输出，是中国企业跨国经营的萌芽。

（一）中国企业跨国经营的萌芽

1. 1979 年以前中国的对外经济技术援助

新中国成立以后不久即开始的对外经济技术援助，是社会主义中国在当时特定历史条件下进行国际政治和外交斗争的重要手段。尽管这些主要由政府组织的对外援助活动远不是今天严格意义上的企业跨国经营，但它却是当时历史条件下中国发展对外经济交往，特别是对外输出技术和资金，进行国际经济合作最主要的形式。它的成功实施，改善了中国当时的国际环境，也为后来兴起的中国企业跨国经营奠定了重要的国际联系和市场基础。因此，这段历史是不应被忽视的。

中国的对外经济技术援助，主要是向正在争取民族解放和维护民族独立的第三世界国家提供的。援助的方式包括成套项目援助、技术援助、物资援助和现汇援助。其中，成套项目援助是最主要的方式。

1954—1978 年，中国先后向朝鲜、越南、阿尔巴尼亚、柬埔寨、也门、坦桑尼亚等近 70 个国家提供了成套项目援助。承担的项目达 1 307 项，建成 884 个大中小型项目，其中投资 1 亿元以上的项目 10 个，投资 1 000 万元以上的项目 96 个。这些项目大部分是工业和交通项目，如朝鲜的纺织印染厂、轴承厂、超高频电子管厂、平壤地铁；越南的造船厂、钢铁厂、氮肥厂；蒙古的火力发电厂、毛纺织厂；阿尔巴尼亚的镍钴提纯厂、冶金联合企业；坦桑尼亚和赞比亚的坦赞铁路；几内亚的糖厂；叙利亚的纺织厂等。这些新兴项目的建设，除了由中国政府提供资金外，全部由中国企业提供成套的技术、工艺和设备，并派出专家、工程技术人员和工人，进行勘察设计，组织施工安装，为其培训技术工人和管理人员；有些项目建成后，还长期由中方企业派出人员参与管理，提供咨询服务。这些援建活动涉及国内十几个行业和数千家企业，仅派出人员就达 30 余万人次，成为当时中国企业参与国际经济技术活动最主要的形式。

当然，中国企业参与这些援助活动并不是严格意义上的跨国经营。首先，这些活动的实施是由政府间协议确定的，不是企业自主决定的互利活动。其次，这些项目的全部费用是由中国政府通过无息贷款甚至无偿捐助的方式提供的，不是企业自有或自筹资金进行的直接投资。最后，这些活动的责任者和组织者都是政府及有关部门，企业只是作为执行者完成相应的任务，它们在这些活动中没有决策权和独立的经济利益。这同当时企业不过是国家行政机构附属物的情况是一致的。所以，对外援助虽然也输出了资金和技术，但它并不是通常意义上以企业为主体、以盈利为目的的对外直接投资和跨国经营活动。

不过，中国企业参与这些援助活动为后来跨国经营的兴起打下了基础。第一，这些活动为当时相对封闭的国内企业走出国门了解世界，提供了一个极其重要的机会。通过对数目广泛的发展中国家提供成套项目技术援助，使中国企业认识到自己的产业技术在世界上还是有一定的优势的，这有助于为后来跨国经营建立自信心。第二，中国企业派出人员在这些活动中，同当地企业多方面合作和交流，为国内企业建立起较广泛的国际联系。第三，也是最重要的，以数十万人次计的中国企业人员走出国门，参与实际的国际经济技术合作，为中国企业培养了一大批具有涉外经验的技术和管理人员，这为中国企业后来发展跨国经营准备了人才。早期的企业涉外人员在后来的跨国经营中，都不同程度地发挥了重要作用。因此，由政府组织的这些对外经济技术援助活动，在一定意义上可以说是中国企业为跨国经营积累经验、准备人才的前期演练。

2.20 世纪 70 年后期兴起的对外工程承包和劳务输出

对外工程承包和劳务输出，是由企业作为主体按照国际惯例进行的营利性经济活动。这同政府援助有明显的不同。它的出现标志着中国对外经济技术输出开始向企业化方向转变。

中国对外工程承包和劳务输出是在 20 世纪 70 年代后期国际国内一定历史条件下兴起的。从国际方面看，经过 60 年代世界经济的稳定发展，到 70 年代初，不少发展中国家经济实力逐步增强，利用自筹资金进行经济建设的能力明显提高。70 年代石油价格的两次大幅度提升，使西亚、北非的石油输出国获得了巨额外汇收入，它们一方面向其他发展中国家提供财政援助，另一方面自己也掀起了空前规模的经济开发和建设高潮。国际劳务承包市场迅猛发展，各国劳务承包公司纷纷兴起并展开激烈的竞争。从国内方面看，中国劳动力资源丰富，经过 30 多年的建设，国民经济各部门已具有一定的物质基础，生产门类齐全，并拥有一支实力雄厚的工程设计和施工力量；经过 50 年代以来的对外经济技术援助，积累了国外施工与技术服务的经验，具备了发展劳务承包公司的条件。

1976 年以后，中国开始承担少数国家自筹资金的建设项目，使有关部门和企业对国际劳务市场有了初步的了解。1978 年 11 月，中国第一家对外工程承包企业“中国建筑工程公司”正式组建，率先开始了中国企业的对外承包和劳务输出活动。1979—1982 年，中国先后成立了 28 家对外工程承包和劳务合作公司，先后在亚、非、拉、美、欧的 45 个国家和地区签订了 755 项承包与劳务合同，总金额近 12 亿美元。此后，对外承包与劳务合作项目不断涌现，规模不断扩大。对外工程承包和劳务输出成为中国参与当代国际竞争与合作的新的重要形式。

对外工程承包与劳务输出的兴起，标志着中国对当代国际经济关系的认识有了新的发展和突破。国际经济关系的核心问题是各主权国家对国际经济利益的分享和争夺。中国不仅有义务对其他发展中国家提供力所能及的援助和支持，更必须主动参与同世界各国的经济竞争，以争取和维护自己应该和可能获得的多种利益。在新的国际形势下，组建对外承包等各类公司，通过企业活动来实现国家利益目标，就是最有效的途径。因此，这也标志着中国对外经济发展战略的重大转变。事实上，中国的对外承包劳务公司大多数是在原来政府各部门、各地方的对外经济技术援助机构的基础上组建、发展起来的。这表明，中国长期实行的以政府援助为主的对外经济合作方式，正在向以企业活动为主的对外竞争与合作方式转变。

对外工程承包和劳务输出还不是严格意义的跨国经营，但它的兴起和发展却表明中国企业向跨国经营迈出了巨大的一步。因为对外劳务承包的主要活动本身就是在国外环境中展开的，它同跨国经营有着更为直接的联系。一旦企业不仅仅在国外进行工程承包，而且投入一定资产，设立长期性的国外生产经营机构，它就在实际上转变成了跨国经营的企业，而这种转变的距离是相当短的。事实上，不少对外承包公司在进入国际市场不久，就认识到进行对外直接投资的必要性，并且很快付诸行动。对外工程承包和劳务输出，成为中国企业迈向跨国经营最直接的历史前奏。

（二）中国企业跨国经营的兴起与发展

中国企业的跨国经营经历了从无到有、从小到大的过程。目前，中国已成为发展中国家对外投资的大国。截至 2013 年年底，中国有 1.53 万家境内投资主体在全球 184 个国家和地区设立了 2.54 万家境外投资企业，对外直接投资存量达 6 604.8 亿美元，境外企业资产总额近 3 万亿美元。① 尽管近年来中国企业的跨国投资有较大突破，但总体规模仍较小。根据联合国跨国公司机构有关资料推算，中国企业的跨国投资在国际上所占比例仅为 2%左右，远远落后于西方发达国家。

1. 中国企业跨国经营的兴起

在改革开放总方针的指导下，1979 年 8 月 13 日国务院颁发文件，提出了 15 项经济改革措施，其中第 13 项明确指出：要出国开办企业。这是社会主义中国在经过 30 年的建设历程后，第一次把发展对外直接投资作为政策正式确立下来。这项政策的确立，为中国企业跨国经营的大规模兴起开辟了道路。

1979 年 11 月，北京友谊商业服务公司同日本东京丸一商事株式会社合资在东京开办的“京和股份有限公司”，成为中国对外开放以来第一个国外合资企业，拉开了 20 世纪 80 年代中国企业跨国经营的序幕。

1980 年 3 月，中国船舶工业总公司、中国租船公司同香港环球航运集团等合资成立了“国际联合船舶投资有限公司”，总部设在百慕大，并在香港设立“国际船舶代理公司”。该公司于当年 4 月开业，主要业务是代理中国船用设备的进出口业务和经营国际航运业务，最初投资总额 5 000 万美元，中方出资占 45%，达 2 250 万美元，成为对外开放以来中国对外直接投资额最大的一个项目。

1980 年 7 月，中国银行与美国芝加哥第一国民银行、日本兴业银行、香港华润（集团）有限公司合资，在香港创办了第一家中外合资金融企业——中芝兴业财务有限公司。

在此期间，中国企业通过对外直接投资，在国外开办的合资企业还有：在日本从事经济技术咨询服务的“京连股份有限公司”，在荷兰从事船舶物料供应的“远通海运服务公司”，在阿拉伯也门从事工程承包的“也中建筑工程有限公司”，澳大利亚的“五星航运代理股份有限公司”，以及比利时的“考斯菲尔航运代理公司”等。

随着这批境外企业的建立，中国企业的对外直接投资和跨国经营开始发展起来。经过 20 世纪 80 年代前半期的稳定成长，80 年代后半期开始迅猛地发展起来。据原国家外经贸部的有关资料显示，自 1979—1992 年底，由其批准兴办的中国境外独资、合资的非贸易

① 参见程炼：《中国企业对外直接投资的风险控制》，载《中国金融》，2015（3）。

性企业已达 1 363 家，累计协议投资总额达 35 亿美元，其中中方对外直接投资累计额达 15.9 亿美元。

2. 中国企业跨国经营的发展

无论是从中国对外直接投资累计额的增长看，还是从协议总投资累计额的增长看，自 1979 年以来中国企业对外投资和跨国经营的成长都明显地呈现出三个不同的阶段，这在协议总投资累计额的增长上表现得更为显著。与此同时，境外企业数量持续增长。依据对外直接投资的增长特征，可以将中国企业对外投资和跨国经营的发展划分为以下三个阶段：

(1) 第一阶段：起步阶段（1979—1986 年）。在这一阶段，中国参与对外投资活动的企业尚不多，对外投资的规模不大，兴办的境外企业数量也不多。1979 年至 1986 年的 8 年间，中国企业对外直接投资累计总额为 25 275 万美元，年平均对外直接投资额为 3 159.75万美元；共兴办境外合资、独资企业 277 个，平均每年兴办 34.6 个。

如果从每年实际兴办的境外企业数和对外直接投资额两个指标看，该阶段具有如下几个明显的特点：这八年中任何一年兴办的境外企业数都未超过 100 家。从企业年增加量看，除 1980 年至 1982 年连续保持每年兴办 13 家企业而呈平稳状态外，其余年份均呈增长态势，特别是 1983 年以后，增长幅度明显加大。这八年中任何一年的对外直接投资额都未超过 1 亿美元。从对外直接投资的年增加量来看，本阶段内各年份增加的对外投资量呈明显的升降波动。特别是 1980 年和 1984 年出现两次显著的高峰，而 1981 年至 1983 年又出现连续三年的低谷。显然，这是由于有关年份进行了大型项目投资，从而在企业数量稳步增加的同时，使投资额出现跳跃式的增长。

(2) 第二阶段：跃升阶段（1987—1990 年）。1987 年，中国企业对外投资和跨国经营出现了前所未有的跃升。尽管当年兴办的境外企业数只增加了 124 个，但协议投资总额和中方直接投资额却分别增加了 13 亿美元和 3.5 亿美元，分别为前八年总和的 3.19 倍和 1.38 倍。这种大幅度的跃升，使中国企业的跨国经营结束了持续八年的缓慢成长，进入了迅速成长的新阶段。

1987 年至 1990 年，中国共批准兴办非贸易性境外独资、合资企业 569 家，平均每年兴办企业 142.3 家；四年中，中方对外直接投资合计达 8.077 亿美元，平均每年新增直接投资 2.02 亿美元。这两项平均数指标分别为前八年相应指标的 4.41 倍和 6.4 倍，这表明 1987 年后中国企业对外投资和跨国经营的规模已经空前扩大。

同样，如果从每年实际兴办的境外企业数和对外直接投资额两个指标看，这四年同前几年相比也具有明显不同的特点：这四年中各个年份兴办的境外企业数都在 100 家以上。但每年增加的企业数并非呈线性递增状态，个别年份（如 1989 年）出现较大幅度的下降。这四年中除个别年份外，对外直接投资额均超过了 1 亿美元。在 1987 年达到 3.5 亿美元的高峰值后，以后各年份的对外直接投资额增加量呈降中有升的态势，而 1990 年则降至 1 亿美元以下，同 1986 年的水平相当。

在这个阶段，1989 年出现境外企业增加数下降，1990 年出现对外直接投资增加额下降，这与当时中国的政治经济形势有密切关系。一方面，1989 年以后的一段时间，西方国家利用所谓“人权问题”等对中国实行经济制裁，增加了中国企业对外发展的难度；另一方面，为了缓解国内经济过热，中国进行了以“治理整顿”为内容的经济调整。随着国内治理整顿的结束和西方国家“制裁”被打破，中国企业对外投资和跨国经营又开始了新的成长。

（3）第三阶段：新的跃升阶段（1991 年至今）。1991 年，中国企业对外直接投资和跨国经营发展出现了新的跃升。这突出表现在两个指标上：一是当年境外企业的增加数突破了连续四年没有超过的 200 家大关，达 207 家；二是当年对外直接投资额超过了 1987 年 3.5 亿美元的历史最高水平，达 3.67 亿美元。此外，当年协议投资总额也达到了 7.59 亿美元的水平，虽然不及大幅跃升的 1987 年，但已大大高于其他所有年份。

1992 年，中国企业对外直接投资和跨国经营发展出现了新的跃升势头。这突出地表现在境外企业数量的增加上。根据原外经贸部公布的资料，1992 年由该部批准兴办的境外企业达 355 家。比 1991 年的 207 家增长 71.5%，这使中国境外企业的年增加量首次突破了 300 家大关，为历史最高水平。同年，对外投资协议额为 3.514 54 亿美元，其中中方直接投资为 1.952 6 亿美元，占协议投资总额的 55.6%，中方投资比重亦为历史最高水平。从中方直接投资额的增加量看，1992 年低于 1991 年、1987 年和 1989 年的水平，但已大大高于其他年份。

1993 年，中国企业对外投资的势头比前两年有所减弱。当年由原外经贸部批准或在外经贸部备案新设立的境外企业为 380 家，协议投资总额为 2.1 亿美元，其中中方投资 1.2 亿美元。在这些投资项目中，非贸易性企业为 295 家，中方投资 0.96 亿美元。从境外企业数和中方直接投资两项指标看，都比 1992 年有所降低。但新办境外企业数仍然大大超过了 1991 年的水平。1993 年中国对外投资额减少，显然同国内投资需求旺盛、经济增长较快有密切关系。尽管如此，在 1991—1993 年 3 年间，中国共批准新办非贸易性境外企业 857 家，比 1970 年至 1990 年 21 年之和还多，平均每年新办境外企业 285.6 家。

到 1994 年底，中国在世界各地已有 4 642 个合资、独资和合作经营企业，分布在 120 多个国家和地区，投资总额为 52.4 亿美元，同期外商在华投资企业 221 718 家，总投资额 955.7 亿美元，中国对外投资与利用外资的比例为0.05∶1，海外企业中非贸易性企业达 1 764家，投资额达 17.58 亿美元，贸易性企业达 2 728 家，投资额达 34.8 亿美元。这期间，中国海外直接投资同前些年相比增长较为缓慢，特别是滞后于中国对外贸易和吸收外国投资的发展速度。到 1995 年底，海外直接投资企业只有 4 839 家，中方协议总金额共 53.7 亿美元，1994—1995 年两年中，海外企业只是增加了 342 家，中方协议总投资增加了约 2 亿美元，年均增长分别为 3.5%和近 2%，而且在 4 839 家海外企业中，大多是贸易性企业，非贸易性企业只有 1 883 家，占 38.9%，中方协议总投资只有 18.64 亿美元。截至 1997 年底，中国海外企业共计 5 326 家，中方协议总投资 60.67 亿美元，分布在全球 140 多个国家和地区，主要行业有贸易、资源开发（如矿业、林业、渔业资源开发等）、机电产品散件组装、加工制造、交通运输、工程承包、医疗卫生、旅馆旅游、餐饮业等。自 1994 年以来的几年间，中国对外直接投资与吸收外商直接投资的对比显失均衡，形成明显的非对称结构，它与中国经济发展处于工业化进程“起飞”初期阶段应有的对外直接投资水平相差甚远。反映了中国企业同国外企业的联系，特别是同从事国际化生产经营的企业的联系还很不充分，在当今构建全球生产经营一体化体系的时代更是如此。

同时，我们也应该看到，经过 60 多年的建设，中国经济和对外贸易取得了举世瞩目的发展，已经形成了比较完整的国民经济体系和工业体系，经济实力大为增强。2014 年，中国国内生产总值（GDP）达到 636 463 亿元，稳居世界第 2 位；进出口总值达到 26.43 万亿元，其中，出口总值 14.39 万亿元，进口总值 12.04 万亿元，连续第二年居世界第一货物贸易大国地位。中国的航天等技术居于世界前列，农机、家电、轻工、纺织、农业以及工程施工等方面也有某些相对优势。中国企业正在进行改制、改组、改造，已经形成了一批颇具实力的企业集团。随着对外经贸经营权的放开，相当多的生产企业、科研院所、商业物资企业取得外贸经营自主权，具备承包工程能力的还取得了对外承包工程和劳务合作的经营权。1999 年初在新修订的《宪法》中首次确立了私营企业在国民经济中的地位。这些都为企业发展跨国经营奠定了基础，创造了必要条件。相信在这种新形势下，企业跨国经营作为中国开拓国际市场、扩大对外交流的重要方式，不可避免地将会出现新的重大发展。

二、中国企业跨国经营的特点

（一）多元化的投资主体

从现有情况看，中国对外投资企业主体的主要类型有：中央部委和各省市所属的专业外贸公司；中央部委和各省市的对外经济技术合作公司；国有商业银行和其他金融企业，工业企业和工贸集团；窗口型企业以及其他企业，包括农业、科技、餐饮、运输等行业领域的不少企业，以及沿海开放地区的中外合资企业和一批私营企业。这种多元化的投资主体结构既反映了改革开放以来中国社会利益主体多元化的发展倾向，同时也表明中国几乎各个行业领域的企业经营行为都在发生变化，它们正逐渐地把投资视野从局限于国内扩展到国外；也有利于调动中国社会各方面的积极因素，更为广泛地发展对外经济交流与合作，从而形成多层次、全方位对外开放的战略格局。为中国企业对外投资和跨国经营的兴起与进一步发展，奠定了十分重要的组织基础。

但是，建立在利益分散化基础上的多元化投资主体的活动，也有可能给国家整体利益造成负面影响。这主要是不同投资主体可能在同一地区或行业领域进行重复投资，以致发生自相竞争、“肥水外流”的现象。因此，面对跨国投资主体多元化的现有格局及其进一步发展的趋势，由国家设立权威机构加强宏观调控和战略指导，以消除多元主体的利益冲突，维护中国企业的投资利益和国家的整体利益，显得日益重要。

（二）相对集中的投资地区分布

中国对外投资项目的地区分布明显地呈现出相对集中的特点。2012 年，中国对亚洲的投资占总量的 68.5%，对拉丁美洲的投资占总量的 12.8%左右，二者合计达 81.3%。自 2010 年开始，中国加大了对欧洲国家的投资，2012 年对欧洲的投资存量占比已为 7%。投资存量相对较少的为大洋洲、非洲及北美洲，分别为 2.1%、4.1%和 4.8%。随着对技术、现金管理经验需求的上升，对欧洲、北美等发达国家的直接投资保持增长势头，未来有可能成为对外直接投资的重要目的地。可见，中国对外投资的范围正越来越分散。2012 年，中国对外直接投资前 10 大目的地分别为中国香港、美国、哈萨克斯坦、英国、维尔京群岛、澳大利亚、委内瑞拉、新加坡、印度尼西亚、卢森堡。

这种相对集中的投资地区分布，反映了中国企业进行区位选择时的一些共同特征：

（1）避免风险、积累经验。这表现在大量企业的境外分支机构首先集中在中国香港地区，这里紧靠中国大陆，无语言文化障碍，且基础环境较好，信息灵通，成为中国企业学习、演练跨国投资的理想地点。（2）寻求避税“天堂”。中国对外直接投资存量排在前三位的国家和地区是中国香港、开曼群岛和维尔京群岛，它们是世界上最主要的避税地。（3）寻求大容量的或有潜力的市场。比如直接进入美国、澳大利亚等发达国家市场，或者进入南非等新兴国家市场。此外，一些已经拥有较多海外子公司的大型企业和企业集团，为了便于管理和控制，使自己的投资项目有意识地相对集中，也是一个重要因素。

从中国企业跨国发展的总体情况来看，由于中国是经济正在迅速成长的大国，既需要多种多样、来源广泛的经济资源，也需要日益广阔的国外市场；加上对外投资主体的多元化，多种行业和不同规模的企业及其他经济主体不断加入从而壮大投资者队伍，中国对外投资流向的地区分布将会逐步突破目前这种相对集中的格局，呈现出更为多样化和全方位的流向分布，它有利于中国不同规模和行业的投资者发挥各自优势，从总体上形成对国际市场的全方位开拓和对国际资源的多渠道利用。因此，总体上的全方位和多元化发展，同企业个体的相对集中化经营将可能成为中国企业跨国经营在全球发展的一种基本格局和趋势。

（三）多元化的投资行业选择

中国企业跨国投资所涉及的行业领域极为广泛，从工业品制造加工、农作物种植、资源开发、交通运输，到餐饮、旅游、咨询服务、科技开发，以至于综合贸易、金融业和房地产业等，皆有涉足。

中国企业在跨国投资的行业发展中，一个引人注目的特点是：它们都自觉不自觉地突破了国内传统形成的部门分工体制，以商品生产者的眼光来选择国外的投资发展方向，而不拘泥于原先国内那种界限分明的部门分工关系。这集中表现在20世纪80年代后期隶属不同行业的企业在守住本行的基础上，出现了“交叉进入”的多样化发展趋势：一是外贸公司逐步扩大海外制造业的投资比重；二是工业企业向贸易和其他行业领域的多元化扩张；三是以劳务承包为主要业务的各地对外经济技术合作公司，正在从早期偏重于餐饮服务业的投资，逐步向纺织、轻工和电子等行业扩展。

这种相互渗透、交叉扩张的多元化经营道路，对于形成中国跨国经营企业的综合实力，加强国际竞争优势，分散风险，提高经济效益，在一定时期是很有裨益的。

（四）合资经营为主的投资方式

目前，中国企业的对外直接投资主要采用合资经营方式。总体而言，至20世纪90年代中期，在中国企业跨国经营扩展方式中独资新建方式约占21%，而与东道国或与第三国企业合资经营方式分别占70%和9%左右。自20世纪90年代后期起，尤其是实施“走出去”政策后，我国一些有实力的大型企业开始活跃于国际并购市场。

采用合资经营方式，首先有利于企业的跨国投资进入，同时也能吸收和利用当地合作伙伴的优势和长处，弥补我国企业国际经验等方面的不足。此外，还有利于形成对东道国政府的利益牵制结构，分散经营风险。因此，它可能在一个较长时期内是中国企业跨国投资发展占主要地位的经营方式。

（五）小型化的投资经营规模

中国企业跨国投资项目的规模一般较小，大大低于发达国家跨国公司国外子公司的平均规模。小规模的经营组织固然有“船小好掉头”的灵活性，但它在国际竞争的风浪中有更大的危险，即所谓“船小易翻船”。因此，扩大中国企业对外投资和跨国经营的组织规模，是中国企业跨国长期发展必不可少的战略措施。一个有效的选择是，推动更多的大型企业和企业集团开展跨国经营，使集团化的大企业成为中国企业跨国经营的主力军。

在十余年的海外投资和国际竞争中，已经陆续出现一批大型跨国企业集团，包括中国对外贸易运输总公司、中国国际信托投资公司、中国化工进出口总公司、中国五金矿产进出口总公司、首都钢铁公司、中国石油天然气公司、中国远洋运输集团公司、中国集装箱集团公司、海尔集团、联想集团等，它们昭示着中国企业的跨国投资经营正在向更高级的企业组织形态演进。

第二节 中国建立跨国公司的战略意义

建立跨国公司，对于深化改革，扩大开放，积极参与国际竞争，进一步发展中国经济具有重要的战略意义。

一、经济全球化发展的必然趋势

（一）建立跨国公司是生产社会化向国际化、全球化发展的必然趋势

当代世界经济和国际分工日益发展，科学技术日新月异，经济技术交流不断扩大，资金、技术、人才及其他资源愈来愈突破国界，在国际范围内有选择地进行配置，争夺市场和投资机会的竞争也愈来愈激烈。在这种潮流中，任何国家都不可能闭关锁国，置身度外。因此，必须因势利导，积极利用和参与当代国际分工，建立跨国公司，提高中国的综合国力和企业在国际市场的竞争力。

第二次世界大战后，国际分工的深化和发展，是与代表社会生产力发展水平的科学技术进步直接相关的。因此，国际分工和国际交换都属于社会生产力的范畴，是社会生产力发展到一定阶段的结果，是生产社会化向国际化、全球化发展的必然趋势。

随着科学技术的发展，世界上任何进行社会化大生产的国家，都不可能使生产和交换仅局限于本国，而必然要突破国界，扩大到世界范围中去，参与国际分工和国际交换，进入世界市场，把本国经济的发展和世界经济的发展直接联系起来。

因此，我们应该顺应历史发展的客观规律，以更加自信的姿态登上世界经济舞台，积极参与国际分工。一方面，在国内积极利用外资，引进资金和技术；另一方面，积极建立跨国公司，充分利用和参与国际分工，节约社会劳动，提高出口产品在国际市场上的竞争力和外贸经济效益，发展中国经济。

（二）建立跨国公司有利于国民经济结构的调整

从中国高科技产业发展的现状看，目前存在两方面的困难：一是中国有部分高科技领域处于世界领先地位，如航天技术、电信技术等，但因缺乏基础工业的有力配合，得不到应有的发展，有些成果只能束之高阁，有的只能停留在实验室里，无法商品化；二是有些产业部门中的高科技关键环节，我们还没有掌握，目前尚为空白。这些都影响中国高科技产业的发展。建立中国的跨国公司后，对于前者，我们可以将中国的先进技术作为合资经营或合作生产的资本，利用外国的先进设备、销售渠道，进行商品化生产，进而占领国外市场，从而带动这部分高科技产业的发展；对于后者，也能通过向海外投资，即在技术发达国家投资兴办或出资收购具有先进技术的企业，使我们在参与国际竞争的同时，有可能赶超先进。以这种方式获取的先进技术，其间断性和差距性都比较小，容易接近世界先进水平，从而使我们有可能跻身于世界科技发展的前列，最终占领国际市场。

从发挥现有传统产业的优势方面来看，建立中国的跨国公司也能起到重要作用。在发展国外市场方面，能够利用综合性经营的优势，组织收购成本低廉的原料，搜集国际流行的最新样式，改变现有传统产品的结构和档次，继续进军发达国家；同时，又能够以投资海外的形式，在发展中国家兴建企业，就地扩大销售，使我们的成熟技术、工艺得到充分发挥，而赚取的外汇又能用来继续引进先进技术，改进传统产业，发展新兴产业，真可谓一举数得。在发展国内市场方面，由于扩大了出口，无疑将促进生产；同时，由于带来了新材料、新技术，又会刺激消费者需求，增加销售量。

总之，建立中国的跨国公司，既能带动高科技产业的发展，又能发挥现有传统产业的优势，进一步开拓国外市场，并根据世界经济发展变化的趋势来调整中国的国民经济结构，根据国内外消费需求的变化，建立和完善产业结构体系。

二、发展市场经济的必然要求

（一）建立跨国公司有利于广泛利用国际资源

当前发展国内经济急需资金、技术和自然资源、人力资源等，而这些我们都很有限。以吸收外商直接投资的方式利用外资，是我们历来采用的方针。但是，这只是问题的一个方面。如何改善这种资源紧缺的状况，尽可能地利用国外资源为我们服务呢？

兴办跨国公司，扩大对外投资是一个有效途径。对外投资有如下好处：如果兴办的是合资企业，则可利用合作伙伴的资金和其所拥有的先进技术；取得当地法人地位之后，便可向当地或国际金融机构借款；可以以跨国公司的名义发行股票和债券，在当地筹措资金；可以在当地直接聘用技术和管理人员。对外投资是在国外利用外国资金和技术来办实业，它的运用程序远比国内引进外资要复杂得多，风险也大得多。但从利用外资的角度来看，前者要比后者主动，因而面对的机会更多，前景更广阔。

此外，中国的自然资源相对不足，随着国家经济建设的发展，对国外资源的需求将越来越大。传统的进口贸易方式常常受到出口国的影响，已难以适应经济发展的需要。向海外“上游”资源生产企业进行直接投资，以确保稳定的资源供应，历来是跨国公司的基本做法。中国企业要确保国外资源的稳定获得，也必须走跨国经营的道路，建立我们自己的跨国公司。

（二）建立跨国公司是扩大出口贸易、提高外贸经济效益的重要途径

加入 WTO 给中国经济发展带来的好处是明显的。它有利于中国扩大出口和进一步扩大对外开放；有利于中国社会主义市场经济体制的建立与完善；有利于中国经济与世界经济接轨，促进经济又好又快地发展；有利于中国直接参与国际贸易规则的制定；有利于解决贸易争端；有利于扩大就业和提高人民生活水平等。

但是，与此同时我们也应该看到，“入世”也给中国企业带来挑战，中国境内的企业将面临激烈的竞争。中国“入世”以后，随着关税的下调和非关税措施的减少，各类企业均面临国际市场更加激烈的竞争；重复建设的行业和企业将面临严重困境；质次价高的产品将逐步被淘汰；高科技产业和幼稚工业面临较大的冲击与威胁，增加了中国企业自我开发技术和进行技术创新的压力；一些消费品生产企业受到较大的冲击和威胁；生产资料、生产企业中的化工产业面临严重的挑战；未建立现代企业制度和经贸行为不规范的企业也将面临被淘汰的危险。除了以上因素，我们还应该看到，当今世界区域性经济集团纷纷形成，如欧洲联盟、北美自由贸易区、拉美自由贸易协会、东南亚国家联盟、中非关税经济同盟和西非国家经济共同体等。在这些经济集团内部，贸易障碍将逐步取消，关税也将不复存在。区域市场的迅速发展已经成为一种新的贸易保护主义手段。

为此，一些国家已从沿袭已久的“贸易立国”转向“投资立国”，以此为借鉴，应该认识到我们的很多产品要在国际市场上保持比较稳定的市场占有率，仅凭单一的进出口贸易方式是远远不够的。必须把目光放得更远一些，适时调整经营战略，鼓励一些重点企业建立跨国公司，对中国产品出口的主要市场进行集中力量的投资，力争在海外直接投资设厂，实现从原材料到制成品的一条龙经营，这样，将会对中国外贸经济效益的提高发挥重要的作用。

第三节 中国企业跨国经营的战略选择

一、中国企业跨国经营的优劣势分析

（一）中国企业跨国经营的优势

对中国企业跨国经营优势的判断，不仅要考虑企业的现状，还要考虑企业的发展趋势。优势是相对的，并且是可以转化的。中国企业的现有优势并不等于其长期发展优势，同样，这里所列举的优势在企业未来发展中有可能发展为更加突出的优势，也有可能转化为劣势。

1. 资源优势

特殊的分布条件和已经形成的开发优势是中国企业的一个重要优势。中国企业从总体上看仍是以传统产业为主，资源和资本仍然构成其增长的主体要素，中国企业与资源的相关度是很高的，目前产业增长基本仍是以消耗资源和能源为主，而且随着资源的开发利

用，中国确实成长起来一批具有一定竞争实力的资源型企业，如石油、钢铁，煤炭，以及稀土、钾等其他特有资源开发形成的企业。资源的相对优势，会带来资源型企业的相对优势。

来自中国商务部的分析指出：依据入世对中国产业的影响，中国产业大体可分为三类：具有比较优势的产业；具有较好的物质技术基础，但与国际先进水平相比尚有一定差距的产业；缺乏竞争力，需要作重大调整的产业。其中有比较优势的产业主要包括资源性产业。这类产业的优势表现在：生产能力居世界前列；出口在国际上占有较大份额；拥有一批优势企业和部分名牌产品。

当然，我们说资源优势的更重要的一个方面还在于其廉价性，这是基于中国目前资源存量条件和开发能力而言的，随着国外资本的大量介入和资源存量的减少及开发水平的提高，这种廉价优势还会有所变动。

2. 区位优势

这里把资源区位、产业区位和市场区位综合起来进行分析。中国资源、产业与市场的一体性，支撑了区位优势。从一般意义上说，这三个方面是顺序决定的，即资源、产业、市场；但是随着市场经济的发展，这一情况也发生了实际性的改变，即这一顺序发生倒置，即市场、产业、资源。应当看到，中国经济是自成体系的，在很大程度上可以实现生产、流通、分配和消费的内循环。

改革开放以来，尽管加大了对世界市场的参与度，进出口贸易进一步扩大，但是，经济总量中的大部分仍以满足国内需求为主，特别是近年来实行扩大内需的政策，更加重了中国内需主导型经济的特征。这就决定了市场区位优势的特殊意义，从而也决定了市场区位优势对产业优势和资源优势的决定性。发展中国家生产的产品适合于它们自身的经济条件和需求。在产品特征上，发展中国家企业仍然能够开发出与名牌产品不同的消费品，特别是当国内市场较大，消费者偏好和购买能力有很大差别时，来自发展中国家的产品仍有一定的竞争力。

3. 总量优势

经过长期建设和发展，中国已经形成了庞大的经济规模和总量优势。2014 年，中国国内生产总值已达 636 463 亿元，首次突破 10 万亿美元，成为继美国之后第二个跻身 10 万亿美元经济体的国家。2013 年，全国独立核算的国有法人企业 15.6 万户，国有企业资产总额 104.1 万亿元。其中，中央企业 5.2 万户，资产 48.6 万亿元。尽管与世界发达国家企业比较，特别是与世界 500 强企业比较，我国企业的平均优势还远远不足，但就其总量而言，规模如此之巨的资产是我们竞争与发展的基础，有了这一基础，我们才有了竞争与合作的前提，才有了讨价还价的底气。

4. 劳动力资源优势

由于中国人口众多，21 世纪前 10 年，劳动力供给的快速增长和抚养率的下降，从要素方面为中国经济高速增长提供了良好的条件，形成劳动力资源的充分供给，在一定时期内形成比较优势。同时，中国劳动力成本较低是突出的特点和优势，加上工人具有吃苦耐劳精神，同样构成劳动力资源供给的比较优势。但从质量结构方面来看，中国的劳动力资源存在结构性短缺的问题，据统计，在城镇企业职工中，技术工人只占到一半。在这一半技术工人中，初、中等级技工的比例为33：1，与经济发展对高技能人才的要求差距较大。

5. 政策支持度优势

在国际竞争力评价体系中，政府的政策支持同样作为一项重要的考察指标，因为在现代市场经济条件下和现代国际竞争中，政府的作用是不可替代的。有专家曾指出，当今国际竞争主要是政府的竞争、市场经济环境的竞争、公司要素的竞争、产业技术的竞争。政府通过直接参与市场活动、施加政策影响及制定法制规范，可以大大提高市场经济环境的竞争力。企业的竞争力是国家竞争力的核心，但是，对于发展中国家来说，政府的作用却是第一位的，因为政府创造市场经济竞争基础和环境，是一国企业竞争力提高的基础和前提。中国企业成长，较多地得到政府的支持，有些还是在政府的政策保护下发展起来的，如部分垄断性企业。

随着中国加入世贸组织，存在一个如何按世贸组织规则规范政府行为的问题，政府支持也存在着一个如何发挥市场在资源配置中的决定性作用的问题。但所有这些并没有否定政府对企业支持的可能性，只不过要保证这种支持必须在合理的界限之内。应当说，在这方面我们还是有一定优势的，因为国有经济的主导地位决定了政府对企业的支持力度和有效性。近年来实施的积极财政政策，就充分体现了这一点。

（二）中国企业跨国经营的劣势

中国的跨国公司群体已经开始显现，但是也要清醒地看到，这些企业同国际上有实力的跨国公司相比还有相当的差距。中国跨国公司的形成条件与一般国外跨国公司相比除有其共性外，由于社会制度、经济体制和企业运行机制的差异，还有明显的特殊性。与21世纪面临的国际国内市场竞争环境比较，以世界500强为参照，中国大型企业集团要成为跨国集团公司仍存在较大差距，主要表现在以下几个方面。

1. 中国跨国公司尚处于起步到初级发展阶段的过程之中

从世界跨国公司发展历史来看，自19世纪六七十年代以来，迄今已有150多年的历史。从世界上较早产生跨国公司国家的情况来看，跨国公司的发展可分为以下四个阶段：起步阶段、初级发展阶段、向成熟迈进阶段和成熟阶段。世界各国各地区跨国公司发展的阶段和程度极不相同，欧美一些跨国公司产生较早的老牌国家，可以说已进入了成熟阶段；亚太、南美一些新兴工业化国家，则处于向成熟迈进的阶段。而中国的跨国公司起步才二三十年，基本还处于第一阶段（起步阶段）和第二阶段（初级发展阶段）之间，即从起步到初级发展阶段发展的过程之中。国有企业改革仍面临着艰巨的任务，企业内部结构和管理体制都还难以适应市场竞争的要求，更缺乏跨国经营的经验。

2. 中国跨国公司的境外投资规模较小，企业的国际化程度不高

中国企业对外投资的规模相对发达国家而言，平均投资水平偏低，大多数以中小型项目为主，发展后劲不足，而且投资区域相对集中，抵御风险能力较差。从中国跨国公司跨国经营的区域分布来看，与中国较近的国家和地区较多，较远的国家和地区较少。从跨国合作的国家情况来看，发展中国家较多，而发达国家较少。从中国跨国公司对外投资的特点看，一是与外国企业合资经营的多，独资的少；在合资和合营的项目或公司中，一般中方所占股权比例较小。二是与外国企业合资、合营或独资的公司从事非生产性业务的较

多，从事生产性业务的公司较少。三是对外投资规模较小，且部分为援外项目。

中国跨国公司对外投资规模较小主要是受两大因素的直接影响：第一，中国企业跨国经营仍处于初级阶段，这一状况决定了中国企业的对外投资必然是小规模、试探性的；第二，境外投资项目审批程序比较繁琐。过去，企业向境外投资或者用境外投资所得的利润再投资之前，都要接受外汇管理部门的审查和批准。2014 年 4 月，国家发改委发布了新的《境外投资项目核准和备案管理办法》，与旧办法相比，新办法简化了核准和备案的条件，将核准权限由资源开发类中方投资 3 亿美元、非资源开发类中方投资 1 亿美元及以上统一提到中方投资 10 亿美元及以上，中方投资 10 亿美元以下项目一律实行备案。新办法简化了核准和备案的程序，不再要求地方企业按照县、市、省层层申报。新办法还明确了大部分核准和备案流程的时限。

3. 中国跨国公司的技术创新能力弱，装备水平总体落后

从中国跨国公司跨国生产和经营的产品来看，具有世界领先水平的高科技产品较少，而一般性产品较多。中国工业主要行业总体技术水平仍比发达国家落后。重点大企业和企业集团达到国际水平的比例也不高。如中国钢铁生产连铸比目前不到 70%，而德、美等发达国家均在 90%以上，重点企业吨钢可比能耗与世界先进水平相比高出20%～37%。

中国企业的生产技术与国外先进水平的差距一般为 5～10 年，关键技术差距更大。据统计，中国现有工业企业技术设备中，性能较先进的仅占 13%，企业产品开发能力低下。世界 500 强企业研发费用占销售收入的比例一般在5%～10%，而中国大中型企业仅占 1%左右。据统计，全球研发投入的 80%、技术创新的 70%、技术转移的 60%都是由世界 500 强企业主导完成的。我国 500 强企业的研发费用占营业收入的百分比平均只有1.41%，与跨国企业存在巨大差距。缺乏持续开发独特产品的能力，缺乏拥有自主知识产权的产品和技术。

应当指出的是，我们现在往往只注意到发达国家和跨国公司在技术研发方面的投入，没有充分注意到其在战略研究方面的投入。事实上，推动企业创新不仅在于技术方面，更重要的在于战略方面，加大对战略研究的投入是企业实现创新发展的根本保证。在 20 世纪 70 年代初，美国最大的 500 家公司中 85%的公司建立了战略计划部门。在 20 世纪 70 年代末，美国从事企业战略管理咨询的收入高达 3 亿多美元。在 20 世纪 90 年代以后，这种情况有了更大的发展。相比之下，中国企业在战略研究方面还刚刚起步，相当多的企业还没有建立起战略研究机构，战略研究投入更是明显不足。

4. 中国跨国公司的生产集中度低，竞争力不强

尽管我们有些企业集团具备了一定规模，但专业水平低，大而全，小而全，大而不强，生产集中度低，主业不突出，难以同国外同行抗衡。同时，中国海外企业经营范围主要以贸易型和资源型为主，占中国对外投资总额的 60%以上，而生产型企业、资源开发型企业加起来也仅占对外投资总额的 30%多。而且效益较差，大多数海外企业仅是国内在外的窗口和接待站，经营业务很难开展，效益不好。据不完全统计，中国的海外企业中盈利的占 55%，其中多为非生产性企业；收支平衡的占 28%；亏损企业占 17%，以生产性企业居多。这与国际上工业类企业在跨国公司中所处的主体地位和巨大规模形成鲜明对照。这些都说明中国的跨国公司还只是处于发展中国家企业国际化的初级阶段。

无论与“世界企业500强”相比，还是与“美国企业500强”相比，“中国企业500强”在规模、劳动生产率和盈利能力等方面都还存在明显的差距。2005年中国企业500强的营业收入总额、利润总额与资产总额分别只相当于世界企业500强同一指标的8.4%、7.0%和6.0%；只相当于美国企业500强同一指标的17.2%、12.5%和18.2%。而且中国大企业与世界级企业之间的差距背后是体制、机制性差距，表现为在自主知识产权、核心技术和国际化程度等方面的综合竞争力的差距。

中国钢材年产量已超过1亿吨，连续3年居世界首位，但国内市场满足率低，其中冷、热轧薄板和镀锌板硅钢片等一些高精尖品种，国内知名的大企业集团仍不能生产，不能满足国内需要。高水平的纺织机械、印染后整理设备、10万吨/年以上新闻纸机、大型工程机械、高精度数控机床等技术含量高、附加值高、代表当代制造业国际水平的产品，中国设备制造业的大企业也极少或不能生产。由于产品竞争力弱，企业实力不强，世界著名品牌很少，与国外跨国公司相抗衡的大公司、大集团尚未形成。

5. 真正属于制造业的跨国经营企业还不多

从中国跨国公司的总体情况看，类似于综合商社的情况比较多，而真正属于制造业的跨国经营企业还比较少；主业突出、核心竞争力强、综合实力雄厚、发展潜力大的制造业跨国公司在中国还是空白。这类跨国公司应以本行业、本部门为基地，选择具有优势的技术、设备和人力资源，利用自己具有的资金优势，通过有选择地对外投资，形成主要从事制造业的跨国公司。

6. 企业的体制、机制等问题仍未解决

中国开展对外投资的企业从总体上看，不仅管理技术水平不高，资金短缺，企业规模较小，对外投资起步较晚，经验缺乏；而且长期受产权不清、政企不分等问题所困扰，企业缺乏自主经营、自负盈亏、自我约束、自我积累、自我发展的经营机制，难以按国际上通行的活动方式、商务惯例和行为规则进行经营。如相当一部分企业仍没有对外经营权；跨国经营的企业没有海外筹资、融资的自主权；海外投资利润和自有外汇的处置受现行外汇管理制度的严格限制；沿袭国内吃“大锅饭”的利润分配制度等，都严重地限制企业优势和活力的发挥。

从企业来讲，中国企业跨国经营缺乏应有的经营自主权，无法对国际市场形势的不断变化作出灵活的反应。这使得中国跨国企业集团在与外国跨国公司竞争中处于十分不利的地位。这主要表现在以下三个方面：

（1）在人才储备上，中国企业的国际人才短缺。发展跨国企业集团，急需大批金融、财会、科技、管理和法律方面的高级专门人才，这些人才应能用外语按国际惯例处理有关业务和纠纷。中国多数海外投资企业是从自己企业中选派经营管理人员，不能大量雇佣东道国的人员，在人员结构上，远远不能适应东道国的情况。一般来说，国际性企业和机构，母国只派少量管理人员，多数要雇用当地人员来管理和经营，这就要求母国派出的人员不仅要知识全面，还要有管理外国员工的能力和水平，在这方面很多中资企业难以做到。跨国公司管理的最新趋势表明，跨国公司组织全球化与最高管理层多元化平行发展，一些大的跨国公司董事会来自多个国家，高层管理人员从世界各国最优秀的人员中选拔，跨国公司正向无国界企业方向转化。

（2）在管理水平上，中国企业在管理经验、管理制度、管理人员素质方面不适应现代跨国公司管理的要求，特别是中国企业普遍缺乏政治可靠、业务过硬、熟悉国际市场经营惯例和法规、通晓专业生产技术知识和外语、富有竞争意识和战略意识的高层次复合型人才。

（3）在管理制度上，由于以本国选派经营管理人员为主，很容易将国内的一套管理体制搬到国外，形成国内体制在国外的延伸。

二、中国企业跨国经营的主要战略

（一）政府支持

纵观世界各国跨国公司的发展，背后都有本国政府对跨国公司的大力支持，这种支持包括政策、立法和外交上的全面支持。创建具有中国特色的企业跨国经营模式是发展中国国民经济的重要内容。为了防止中国海外企业的盲目发展，发挥其跨国经营的积极性，限制其消极性，必须加强对海外企业的宏观调控，使海外企业的经营与发展纳入到国民经济发展的总体规划。

1. 制定中国企业对外投资和跨国经营的总体战略规划

首先要进一步提高对发展中国企业跨国经营重要意义的认识。中国企业发展对外投资和跨国经营不仅是适应当代世界经济发展的潮流，也对推动中国改革开放、建立社会主义市场经济体制和现代企业制度都有重大现实意义。国家应根据中国国民经济发展的实际状况和要求，从宏观上制定发展中国企业对外投资和跨国经营的总体战略规划，进一步制定跨国经营的主体战略、区位战略、行业战略、技术战略、生产战略、市场战略和经营战略等，作为地方政府和企业制定对外投资战略的参考。政府应充分利用财政金融政策和法律法规，对企业的对外投资活动施加影响，明确鼓励和限制政策，以达到贯彻和实施国家总体战略规划的意图和目的。

2. 建立国家海外投资委员会

为了落实宏观规划，协调和管理全国的企业对外投资和跨国经营，需要建立一个有权威性的国家海外投资委员会，负责制定海外投资发展战略，从宏观上统一领导和加强管理，协调全国各部门、各行业和各企业的对外投资战略，研究制定有关海外投资的法律法规和政策，分析总结中国企业对外投资和跨国经营的经验和教训等。

3. 制定有利于海外投资的各项政策

国家在财政税收、金融信贷、投资体制、经营管理、人员出境、政治外交等政策方面，为企业对外投资和跨国经营的顺利发展创造更为有利的宽松的环境和条件。

4. 加强对海外企业国有资产的管理和监督

我国法律法规规定，海外企业有义务定期（一年一次或两次）向国有资产监督管理委员会申报财务状况，详细列明海外企业资产变化情况，并在必要时向社会公开，报表由经注册的会计事务所代企业完成。审计署有监督国有企业资产经营的责任，该署若对报表有疑问，有权进行调查；税收部门也可以对国有企业税收问题进行调查，对不负责任、盲目投资造成重大损失的要依法追究责任；对侵占国有资产，私分收益，或携款潜逃的，要予以惩处；对不按规定进行海外企业产权登记和报送财务报表的，要取消其投资单位的对外经营权。

5. 加强政府宏观服务功能

中国企业跨国经营尚处在初始阶段，不仅需要国家的指导，更需要国家提供各种服务。目前企业最需要的是提供跨国经营信息咨询服务和培养高素质的国际经营管理人才。建议政府组建几家国家性和地方性的有权威的海外投资咨询服务公司，以帮助企业对海外投资项目进行评估，或开展可行性研究等。同时，应建立全球信息资料中心，与国际信息库、著名咨询机构建立广泛联系和正常业务关系，系统收集国际市场行情和世界各地的投资环境信息，为企业海外投资提供及时、准确、全面的资料。良好的信息咨询服务将有助于减少企业对外投资的盲目性，促进海外投资决策的科学化和规范化。

在人才培养方面，国家应制定国际化经营人才培养计划，目前应着重培养储备下列急需人才：(1) 熟悉国际金融、国际贸易、生产管理和工程技术基础知识的经营指挥人才。(2) 适应国际竞争的精明干练的经济财会人才。(3) 通晓国际经济法规和国际惯例的谈判人才。(4) 精通国际投标业务的投标报价人才。(5) 熟悉索赔业务的项目管理、经营人才。(6) 为公司决策提供信息服务并大力宣传公司以扩大影响的信息公关人才。(7) 研究战略理论和公司经营与发展战略的高级研究人才。所有上述人才都应熟练掌握至少一门外语。

6. 及时制定有关海外投资的法律法规

应由国家权威部门先行起草一个指导性的条例，就中国企业在海外投资的定义、申办条件、审批程序、经营主体、经营范围、行业政策、地区政策、所有权形式、经营模式、资金融通以及调出、调入方法、企业内部管理体制、利润分配及再投资、劳动力来源、双重征税、人员出入境、聘用与管理等问题，作出原则性规定，然后再由各有关部门形成较为具体的实施条例。同时国内财政、金融、外汇等管理部门应制定与之相配套的税收、信贷、外汇、保险等政策规定。经过一定时期的实践之后，再制定完备的立法。

此外，还应迅速制定中国私营企业进行海外直接投资的方针、政策和措施。改革开放30年来，中国私营企业获得了巨大发展，有相当多的大中型私营企业已经具备了进行海外直接投资、从事国际化生产经营的实力。我们不仅要大力鼓励私营企业发展进出口贸易，还要大力鼓励大批私营企业进行海外直接投资。能够进行海外直接投资的私营企业，都是在社会主义市场经济体制建设过程中发展壮大起来的，具有在市场经济中驾驭企业运作的能力和经验，在政策性鼓励和推动下，经过国际市场竞争的锤炼，一定会有大批私营企业在跨国生产经营中迅速崛起，成为中国对外经济发展中新的增长点。

(二) 主要战略

1. 主体战略

中国目前从事跨国经营的企业，主要是一批外向型的企业和企业集团。

(1) 大型工业企业为核心的企业集团。这类集团大都以一个大型工业企业为核心，周围聚集着联合程度不同的十几家、几十家乃至上百家中小企业。它们在生产规模、产品制造、技术开发、资金融通、市场营销以及经营自主权等方面拥有单个企业无法匹敌的集团优势。这类集团起初都是以产品打入国际市场为起点，开始走跨国经营之路。它们的发展方向类似西方发达国家的工业跨国公司模式。工业集团代表有首都钢铁总公司（首钢）、长春第一汽车公司（一汽）、东风汽车联营公司（二汽）、西安电力设备制造公司（西电）等工业集团公司和有色金属工业总公司、石油化工总公司等行业性工业集团公司。

（2）大型外贸专业公司为核心的企业集团。这类企业集团由于长期从事进出口业务，一般都拥有精通国际贸易、金融、保险、法律等方面的业务队伍，拥有国际营销网络和营销渠道以及丰富的对外交往经验。外贸体制改革促使它们走上以进出口贸易为主，同时在海外从事各种类型投资活动的国际化经营道路，其发展方向类似于日、韩综合商社式的企业集团。外贸集团的代表有中国化工进出口总公司（中化）、中国五金矿产进出口总公司（五矿）、中国对外贸易运输总公司、中国粮油食品进出口总公司、中国华润进出口总公司等。

（3）金融业务为核心的企业集团。这类集团通过在国际金融市场上筹资、融资，为国家的经济建设与企业的生产经营筹集资金，同时还在国内外从事生产、贸易、资源开发等众多领域的投资经营活动。这类集团的发展方向类似西方发达国家的金融企业集团。金融集团代表有中国国际信托投资公司、中国光大实业公司、中国银行集团等。

（4）各省市主管局、行业公司、国际经济技术合作公司以及省市的信托投资公司、外贸公司。改革开放以来，省市级企业的跨国经营有很大发展，从数量上说，它们的海外企业在中国已设立的海外企业中占绝大多数。但是，由于受资金、技术、人员及权限等条件的限制，对外投资的规模要小得多，存在的问题和困难也比较多。从目前分工情况看，各省市主管局或行业公司组织其下属工厂（公司）从事生产型的海外投资；对外经济技术合作公司主要组织劳务输出或劳务承包工程；信托投资公司进行的综合性海外经营；专业外贸公司除在海外组建贸易性的分公司外，近年来也开始向生产经营方向发展。

（5）有条件的乡镇企业。中国乡镇企业众多，其中不乏有相当实力和条件的厂家能够开展跨国经营，参与世界市场竞争。例如，江苏省常熟市虞山镇办的丙纶厂就联合国内厂商到泰国合资建立丙纶厂，成立泰国丝特有限公司，这是江苏省首家乡镇企业的海外投资企业，总投资 292 万美元，中方占 49%。1990 年 5 月投产并顺利生产出合格产品，填补了泰国市场的空白。该公司投资仅 10 个月即收回了全部投资，还盈利 3 万美元，成为中国在泰国 100 多家合资企业中见效最快的企业之一。1992 年 1 月，该公司又追加投资，使整个公司的生产能力扩大了 2 倍。目前，这家公司的产品除已占领泰国市场外，还相继进入中国台湾地区、韩国等市场。

上述五类从事海外投资的主体中谁是主力军？毫无疑问应是前三类大型企业集团，因为它们的资金、技术、人才、信息、经验和自主权等方面拥有的实力和优势要比中小企业强得多，它们在海外投资中承受风险的能力和获得成功的机会也比一般企业大得多。目前中国海外投资的大型项目基本上都是由这三大企业集团投资的。因此，今后这些企业集团很可能会逐渐发展成为中国的大型跨国公司。

为了更进一步发挥中国海外经营主体的自主性和积极性，提高海外企业在国际市场上的竞争能力，当前急需解决好如下几个方面的问题：

（1）加快现代企业制度的建立，重塑企业的主体地位。企业从事跨国经营，面对的是竞争激烈、复杂多变的国际市场，传统的缺乏自主权的国有企业不足以担当重任，只有通过建立产权清晰、权责明确、政企分开和管理科学的现代企业制度，凭借其产权制度、组织制度和社会责任制度赋予企业以充分的经营自主权，规范政企关系，以适应国际市场上灵活、快速决策的要求。当然，现代企业制度的建立关键在于政府职能的彻底转变。

（2）培养一大批从事跨国经营的大企业、大公司。国际竞争是规模和实力的较量，要改变中国海外企业小、散、差的状况，必须培养出在国际市场上有竞争力的“重量级选手”。可以从三方面着手：

一是逐步对中国的海外企业进行战略重组。中国目前的海外企业规模太小，竞争力较弱，因此要通过股权分享、联合投资、合并重组，把中国小规模的海外企业整合为达到一定资本规模和业务拓展能力的海外企业。

二是在国内实施大集团、大公司发展战略来培育自己的“航空母舰”。由于中国目前的国有企业尚不具备形成大公司、大集团的自发原动力，因此必须要有国家的宏观扶持和政策指导。可以在国家产业政策引导下，依靠市场机制的力量，通过资本市场的收购兼并、扩股融资和债务重组等金融活动来实现国有企业的战略性改组；还要采取有力措施打破地区封锁和部门分割，支持跨地区、跨行业和跨所有制的投资并购活动；同时对大企业实行倾斜政策，赋予其比较完全的经营自主权——国外融资投资权、担保权、抵押权，允许设立财务公司等，尽可能地为其创造与外国跨国公司同等的竞争条件。

三是推进银行财团的组建。产业资本和金融资本通过联合与渗透结成财团是跨国经营企业发展过程中的一个高级组织形态。而在中国企业跨国直接投资中，由于体制方面的限制，跨国金融机构与跨国企业的发展不但没有很好地结合，反而出现了相互脱节、各行其是的问题，因此必须打破过去的产业部门割据状态，以银行业的国际发展，推动企业的跨国投资，通过企业与金融机构的股权渗透，形成金融—产业财团，跻身于国际市场。

当然，中小企业的跨国经营也不应忽视。中小企业有自己的特色和优势，有些优势是大型企业所不及的。事实上，目前世界上数万家跨国公司，绝大多数都是中小型跨国公司，大型跨国公司不到总数的1%。因此，中国要鼓励和扶植有能力、有条件的中小企业积极开展对外投资和跨国经营。

2. 区位战略

中国企业跨国经营的区位选择，应从跨国经营的总体战略目标出发，并针对前期投资区域过于集中的情况，突出发展中国家，重点放在亚太，尤其是东南亚国家，并逐步向发达国家扩展，实现投资区域的多元化。

（1）在互惠互利的原则下开展对发展中国家和地区的投资。作为一个发展中大国，中国应把对发展中国家的直接投资放在重要位置。原因在于中国与发展中国家在经济和政治上有着良好的关系，这些国家的经济发展水平又与中国比较接近，甚至不同程度地落后于中国，这对中国不同产业部门特别是机械、冶金、轻纺等传统工业部门对外转移成熟技术和产品提供了广阔的机会。加之20世纪80年代以来，发达国家之间相互投资比重加快，而对发展中国家的投资逐渐减少，为中国进入这些国家的市场提供了机会。因此，在中国国内经济技术水平向前发展的同时，遵循国际产业转移的一般规律，把这些成熟技术和产品转移到经济发展水平相对较低的国家和地区，无疑将有利于中国国内产业结构的调整和优化。

（2）周边邻近地区特别是东南亚地区是投资的重要区域。当今世界经济发展的重心已开始由环大西洋转向环太平洋，亚太地区已成为20世纪90年代乃至21世纪初经济增长最为迅速的地区，充满了经济和贸易机会，且这一地区产业档次落差大，有利于不同层次的企业在此投资。而中国地处亚太，与这些地区国际经济技术联系密切，技术上有一定优势。同时，在地理文化上也有亲缘关系，向这些国家投资可以带动技术、设备、劳动力、管理等生产要素一揽子转移。因此，亚太地区理应成为中国企业跨国经营的重要目标市场，尤其是其中的东南亚地区，其资源和劳动力充裕，市场潜力巨大，又有许多引进外资的优惠政策，加之与中国地理上邻近，文化风俗习惯相近，又是海外华人的主要聚居地。因此，投资有利于减少经营风险。所以，东南亚地区应成为中国企业跨国经营的重要投资区域。

（3）对发达国家的投资应着眼于高新技术领域。发达国家拥有先进的技术和大容量的市场，基础设施较好，向这些国家投资可以获得高新技术和先进管理经验，以带动国内企业的技术进步和管理现代化。加之这些国家正致力于内部区域集团化的建立，因此若能迅速有效地在这些区域集团内部设立海外投资企业，便可获得理想的市场条件；反之则可能在跨国经营中遇到更大的障碍。总的说来，中国企业跨国经营投资区位选择的基本指导思想是全方位地对国际市场实施投资进入，同时又突出明确的主攻方向和区别不同地区的战略层次和地位，逐步地把投资重点由区域转向全球，实施投资市场的多元化。

3. 行业战略

目前和今后一个时期，中国企业海外投资的重点仍然是贸易、金融、资源开发以及与国内主导产业相配套的加工业和有比较优势的服务业。大型产业项目和投资量较大的高技术项目，目前在中国不存在比较优势，不是投资重点。海外投资要注意综合运用以下主要原则：

（1）量力而行原则。任何企业的海外投资都不应超过自身和实际能承受的限度，避免投资过度，使集团财务结构恶化。

（2）比较优势原则。考察集团主导产业在哪个国家或地区存在比较优势，这种优势若能转化为市场优势，并在短时期内收回投资，就优先考虑在哪个国家或地区投资，以回避市场变化的风险。

（3）以投资带动技术、设备和产品出口原则。有些产品在国内市场上出现饱和，在技术、设备和产品质量方面又具有较强的竞争优势，可以投资带动出口。

（4）海外投资与国内产品和市场互补原则。如有的企业利用国外资源生产国内在中长期都短缺的产品，以自己在海外的产品替代直接从国外进口，实现内外一体化经营。

（5）海外投资的缝隙原则。目前中国多数大型企业集团还不具备大规模进行海外投资和与大型跨国公司相抗衡的实力，要选择竞争的空隙和投资的夹缝进行投资。

针对过去投资行业层次偏低的状况，就中国企业总体而言，在现阶段，重点发展以下行业：

（1）制造业。经过多年的建设，中国已经建立起比较完整的工业体系，拥有较为雄厚的工业基础和技术力量，在向发展中国家进行制造业投资方面潜力相当大，而且这种投资附加价值高，可以促进国内产业结构调整，在深层次上推动国内经济发展，所以它应成为当前和今后相当一个时期中国对外直接投资的重点和方向。

（2）资源开发业。中国人均资源水平较低，如中国煤炭和石油的人均占有量只有世界水平的1/5，尤其是某些稀有资源严重短缺，由此产生的“瓶颈效应”严重制约了中国经济的可持续发展，而对外进行资源开发业的投资，可以缓解国内经济发展与资源短缺的矛盾，也有利于中国适用技术的发挥。

（3）服务业。服务业正成为跨国公司对外直接投资的新热点。目前中国服务业比较落后，大规模从事这一领域的投资困难较大，但它属于高附加值且潜力巨大的热门行业，因此中国在大力发展国内服务业的同时，也要推动和鼓励对服务业的跨国直接投资，以便在这一未来的热门领域占据一席之地。

（4）高技术产业。对外投资应以发展适用技术为突破口，逐步向知识密集型的高新技术产业进军。目前，中国从事跨国经营的主要优势仍然是小规模的适用技术和适用产品。它在发展中国家有着广阔的市场，发展海外直接投资应以发展这些技术和产品为突破口。但是，跨国经营的水平绝不能只停留在低层次的目标上。实际上，目前中国在一些尖端科技领域内已达到国际先进水平，近年来获得国家级发明奖的成果中，有不少项目已达到或超过国外同类项目水平。因此，中国有条件、有能力投资高新技术领域。同时，在工业发达国家的高技术行业进行“上游投资”，能从中获得发达国家的最新生产技术、经营管理经验，为中国的现代化建设服务。因此，中国也要克服一切困难，设法筹措资金，逐步增加知识密集型产业的投资，以缩短中国同发达国家在科学技术方面的差距。

总之，中国企业跨国经营的产业投资应结合国内产业政策，努力拓宽对外投资的行业分布。在现阶段，应使资源开发业与制造业并重；在长期，应鼓励有条件的企业进行跨行业的多元化发展。尤其是推动制造业企业向服务业和高新技术产业发展，以促进国内产业升级，推动经济发展。

关键概念

对外经济技术援助	对外工程承包和劳务输出	非贸易性企业
贸易立国	投资立国	总量优势
政策支持度优势	大企业战略	

复习题

1. 简述中国企业跨国经营的历史。
2. 简述中国企业跨国经营的特点。
3. 简述中国建立跨国公司的战略意义。
4. 简述中国企业跨国经营的优势。
5. 简述中国企业跨国经营的劣势。
6. 简述中国政府支持企业跨国经营的主要措施。
7. 简述中国企业跨国经营的主要战略。
8. 简述中国企业跨国经营的前景。

主要参考文献

1. 陈继勇，等．国际直接投资的新发展与外商对华直接投资研究．北京：人民出版社，2004.

2. 陈向东，魏拴成．当代跨国公司管理．北京：机械工业出版社，2007.

3. 崔日明，徐春祥．跨国公司经营与管理．北京：机械工业出版社，2005.

4. 高湘一，孟慧霞．跨国公司经营与管理．北京：中国商务出版社，2006.

5. 郭飞，李卓，等．贸易自由化与投资自由化互动关系研究．北京：人民出版社，2006.

6. 李尔华．跨国公司经营与管理．北京：清华大学出版社，2005.

7. 林康．跨国公司与跨国经营．北京：对外经济贸易大学出版社，2000.

8. 林康．跨国公司国际化经营．北京：对外经济贸易大学出版社，2006.

9. 刘笋．国际投资保护的国际法制——若干重要法律问题研究．北京：法律出版社，2002.

10. 彭有轩．国际直接投资理论与政策研究．北京：中国财政经济出版社，2003.

11. 卢进勇，刘恩专．跨国公司理论与实务．北京：首都经济贸易大学出版社，2008.

12. 万晓兰，汪威毅．跨国公司新论．北京：经济科学出版社，2003.

13. 王林生，范黎波．跨国经营理论与战略．北京：对外经济贸易大学出版社，2003.

14. 吴声功．跨国公司经营管理．北京：人民出版社，2003.

15. 杨国亮．企业竞争优势论．北京：中国经济出版社，2007.

16. 原毅军．跨国公司管理．大连：大连理工大学出版社，1999.

17. 张纪康．国际直接投资：壁垒·进入·效应．太原：山西经济出版社，1998.

18. 张纪康．跨国公司与直接投资．上海：复旦大学出版社，2004.

19. 朱鸿伟．跨国公司行为的政治经济分析．北京：经济科学出版社，2006.

20. 邹昭唏．跨国公司战略管理．北京：首都经济贸易大学出版社，2004.

21. 刘正才．跨国公司全球战略探讨．国际商务研究，2000（3）：4－7.

22. 杨国亮．论资本扩张的历史演变及其在当代的发展．当代经济研究，2006（11）：1－4.

23. 杨国亮，等．论国际分工的深化及其对世界经济格局的影响．当代经济研究，2007（7）：64－67.

24. 杨国亮．从策略性外包看虚拟企业的边界．财经问题研究，2010（9）：15－20.

25. 杨国亮．后金融危机时代：自由主义，抑或保护主义？当代经济研究，2010（11）：65－69.

图书在版编目(CIP)数据

跨国公司经营与管理/杨国亮编著.—3版.—北京:中国人民大学出版社,2016.9
21世纪高等继续教育精品教材·国际贸易系列
ISBN 978-7-300-23437-3

Ⅰ.①跨… Ⅱ.①杨… Ⅲ.①跨国公司-经营管理-高等学校-教材 Ⅳ.①F276.7

中国版本图书馆CIP数据核字(2016)第229629号

21世纪高等继续教育精品教材·国际贸易系列
跨国公司经营与管理(第三版)
杨国亮 编著
Kuaguo Gongsi Jingying yu Guanli

出版发行	中国人民大学出版社		
社　址	北京中关村大街31号	**邮政编码**	100080
电　话	010-62511242(总编室)		010-62511770(质管部)
	010-82501766(邮购部)		010-62514148(门市部)
	010-62515195(发行公司)		010-62515275(盗版举报)
网　址	http://www.crup.com.cn		
经　销	新华书店		
印　刷	北京密兴印刷有限公司	**版　次**	2008年4月第1版
规　格	185 mm×260 mm　16开本		2016年9月第3版
印　张	12.75	**印　次**	2020年7月第2次印刷
字　数	298 000	**定　价**	28.00元